本书出版得到中国社会科学院国家全球战略智库理事单位重点研究项目的资助

European Strategic Issues and
China-Europe Relations

欧洲战略问题及中欧关系

——

冯仲平　著

中国社会科学出版社

图书在版编目（CIP）数据

欧洲战略问题及中欧关系／冯仲平著. -- 北京：中国社会科学出版社，2025.1. -- ISBN 978-7-5227-4665-4

Ⅰ. D822.35

中国国家版本馆 CIP 数据核字第 2025UV5493 号

出 版 人	赵剑英
责任编辑	范娟荣
责任校对	周　昊
责任印制	李寡寡

出　　版	中国社会科学出版社
社　　址	北京鼓楼西大街甲 158 号
邮　　编	100720
网　　址	http://www.csspw.cn
发 行 部	010-84083685
门 市 部	010-84029450
经　　销	新华书店及其他书店

印　　刷	北京君升印刷有限公司
装　　订	廊坊市广阳区广增装订厂
版　　次	2025 年 1 月第 1 版
印　　次	2025 年 1 月第 1 次印刷

开　　本	710×1000　1/16
印　　张	17.5
插　　页	2
字　　数	221 千字
定　　价	89.00 元

凡购买中国社会科学出版社图书，如有质量问题请与本社营销中心联系调换
电话：010-84083683
版权所有　侵权必究

目 录
CONTENTS

绪　论 …………………………………………………………（1）

第一编　欧洲一体化

第一章　欧洲一体化历程与特点 ………………………………（11）
第二章　欧债危机 ………………………………………………（22）
第三章　民粹主义 ………………………………………………（33）
第四章　英国脱欧 ………………………………………………（42）

第二编　欧洲安全

第五章　跨大西洋关系 …………………………………………（53）
第六章　乌克兰危机 ……………………………………………（74）
第七章　欧洲"战略自主" ………………………………………（91）

第三编　中国与欧盟关系

第八章　从建交到全面发展 ……………………………………（105）

第九章　从低谷走向"蜜月" …………………………………（110）
第十章　"婚姻"：摩擦与互助 …………………………………（121）
第十一章　适应与重塑 …………………………………………（139）

第四编　中国与欧洲国家关系

第十二章　中英关系 ……………………………………………（159）
第十三章　中法关系 ……………………………………………（170）
第十四章　中德关系 ……………………………………………（182）
第十五章　中国与中东欧关系 …………………………………（191）

第五编　秩序转型与中欧关系的未来

第十六章　中美欧三边关系 ……………………………………（199）
第十七章　欧亚"互联互通" …………………………………（219）
第十八章　中国的大国外交 ……………………………………（241）

结论　如何与欧洲打交道 ……………………………………（254）

参考文献 ………………………………………………………（261）

后　记 …………………………………………………………（274）

绪　　论

自20世纪90年代初开始，我一直跟踪研究欧洲及其主要大国的内政外交和中欧关系。近年来，我深深感到，中欧关系已成为当今世界最重要的双边关系之一。中国越来越从长远战略和世界秩序的高度，与欧洲开展互动、加强合作；欧洲也日益认识到中国的重要性，并非仅关注经贸往来，还希望与中国共同努力解决一些地区和世界面临的重大难题。在中欧关系日益重要的情况下，我们需要对欧洲进行深入了解，并且要善于同欧洲打交道。

理解欧洲的一些基本、战略问题无疑有助于我们全面深刻准确把握欧洲。

欧洲一体化是第二次世界大战（简称"二战"）结束以来欧洲发展的主旋律，也是改变欧洲历史命运和决定其发展前途的关键性战略问题。第一次世界大战之前欧洲是世界的中心（简称"一战"）。第一次世界大战、第二次世界大战后欧洲从世界中心的宝座上跌落了下来。战后正是欧洲一体化及联合自强扭转了欧洲的命运，改变了其国际地位和影响力衰落下滑的趋势。新欧洲最重要的标识或身份是一体化。当然欧洲首先有地理之欧洲，还有历史之欧洲，1000年的古希腊、古罗马时期，1000年中世纪时期，地理大发现、文艺复兴、启蒙运动、工业革命，以及第一次世界大战、第二次世界大战，这些都是欧洲共同的历史记忆。当今世界正在经历百年未有之大变局，有人认为是500年未有之大变局，马克龙认为是300年未有之大变局，这实际上指的是自从地理大发现以后欧洲在世界所处的地位和影响力。主导欧洲的是基督教，这可谓宗教之欧洲。基督教里面有东正教、有天主教，天主教又分出新教。在今天的欧洲，信仰新教的国家多在北部，天主教多在南部，东正教多在东部。俄罗斯和希腊是最出名的两个东正教国家。俄罗斯人认为自己是欧洲人，除地理因素外还有一个很重要的原因就是宗教信仰。欧洲很多国家属于发达国家，这可以看作是经济之欧洲。欧洲也有政治含义，冷战时期欧洲有东欧和西欧，那时东欧属于社会主义阵营，西欧是资本主义阵营，苏联领导东欧，美国领导西欧。两次世界大战之后，欧洲的"重生"就在于它探索开创了"一体化"道路。现在欧洲显著的身份是联合之欧洲、统一之欧洲，表现为欧盟、欧洲单一市场、欧元区、申根区等。虽然不是所有的欧洲国家都加入了欧盟，但欧洲很多人经常将欧盟和欧洲画等号，比如欧洲议会，实际上指的是欧盟议会。可见欧盟不是欧洲的全部，但能够代表欧洲。

  人们到欧洲去，首先需要搞清所去国家是不是欧元区，这涉及你需要使用什么货币。欧元区成为欧洲一个新的身份。去欧洲国家之前还要办签证，这又涉及所去国家是不是申根区。你如果去法国或德国等国家，办理的签证不是法国签证，不是德国签证，而是申根签证。这是欧洲的另外一个身份。欧元区也好，申根区也好，这些新的身份是过去70余年欧洲联合、一体化最重要的成果。申根区意味着，成员国之间已经取消了边境检查，从德国到法国，你很可能完全不知道已经跨越了边境。事实上欧盟已经形成了一个统一的申根边境。欧盟共有27个成员国，其中使用共同货币——欧元的国家已经达到20个。"一体化"不仅将不同国家的欧洲人的具体生活联系在了一起，而且还培养了他们新的欧洲认同。显然，欧洲一体化让欧洲物质精神面貌均焕然一新。

可以用四句话来概括欧盟：欧盟是"大国"，但非国家；是全球性力量，但以软实力见长；是发达国家集团，但内部发展不平衡；是西方，但有别于美国。具体而言，欧盟是名副其实的经济一极，支撑它的有三大支柱：一是经济总量，2023年欧盟GDP为18.35万亿美元，欧元区GDP为15.54万亿美元；二是统一市场，欧盟27国人口为4.49亿，人均GDP约4.08万美元，这是全世界最大的市场；三是统一货币，目前在欧盟27个成员国中有20个国家加入欧元区，使用统一货币欧元。正是这三大支柱把欧洲作为经济一极的地位支撑了起来。欧盟还是世界上一支重要的"软力量"。按照美国哈佛大学肯尼迪学院约瑟夫·奈的理论，欧盟是典型的软力量，欧洲把自己定位为规范性力量、民事力量。近年来欧洲领导人和战略界呼吁欧盟将自己打造为地缘政治力量，但从目前来看欧盟还是以软实力见长。通过参加北约，欧洲国家把自己的安全交付给了美国，从此一门心思地建设软实力。此外，欧盟还给世界其他地区国家提供了一个区域合作的样板。纵观整个欧洲史，就是各式各样的政治体制、意识形态、社会制度、经济秩序、文化思潮的诞生和试验的过程。当今欧洲给世界作出的最大贡献之一就是搞了一场地区合作的巨大试验，从煤钢共同体到统一市场再到建立经济货币联盟。这场试验并未完成，还在进行时。无论亚洲还是非洲，无论中东还是拉美，没有一个地区能够完全照搬欧洲一体化的合作模式。但是，欧洲走出的这条路确实给世界其他地区提供了重要的启示。欧洲一体化的想法影响了世界上其他地区，如，非洲联盟就是受到了欧盟的启发，东盟也受到了欧盟的影响。但是说起一体化的程度，没有一个地区可以和欧盟媲美。

在我们研究欧洲战略地位、国际影响力，或者预判欧洲未来发展前景时，一个重要的风向标和判断根据就是欧洲的一体化，看它是往前走，或步履维艰，还是出现倒退。自世纪之交欧元诞生、2004年欧盟东扩以来，特别是2008年国际金融危机以来，欧洲一体化无论是深化还是扩大均遭遇很大阻力。欧洲很多国家经济低迷不振，非法移民等问题日益突出，引起民众严重不满，为极端、激进以及民粹主义思潮滋生和发展提供了土壤。而各国以极右翼为代表的民粹主义政党的兴起对欧洲一体化十分不利。民粹主义政党均主张本国至上和本国利益优先，普遍反对欧盟扩大和一体化深化。总之，围绕欧洲一体化，需要研究的问题很多，包括近年来不断兴起壮大的欧洲极右翼民粹主义、英国脱欧、欧洲各国的经济社会问题、移民政策等。

安全也是欧洲的战略问题。欧洲一体化本身就是为了解决欧洲的安全问题，防止在第一次世界大战和第二次世界大战之后再发生第三次世界大战。后来有了北约——欧美军事同盟。近年来欧洲各国普遍存在安全危机意识。究其原因，一方面无疑是地区内重大地缘政治变化引起的；另一方面也与美国国内政治变化有着重要联系。对于欧洲安全来说，欧、美、俄三边关系和彼此互动很重要。冷战期间欧美结盟，对抗苏联。苏联解体、冷战结束后，欧俄关系改善，欧美同盟凝聚力随之下降。2022年乌克兰危机升级重新激活了北约，欧美合作得到了强化。研究欧洲安全，就需要观察和思考欧洲与美国、俄罗斯的关系变化，以及欧洲战略自主思想、欧盟共同防务建设的共识与实践。

中国与欧洲同处欧亚大陆，各居大陆的一头。新中国诞生之际正值冷战高峰时期，中欧关系深受冷战两极对峙格局影响。1975年中国与欧盟前身欧洲共同体（简称"欧共体"）正式建交。随着中国改革开放，以及冷战之后欧洲一体化高歌猛进，深化和扩大不断迈出新步伐，欧洲在中国对外战略中的位置日益上升，中欧关系成为中国大国外交的重要一环。2003年中欧宣布建立全面战略合作伙伴。此后，欧洲一直成为中国外交的重点。

近年来中国对中欧关系给予了更大的重视，对欧政策体现了显著的稳定性和连续性。习近平主席对中欧关系作出了一系列重要论断，对于我们正确认识和把握中欧关系至关重要。2013年习近平主席首次对中欧关系提出了"三个两大"的重要论断，即中欧是维护世界和平的两大力量、促进共同发展的两大市场和推动人类进步的两大文明。[1] 2014年3月习近平主席访问欧盟时指出，中欧要努力塑造"四大伙伴关系"，即和平伙伴关系、增长伙伴关系、改革伙伴关系、文明伙伴关系。[2] 在此行访欧期间，他在比利时欧洲学院的演讲中，又进一步指出中欧要致力于建设和平稳定之桥，把中欧两大力量连接起来；建设增长繁荣之桥，把中欧两大市场连接起来；建设改革进步之桥，把中欧两大改革进程连接起来；建设文明共荣之桥，把中欧两大文明连接起来。[3] "三大力量""四个伙伴关系""四座桥梁"，勾画出了中国对欧盟以及中欧关系的清晰定位。

2023年，习近平主席对中欧关系的"三个两大"又做了新的

---

[1] 习近平：《出席第三届核安全峰会并访问欧洲四国和联合国教科文组织总部、欧盟总部时的演讲》，人民出版社2014年版，第70—71页。

[2] 《习近平同欧洲理事会主席范龙佩举行会谈 赋予中欧全面战略伙伴关系新的战略内涵 共同打造中欧和平、增长、改革、文明四大伙伴关系》，新华网，2014年3月31日，http://www.xinhuanet.com/world/2014-03/31/c_1110032444.htm.

[3] 习近平：《出席第三届核安全峰会并访问欧洲四国和联合国教科文组织总部、欧盟总部时的演讲》，人民出版社2014年版，第47页。

表述。12月7日，他在钓鱼台国宾馆会见来华举行第二十四次中国—欧盟领导人会晤的欧洲理事会主席米歇尔和欧盟委员会主席冯德莱恩时指出，"中欧是推动多极化的两大力量、支持全球化的两大市场、倡导多样性的两大文明"。[①] 同时他强调在当前动荡加剧的国际形势下，中欧关系具有战略意义和世界影响，关乎世界和平、稳定、繁荣。双方有责任共同为世界提供更多稳定性，为发展提供更多推动力。

2024年习近平主席首次出访，选择了法国、塞尔维亚和匈牙利三个欧洲国家。在其访欧的第一站法国，习近平主席将欧洲定位为中国实现中国式现代化的重要伙伴。5月6日，在巴黎爱丽舍宫同法国总统马克龙、欧盟委员会主席冯德莱恩举行中法欧领导人三方会晤时，习近平主席指出，中国将欧洲作为中国特色大国外交的重要方向和实现中国式现代化的重要伙伴。中国始终从战略高度和长远角度看待中欧关系，希望中法关系、中欧关系相互促进、共同发展。他同时指出，当今世界进入新的动荡变革期，中欧作为两支重要力量，应该坚持伙伴定位，坚持对话合作，深化战略沟通，增进战略互信，凝聚战略共识，开展战略协作，推动中欧关系稳定健康发展，为世界和平和发展不断作出新的贡献。[②] 5月8日，在塞尔维亚，中塞两国元首共同宣布将两国关系由全面战略合作伙伴提升为新时代命运共同体。9日，在布达佩斯总理府，习近平主席指出，中国式现代化一定会为包括匈牙利在内的世界各国带来更多机遇，欢迎匈牙利成为中国式现代化道路

[①]《习近平会见欧洲理事会主席米歇尔和欧盟委员会主席冯德莱恩》，《人民日报》2023年12月8日。

[②]《习近平同法国总统马克龙、欧盟委员会主席冯德莱恩举行中法欧领导人三方会晤》，《人民日报》2024年5月7日。

上的同行者。中方愿同匈方加强两国发展战略对接，发挥好中匈政府间"一带一路"合作委员会等机制作用，有序推进基础设施、绿色能源等领域合作，按期完成匈塞铁路建设。① 中匈两国领导人宣布将两国关系提升为新时代全天候全面战略伙伴关系。

从2003年中欧宣布建立全面战略合作伙伴到现在，20多年过去了，世界发生了很大的变化，中欧关系也进入了一个新的时期。随着世界大变局加速演进，中欧关系的重要性和复杂性同步上升。在经济层面，中欧作为世界两大经济体，双方互为对方最大的贸易伙伴之一。但中欧关系的重要性不仅体现在经济方面，其战略意义亦愈益增大和突出。中欧关系将对全球战略平衡、国际格局走向，以及世界秩序的演变产生关键性影响。

中欧关系保持战略稳定性符合双方的根本利益。目前，推动中欧关系实现战略稳定既面临机遇也具有挑战。具体而言，机遇体现在以下四个方面：（1）中欧双方均具有开展合作的意愿。双方合作的领域集中在两大领域即经贸领域和应对全球性挑战如气候变化以及地区冲突等；（2）中欧之间没有直接的地缘政治矛盾，不存在根本性利益冲突；（3）越来越多的欧洲国家支持欧洲战略自主，反对在中美之间选边站队；（4）中欧均主张多边主义和多极化，支持经济全球化。

维护中欧关系战略稳定性面临五个方面的挑战。（1）欧盟及其成员国对华认知定位发生了变化，竞争已经大于合作。竞争既包括经济和技术方面的竞争，也包括政治制度、治理模式和国际影响力的竞争。欧洲提出自己的全球门户战略就是为了和中国的"一带一路"展开竞争。随着中国快速发展，这种竞争可能难以避

---

① 《习近平同匈牙利总理欧尔班举行会谈》，《人民日报》2024年5月10日。

免，但我们同时必须认识到随之而来的是，欧洲对中国的警惕、防范和对抗已经增大。（2）欧洲的贸易保护主义上升。对中国新能源汽车进行反补贴调查，以及宣扬所谓"中国产能过剩"都是贸易保护主义的体现。（3）欧洲所谓"去风险"意识已经上升到经济安全的高度。2023年6月欧盟出台经济安全战略就是为了落实所谓"去风险""降依赖"思想。（4）俄乌冲突影响了目前欧洲和中国的关系。（5）美国政府竭力联欧制华，对中欧合作产生了严重的消极影响。

为了推动中欧关系在相互尊重、互利共赢的基础上行稳致远，双方有必要在以下若干方面努力相向而行。（1）保持高层交往势头，加强交流对话，扩大理解，减少误解，增强互信。（2）共同应对气候变化以及地区和全球性挑战及危机。（3）继续推进"一带一路"建设。（4）加强人文交流，增大欧洲社会各界对真实中国的了解和认识。（5）面对中欧贸易摩擦增多的实际情况，双方应全力通过谈判来解决问题，避免贸易战。

第一编 欧洲一体化

第二次世界大战结束以来欧洲发生的影响最大、最深刻的事件，莫过于欧盟及其前身欧共体主导的一体化进程。今天欧洲地区的和平、稳定和发展以及欧洲国家在国际上的地位和影响力，均有赖于一体化取得的成果。进一步讲，欧洲实力大小、地位高低直接取决于区域内国家一体化的程度。未来欧洲一体化何去何从，对欧洲和对世界均意义重大。

第一章　欧洲一体化历程与特点

欧洲一体化是怎么开始的？为什么别的地区没有发生像欧洲这样的一体化，唯独欧洲？

一　"和平工程"

欧洲一体化是危机倒逼的结果。20世纪上半叶短短50年，欧洲发生了两次世界大战，数千万人口、财产受到了毁灭性的打击。这两场世界大战令欧洲人痛定思痛，下决心从根本上摆脱欧洲国家之间的战争。在根除战争、建设和平的强烈意愿驱动下，欧洲国家开启了探索地区合作的创举。尽管一体化成果主要体现在经济上，但根本上这是一项防止战争的"和平工程"。

战后欧洲面临的头号难题是如何解决德国问题。如果解决不好德国问题，欧洲很可能会重蹈覆辙，再度陷入战争。美国前国务卿、著名外交家、战略家基辛格博士（他本人生在德国一个犹太人家庭，1938年为了逃避纳粹迫害到了美国）对德国曾有一个很有意思的概括，他认为所谓德国问题，就是德国在欧洲太大，在世界太小。[1] 一

---

[1] 原文是："Poor Old Germany. Too big for Europe, Too Small for the World."这句话的原始出处难以查找，但被众多书籍报章反复引用。如 Mike Bird, "Germany is Screwing All of Europe Because It's Too Big," *Business Insider*, December 3, 2014, https://www.businessinsider.com/germany-stimulus-bundesbank-eurozone-economic-2014-12。

位法国作家关于德国也有一句名言：我们太喜欢德国了，以至于我们希望有两个德国。① 这句话的真正意思自然不是其字面上的意思，而是说，对欧洲其他国家来说，德国太大了，大家害怕，所以想维持一个分裂的德国。而战后欧洲一体化的故事，就是欧洲人设计了一个规则和制度的笼子，把德国给关进去的故事。同时，在一个统一的一体化的欧洲里面，德国也能够正常地自信地发挥作用。一体化的故事还可以理解为，通过将德国变为"欧洲的德国"，从而避免了欧洲变成"德国的欧洲"的故事。

解决德国问题的突破口是"煤钢联营"。这个想法是被誉为"欧洲之父"的法国人让·莫内提出来的，得到了时任法国外长罗伯特·舒曼的支持。煤和钢都属于战略资源。发动战争，就要制造枪炮子弹，就得炼钢，而炼钢则需要采煤。因此，莫内建议将法国和当时西德的煤和钢进行共同生产、共同经营、共同销售、共同管理，并设立共同高级机构来监督，这样德国问题不就解决了吗？1950年作为欧洲一体化第一步的《舒曼宣言》中有一句话可谓精辟，彰显了欧洲一体化的初心："如果把生产合并，任何法德间的战争不仅不可想象，而且事实上也不再可能发生。"②

当然，煤钢共同体的成立是有前提条件的，即法德和解。法德和解是逐渐实现的，经历了一个过程。有历史性意义的是，1963年，法国戴高乐将军和德国阿登纳总理在法国爱丽舍宫签署了《法德合作条约》，又称《爱丽舍宫条约》。总之，煤钢共同体的诞生拉开了战后欧洲一体化的大幕。

---

① Walter Isaacson, "Is One Germany Better Than Two?" *Time*, November 20, 1989, https://content.time.com/time/subscriber/article/0,33009,959068,00.html.

② "Declaration of 9th May 1950 Delivered by Robert Schuman," https://www.robert-schuman.eu/en/doc/questions-d-europe/qe-204-en.pdf.

煤钢共同体最大的创新之处在于，国家将其主权的一部分自愿交付给一个超国家机构，由后者代其行使。这在人类历史中前所未有，所以说，欧洲人迈出的这一步是一个创举。

在欧洲历史上，曾经有过非和平的、非自愿的统一和联合，但都失败了。拿破仑、希特勒都曾想通过武力统一欧洲。欧洲一体化走的是和平的道路。所谓欧洲一体化，就是通过和平、自愿的方式，欧洲国家将其一部分主权让渡到超国家机构。

欧洲一体化的第一步实际上是被迫地、痛苦地迈出来的。很少有国家愿意主动地放弃自己的主权，尤其在70多年之前。

二 主权让渡

世界上最小的一个洲是大洋洲，然后就是欧洲。欧洲的面积不大，国家却不少，这么拥挤的一个地方，必然是世界上国际关系最活跃的地方之一。

"民族国家"（nation state）这个概念是欧洲人发明的。第二次世界大战后在欧洲又出现一个新的概念"超国家"（super state），什么叫"超国家"呢？每个国家都有主权——货币是国家的核心主权，国家之间的边境更是重要，然而欧洲人把这些都挑战了。欧洲国家把货币权、边界管理权都让出去了，交给了欧盟委员会、欧洲理事会、欧洲中央银行（简称"欧洲央行"）这样的"超国家"机构。

欧元是欧盟中大部分国家所使用的统一货币。欧洲一体化此前在统一市场、协调汇率等方面的种种尝试，为发行统一货币奠定了基础；而统一货币所具有的强烈政治含义，又必然会推进成员国在政治领域的合作。

作为统一市场，欧盟国家享有四大自由：第一是商品自由流通。比如英国的产品到法国、到希腊，到欧盟其他国家都是零关税；同样法国的产品到英国也是零关税，在所有欧盟国家之间都是零关税。这就叫商品自由流通。中国重视欧洲，毫无疑问与欧盟的统一大市场具有重要关系。中国企业的产品出口到了欧盟之后畅通无阻，就像进入一个国家一样。第二是资本自由流通。第三是服务自由流通。第四是人员自由流通。英国2016年6月23日举行脱欧全民公投，之所以多数支持脱欧，主要是因为反对人员自由流通，将英国国内问题归咎于移民和难民。其余三大自由流通英国人都喜欢，但可惜欧盟不是"自助餐"——不能想吃哪个点哪个。

由于欧盟拥有统一市场，大大增加了其在世界的分量。比如，中国申请加入世界贸易组织，并没有和德国、法国等国家进行谈判，而是和欧盟谈判。

作为一个国际行为体，欧盟在世界上是独一无二的。欧盟是一个国家吗？不是。欧盟还没有而且很可能今后也不会成为一个"欧洲合众国"。欧盟是一个国际组织吗？也不是，它是介于主权国家和国际组织之间的一个行为体，其属性目前举世无双。

三 欧洲一体化的扩大与深化

欧洲是如何实现一体化的？欧洲一体化的发展有两个指标，分别是扩大和深化，其实指的就是数量的扩大和质量的提升。一个是水平延伸，一个是垂直跃进。

欧洲一体化刚开始是从西欧开始的。煤钢共同体的创始国有6个——除了法国和德国（联邦德国）外，还有意大利、荷兰、比利时、卢森堡。这六个国家也经常被称为"老欧洲""核心欧洲"。欧盟"超国家"机构总部设在比利时首都布鲁塞尔，布鲁塞尔因此也被称为欧洲的首都。荷兰、比利时、卢森堡在欧洲都是小国，但他们的政治家经常在欧盟机构中担任重要职务。

欧洲在煤钢联营之后，继续以经济合作为抓手推动一体化的深化。第一步跨过了自贸区，直接搞了关税同盟。土耳其虽然至今没有加入欧盟，但它是欧洲关税同盟的成员。关税同盟之后，又开始搞统一大市场，即"四大流通"。四大流通搞好以后，开始搞统一货币。1993年生效的《欧洲联盟条约》（又称《马斯特里赫特条约》）宣布建立经济与货币联盟，为后来创立欧元奠定法律基础；欧元最终诞生于1999年。

在欧元诞生之时，欧盟成员国的数量已经从6个发展到了15个。

1973年，丹麦、英国、爱尔兰加入欧共体。英国是与法、德并驾齐驱的欧洲大国，它的加入还有一段曲折的故事。刚开始，英国并不愿意加入欧共体。在战后丘吉尔"三环外交"的影响下，英国认为自己是世界的中心，既是中心，法德搞的机构还能参加？但后来，它看到了加入欧共体所带来的经济好处，随即开始提出申请。然而，两次申请均遭到时任法国总统戴高乐的反对。戴高乐认为英国加入欧盟是要搞破坏的，是美国置于欧洲的"特洛伊木马"。因此，戴高乐在位期间，英国一直被拒之门外，直到蓬皮杜上台后，英国加入欧共体的申请才得以批准。

接着，希腊在1981年成为了第10个成员国；西班牙、葡萄牙在1986年入盟；奥地利、瑞典和芬兰在1995年成为新成员。至此，欧盟成员国已达到15个。这里是一个节点，因为接下来欧盟成员国将从15个骤升至25个。由于苏联解体和东欧剧变，波兰、捷克斯洛伐克、匈牙利等曾经的社会主义阵营国家，争先恐后地要求回归欧洲。2004年，8个中东欧国家和两个地中海岛国（塞浦路斯和马耳他）一并加入了欧盟。

  这次大东扩，对于欧洲一体化来说是个大事。因为欧洲一体化最初是西欧一体化，没有中东欧的事。第二次世界大战结束后出现了冷战，冷战将欧洲一分为二，以柏林墙为界欧洲分为西欧和东欧：东欧为苏联阵营的国家，西欧是美国阵营的国家。西欧成立了欧共体，西欧国家加入了北大西洋公约组织，东欧国家则加入了华沙条约组织。20世纪80年代末90年代初，柏林墙倒塌、苏联解体，一切发生了变化。冷战结束后，原来属于苏联阵营的东欧国家，提出了一个口号叫"回归欧洲"，其实就是要加入欧盟、加入北大西洋公约组织。由于"东欧"这个词具有强烈的意识形态色彩，所以冷战结束后人们使用"中东欧"取代"东欧"。

  冷战结束在导致欧盟急速扩员的同时，还引发了德国的统一问题。柏林墙倒塌后，东西德统一问题提上议事日程。但如前文所述，这是一个极其敏感的问题。面对德国统一的前景，法国和英国都非常担忧。当时的法国总统密特朗、英国首相撒切尔，曾千方百计阻止两德统一。时任西德总理科尔为了争取其他国家支持德国统一，做了一个出乎意料的承诺——放弃德国货币马克，支持欧洲实现货币统一。换言之，德国通过进一步融入欧盟，减少了欧洲其他国家对德国统一的担忧，最后实现了国家的统一。科尔后来被誉为统一总理，得到德国和欧洲其他国家的尊重。

  欧洲统一货币的诞生在一定程度上是一个政治产物。欧洲国家之间的经济发展水平差异还比较大，怎么能够统一货币呢？中国不同的地方经济发展也不同，比如东部和西部，但我们是一个统一的国家，有中央政府，有中央银行，有财政部。欧盟有欧洲中央银行，但没有统一的财政部，更没有一个统一的中央政府。这为后来的"欧债危机"埋下了伏笔。但当时由于德国统一在即，为了把统一后的德国更好地纳入一体化的欧盟之中，于是出现了统一货币进程的加速。

欧盟在2004年一下接纳10个国家，容易给人一种错觉，认为加入欧盟不难。事实上，加入欧盟的门槛相当高，不仅经济、政治上要达到要求，法律各个方面也有很高的标准。欧洲理事会于1993年6月确定了一个关于入盟的"哥本哈根标准"：（1）政治上，实现民主、法治、保障人权、尊重和保护少数族群；（2）经济上，能够应对欧盟内部竞争压力，具有有效运作的市场经济；（3）法律上，能够承担欧盟成员国的义务，包括接受政治、经济和货币联盟的目标。还有很重要的一点是，加入欧盟就必须和所有的邻国签署永久和平条约，以证明自己没有领土问题，今后不会发生战争。北马其顿原来叫马其顿，在2019年决定改名，原因就在于希腊有个省叫马其顿省，希腊要求马其顿国必须改国名，否则它在欧盟内将通过一票否决权阻止其加入欧盟。

入盟的程序是很复杂的，一个国家在递交入盟申请后通常要经过以下几个步骤。第一步是欧盟表态这个国家有"入盟前景"，第二步是欧盟授予这个国家正式的"入盟候选国"地位，第三步是欧盟和这个国家开启正式入盟谈判。谈判结束才能签约，签约还需要欧洲议会、欧盟各成员国以及申请入盟国的批准才能生效。谈判时间可长可短，土耳其在2005年10月开始入盟谈判，近20年过去了，何时结束仍遥遥无期。

在2004年东扩之后，保加利亚、罗马尼亚在2007年入盟，克罗地亚在2013年入盟，欧盟成员国达到28个。可以说，在2004年东扩和2009年欧债危机爆发之前的这几年，欧盟在国际上的声望达到了顶峰。

2016年，英国举行了脱欧公投，而公投结果出人意料：脱欧派以51.9%的微弱多数取胜。次年，英国便正式启动脱欧程序，在2018年年底，英国与欧盟达成了脱欧协议。2020年1月31日，英国正式"脱欧"，结束其47年的欧盟成员国身份。这是欧洲一体化历史上首次出现成员国减少的情况，是欧洲一体化遇到的一个重大挫折。不过，英国有序脱欧，没有出现人们预想的大动荡，欧洲一体化的制度、法律通过了一次考验。

再到2022年乌克兰危机爆发，欧盟又有了扩员的动力。长期对欧洲"心向往之"的乌克兰与摩尔多瓦，以及格鲁吉亚先后获得了欧盟候选国地位。此前已与欧盟谈判多年的西巴尔干国家也有望加速入盟进程。不过，欧洲领导人自己也觉得，欧盟扩大已经到了极限了。法国总统马克龙在乌克兰危机后提出建立"欧洲政治共同体"倡议，似乎是要创造性地解决这个问题。

因此我们可以说，欧洲的实验还是进行时，不是完成时。欧洲还在探索一体化能够走多远。

一体化每一次往前走，不论是深化还是扩大，都有明确的条约将这些联合方案固定下来。因此欧洲一体化发展进程中的条约特别多。比如，《巴黎条约》确定了建立煤钢共同体，《罗马条约》决定建立欧洲共同体，《马斯特里赫特条约》（简称《马约》）确立的是货币联盟的建设。现在欧盟使用的是2009年生效的《里斯本条约》。

写到这里，不得不提及欧洲一体化的两个原则及路径。第一个原则是欧盟法优先原则：当欧盟法与成员国国内法发生冲突时，应优先适用欧盟法。第二个原则是欧盟辅助性原则：欧盟只在其干预行动比成员国的行动更适合的领域活动。意思是说，国内解决不了某个问题时，且认为由欧盟出面最合适时，欧盟才可以出面进行处理，这便是辅助性原则。而欧洲一体化的路径，一言以蔽之，政治是目的，经济是手段，机构、制度和条约是保障。

四 超国家机构

欧盟创建了很多所谓"超国家"机构，以下四大机构最为重要。

一是欧洲理事会。这是由欧盟成员国的国家元首或者政府首脑组成的。它不是常设机构，一个季度例行开一次会议，遇到重大紧急问题将举行特别会议、非正式会议。新闻报道中的"欧盟首脑峰会"指的就是欧洲理事会的会议。这是欧盟地位和影响力最高的机构。

二是欧盟理事会。这是由欧盟各成员国的部长组成的，也不是常设机构。"欧盟外长会"就是欧盟理事会的会议，欧盟成员国外长每个月都会举行一次外长会议，若有急事则召开紧急会议。除外长外，其他部长们也视情况举行会议。比如，发生新冠疫情，卫生部部长举行欧盟理事会；围绕气候变化、环境问题，环境部部长将召开理事会。根据不同的问题和领域，欧盟各国部长举行的会议都属于欧盟理事会，以往被称为欧盟部长理事会。

三是欧盟委员会。这是常设机构，也是欧盟的执行机构（相当于欧盟的"政府"），在四大机构中真正拥有实权，管理欧盟的经费，并具有欧盟立法动议权。现任欧盟委员会主席是德国前国防部部长冯德莱恩。冯德莱恩在新冠疫情和乌克兰危机中"大出风头"，对华"去风险"概念也是她的首创，中国人对她比较熟悉。

"欧盟委员会主席"和主持召开欧盟峰会的"欧洲理事会主席"一起被称为欧洲的"双主席"。"双主席"经常联袂出席外交活动。"中国—欧盟领导人会晤"中，欧方出席的就是这两位主席。

四是欧洲议会。1979年以来欧洲议会议员由欧盟成员国民众直选产生，所以欧洲议会是欧盟众多机构中唯一由民众选举产生的。总部设在法国城市斯特拉斯堡。欧洲议会在过去只是一个咨询机构，但随着《里斯本条约》的生效，欧洲议会的权利得到扩大，开始拥有部分审批权，无论是欧盟法律审批还是预算审批，它都占有一席之地。欧洲议会共有20个专门委员会，涉及对外关系的主要有三个，即外事委员会（下设人权、安全与防务两个分委会）、发展委员会、国际贸易委员会。

五 "欧洲军"？

欧盟会建立自己的军队吗？这是一个对于欧盟国家既重要又十分敏感的问题。法国总统马克龙2017年上台后多次表示要建立欧洲军队。虽然欧洲军队和人们通常理解的国家的军队并不相同，但即使如此欧盟在短期内仍无望建立一支听从欧盟指挥的军队。

防务领域的一体化一直是欧洲一体化的短板。1954年，法国国民议会拒绝批准建立欧洲防务共同体（EDC）。直到现在，防务领域的一体化仍然很难推进。欧洲不同领域的一体化程度是不一样的，不同一体化程度的领域采取的是不一样的决策方式。程度最深的如经济货币领域，采取的是所谓"共同体"方式，在这个领域，欧盟掌握决策权，成员国参与决策，但不能一票否决。而程度次之的是外交与安全领域，欧盟在这个领域的决策采取"政府间"方式，成员国有一票否决权。当然，还有些领域一体化程度更低，如社会政策，这些领域的决策权很大程度上还掌握在成员国手中。

西欧国家在第二次世界大战结束以后，70多年来把安全外包给了美国和北约。1949年北大西洋公约组织成立，首任秘书长伊斯梅勋爵是个英国人。关于成立北约的原因，他有一句名言："留下美国人、赶走俄国人、摁住德国人"。[①] 第一，把美国人留下来。第二次世界大战打完以后，美国军队继续留下来。所以美军在第二次世界大战结束以后，长期大量地驻扎在德国、英国、意大利等西欧国家。第二，把苏联人赶出去。第三，把德国管起来。北约的三重使命说明一个问题：欧洲人自己解决不了德国和外部威胁问题。把美国人留下来是核心，是首要，是赶走苏联人和管住德国人的前提。

1999年的科索沃战争刺激了欧盟，欧盟开始重新思考防务一体化问题。然而，北约仍然是欧洲安全的主要保障。这在2022年乌克兰危机后看得就很清楚了。

欧洲一体化的最终目标是什么？有的国家希望是建立"欧洲合众国"。但《罗马条约》《马斯特里赫特条约》《里斯本条约》都没有用到这个词，只是说要建立"日益紧密的联盟"。这样每个成员国都能接受。

照现在的发展速度来看，欧盟在短期内还难以发展出一支真正的"欧洲军"。

---

① 参见北约官方网站关于伊斯梅的介绍：https:// www.nato.int/cps/en/natohq/declassifie d_137930.htm。

第二章　欧债危机

欧洲一体化历史上曾发生多次危机，十多年前的欧债危机可能是中国人最熟悉的一次。

2009年年底，希腊、爱尔兰、葡萄牙、西班牙等国相继发生主权债务危机。到2012年时，危机蔓延的势头仍未得到根本遏制，欧盟特别是欧元区的命运引发广泛关注。美国历史学家瓦尔特·拉克尔认为，经济衰退、外交弱势和内部紧张关系有可能让欧盟走向解体。[①] 英国《金融时报》专栏作家菲利普·斯蒂芬斯感叹："千禧之始，欧盟看起来像是一个满怀信心的榜样；人们设想：以欧元为标志的后现代主义和多边主义将向新兴国家和地区输出。而现在，欧盟本身能否维持统一已成为问题。"[②]

一　"救急不救穷"

关于2009年发生的欧债危机，人们普遍存在两个困惑。一是

[①] Walter Laquer, "Kontinent in der Krise: Das Ende der Euro-Zone naht-und auch das der EU," *Die Welt*, June 27, 2012, http://www.welt.de/kultur/article106673512/Das-Ende-der-Euro-Zone-naht-und-auch-das-der-EU.html.

[②] Philip Stephens, "The US Can Learn to Deal with Chaos," *The Financial Times*, February 19, 2012, http://www.ft.com/intl/cms/s/2/efc03902-5964-11e1-9153-00144feabdc0.html#axzz24qXzBh5r.

希腊在20世纪80年代曾经历过多次债务危机，为何这次难以解决？二是美国和日本的债务比欧元区债务高，为什么这些国家却没有出现主权债务危机？这些问题的答案实际都与欧盟货币联盟的建立及其结构性缺陷有关。西班牙前首相冈萨雷斯在向民众解释加入欧盟的好处时曾打过这样一个比方：坏社区的好房子卖不过好社区的坏房子。① 但冈萨雷斯显然不曾想到，加入欧元区，自己的手脚也会受到束缚。以往发生债务危机，希腊可以通过货币贬值来提高出口能力，但由于使用了欧元，希腊已失去货币权，也就无法再用这一招了。

现在越来越多的人意识到，欧元是在欧洲国家准备不足的情况下诞生的"早产儿"。如前所述，欧元的诞生确实受到更多的政治因素推动。决定建立货币联盟的《马约》的签署与柏林墙倒塌、冷战结束密切相关。当时法国等国家担心德国统一后会再度给欧洲带来威胁，因此极力推动德国加入货币联盟，以形成"欧洲的德国"而非"德国的欧洲"。马克一直被视为德国经济实力和物价稳定的象征，德国因而不愿放弃，于是提出政治联盟必须先行。法国便以德国不参加货币联盟就反对其重新统一相威胁，最终迫使德国转向。欧元的先天性缺陷主要表现在两方面：其一，当1999年欧洲政治家们决定启动货币联盟时，欧盟内部并未具备被经济学家们普遍认定的统一货币所必需的所谓"最优货币区"条件。不仅如此，在统一货币之后的十余年内，南北欧之间的经济竞争力差距反而扩大了，由此导致欧元区内部经济失衡问题愈加严重。其二，虽然欧盟在决定建立货币联盟的同时也要求加快政治一体化步伐，但真正的政治联盟没能建立起来。

---

① 《冈萨雷斯说欧盟模式可持续下去，但需要变革》, http://www.cetin.net.cn/cetin2/servlet/cetin/action/HtmlDocumentAction? baseid = 1&docno = 237133。

欧债危机以来，欧洲一些政治家认识到了建立政治联盟的重要性，德国总理安格拉·默克尔（Angela Merkel）多次表示，解决危机的首要办法在于各国上交财政主权，建立一个有强大执行力的政治联盟。① 德国前总理施罗德也呼吁，当前的危机蕴含建立真正欧洲政治联盟的良机，提议将欧盟委员会打造成受欧洲议会监督的政府，建立"欧洲合众国"。② 不过，欧债危机期间，欧盟远未形成一股足以推动政治联盟建设取得突破性进展的强大政治动力。

欧盟和欧元区采取的应对欧债危机的措施可分为两类：一为治标，另一为治本。虽标本兼治，亦难求速效。所谓治标，也可以说是救急，就是向重债国紧急输血，以避免债务违约和破产。欧盟、国际货币基金组织、欧洲央行组成"三驾马车"，先后向希腊、爱尔兰、葡萄牙提供了贷款援助。此类救助是通过2010年5月建立的临时性救助机制——欧洲金融稳定工具（EFSF）来实施的。之后欧元区又决定建立永久性救助机制，即欧洲稳定机制（ESM），并与原定2013年6月30日到期的欧洲金融稳定工具并轨运行，将其放贷能力提高至7000亿欧元。

所谓治本，指的是改善欧元区治理，通过制度建设防止债务危机重演。2010年10月28—29日，欧盟通过经济治理改革方案，决定强化财政纪律、新建宏观经济风险监测机制、加强经济政策协调以及建立永久性危机应对机制，由此开启了欧元有史以来最

---

① "Germany's Chancellor Merkel Urges EU Political Union," BBC, June 7, 2012, http://www.bbc.co.uk/news/world-europe-18350977.

② "Spiegel Interview with Gerhard Schroder: 'Europe Needs to Wake Up'," *Die Spiegel*, May 9, 2011, http://www.spiegel.de/international/europe/spiegel-interview-with-gerhard-schroeder-europe-needs-to-wake-up-a-784357.html. 此外，由德国前外长韦斯特韦勒发起成立的"未来小组"于2012年6月19日发表报告，明确建议把欧盟升级为联邦国家。参见《十国外长成立"未来小组"提议选举欧盟总统》，财讯网，2012年6月21日，http://international.caixun.com/content/20120621/CX0205ba.html。

重大的治理改革。这方面最重要的成果包括：第一，2012年3月，除英国、捷克以外的欧盟25国签署《欧洲经济货币联盟稳定、协调和治理公约》，又称"财政契约"，以政府间条约方式强制各国政府遵守有关财政赤字和公共债务上限的财政纪律。① 第二，在2012年夏季峰会上，欧盟同意欧洲稳定机制直接注资债务国银行、直接购买其国债，以打破银行业危机与主权债务危机之间的恶性循环。为此，欧元区将在2012年年底前建立有欧洲央行参与的银行业单一监管机制。此举被国际货币基金组织称为"迈向财政联盟的正确努力"。② 但显然，此类治本措施由于主要着眼于中长期，并不能够对欧债危机产生手到病除的疗效。

欧债危机缓解之所以需要较长时间，还因为重债国的结构性改革将会既痛苦又漫长，其经济增长前景不容乐观。欧债危机爆发以来，德国大力推动希腊等南欧国家实行财政紧缩，但由于效果不彰导致2012年5月上台的法国奥朗德政府以及意大利等国的强烈反弹。经过反复较量，以法德意西等国为主的一种新的共识已逐渐取代所谓的"默克齐"［德国总理默克尔与法国总统萨科齐（Nicolas Sarkozy）名字的合写］紧缩共识。新共识强调"紧缩、改革、增长"三者一个也不能少，而2012年欧盟夏季峰会达成的1200亿欧元刺激计划正是这一新共识的产物。同时，希腊等债务国内部也有越来越多的人意识到，经济竞争力下降是陷入增长困

---

① 根据"财政契约"中的自动惩罚规定，欧盟最高司法机构欧洲法院将有权对结构性赤字超过国内生产总值0.5%的国家进行处罚，最高金额不超过该国内生产总值的0.1%。欧元区国家的罚款将缴入欧元区永久性救助机制——欧洲稳定机制，非欧元区国家的罚款将被纳入欧盟一般预算。参见 Treaty on Stability, Coordination and Governance in the Economic and Monetary Union (TSCG), European Council, March 2, 2012, http://european-council.europa.eu/media/639235/st00tscg26_en12.pdf.

② 《各方解读欧盟峰会：欧债危机或迎来转折点》，新华网，2012年6月30日，http://world.xinhua08.com/a/20120630/980472.shtml。

境的根源所在，要扭转这一局面必须推行包括劳动力市场、投资环境等方面的结构性改革。尽管遇到重重阻力，但这些改革当时逐渐在南欧国家展开。需要指出的是，由于这些国家的竞争力问题由来已久，其改革和转型不会一蹴而就。

二　牵一发而动全身

国际金融危机特别是欧债危机以来，欧洲政治和社会生态发生了很大变化。

第一，社会不满情绪高涨，抗议和骚乱此起彼伏。在金融海啸和欧债危机爆发之前，欧洲经济低迷、失业人数高企已导致各国社会出现紧张局面。舆论普遍将欧洲经济困难归罪于经济全球化，指责中东欧新成员国以及中国、印度等新兴经济体抢走了欧洲就业者的饭碗。为抗议政府推行增税节支的紧缩政策，希腊、西班牙、英国等国的示威、罢工风起云涌。其中2011年8月发生的英国骚乱，影响尤为广泛，骚乱由伦敦北上蔓延至数座城市，持续5天之久，近4000人被抓，其中一半被起诉。[①]

第二，执政党能力受到质疑，纷纷下台。欧盟各国政治上长期以来形成较为固定的大党轮流坐庄模式。20世纪90年代，欧洲政坛一度被中左政党控制，英国首相布莱尔、德国总理施罗德和法国总理若斯潘等人倡导的所谓"第三条道路"红极一时。到2008年国际金融海啸之前，多数欧盟国家江山易帜，中右政府取代了中左政府（2000年欧洲有11个国家是社会民主党执政，2008年只剩3个）。2008年国际金融危机爆发并未像一些人想象的为左翼

---

① "Gang Members Were Minority in English Riots," *International Herald Tribune*, October 25, 2011.

政党上台提供了机遇,相反多数选民相信右翼"拼经济"更加在行。但之后随着欧债危机蔓延,南欧国家经济出现衰退,严厉的财政紧缩带给社会的阵痛增大,失业问题进一步加剧,尤其是青年失业人数大幅攀升。① 此时,几乎所有在台上的政党不分左右都遭到选民抛弃。从2010年到2012年,荷兰、斯洛伐克、比利时、爱尔兰、芬兰、葡萄牙、斯洛文尼亚、希腊、意大利、西班牙、法国等国家的执政党相继下台,其中希腊、意大利政府被提前赶下台,由"技术政府"取代。英国《金融时报》主编托尼·巴伯认为,欧洲政治体系面临"合法性危机"。②

第三,极端政治势力加大对传统主流政党的挑战力度,极右翼政党和组织的崛起尤为突出。在2012年5月法国总统大选首轮投票中,中右翼候选人萨科齐和中左翼候选人奥朗德得票率均不足30%,而极右翼国民阵线领导人让—玛丽·勒庞和极左翼领导人让—吕克·梅朗雄得票率都创下历史新高。在此前的2009年欧洲议会选举中,英国、丹麦、匈牙利、斯洛伐克、罗马尼亚、保加利亚、奥地利、荷兰等国的极右翼党派也都获得了席位。由于传统政党得不到单独执政的票数,不少国家的极右翼政党不仅进入议会,而且取得联合执政的地位。反移民特别是反伊斯兰移民势力增大,直接推动了极右翼政治势力在欧洲的兴起。欧洲智库欧洲对外关系委员会(ECFR)的托马斯·克劳认为:"如果说排犹主义是20世纪头30年团结极右诸党的一个因素,那么伊斯兰恐惧症

---

① 欧盟委员会2012年年初发布的数据显示,欧盟27国2011年第四季度平均失业率创历史新高,达9.8%,其中青年群体失业情况最为严重,接近25%。在失业问题最严重的西班牙,几乎一半年轻人都没有工作。参见《报告显示去年第四季度欧盟失业率达9.8%》,新华网,2012年1月11日,http://news.xinhuanet.com/world/2012-01/11/c_122567274.htm。

② Tony Barber, "Europe Must Confront Crisis of Legitimacy," *The Financial Times*, April 23, 2012, http://www.ft.com/cms/s/0/4e2c793c-8d50-11e1-8b49-00144feab49a.html.

在 21 世纪初的数十年,发挥着同样的作用。"①

第四,民粹主义势力上升,欧洲"多元文化政策"遭受打击。在极端政治势力坐大、排外思潮蔓延的同时,民粹主义、狭隘民族主义在欧洲国家得到支持。英国德莫斯研究所(Demos)2011 年发表的一项研究报告指出:在整个欧洲大陆的年轻人中,强硬民族主义情绪正在蔓延。② 欧洲理事会主席范龙佩坦承:"民粹主义目前在政治领域占据了一席之地。"③ 针对极右翼势力和民粹主义势力的上升,特别是在欧洲一些国家中出现了排外事件,德国时任总理默克尔、英国时任首相卡梅伦均承认欧洲多年来一直推行的多元文化政策正受到威胁,默克尔甚至感叹德国构建多元文化社会的努力遭到"彻底失败"。④ 欧盟委员会主席若泽·巴罗佐(Jose Barroso)的发言人巴伊警告:"我们必须小心防范民粹主义的威胁及其理念的扩散,因为这些理念从根本上与欧洲设想的理念是相违背的。"⑤

三 "梯队化"的欧洲一体化

欧债危机爆发以来,欧盟一体化一直处于进退两难的困境,但

---

① Peter Walker and Matthew Taylor, "Far Right on Rise in Europe, Says Report," *The Guardian*, November 6, 2011, http://www.guardian.co.uk/world/2011/nov/06/far-right-rise-europe-report.

② 该报告还发现,鼓吹反移民主义和伊斯兰恐惧症思想的政党已跨越法国、意大利、奥地利等传统据点,向原本政治思想开明的荷兰和斯堪的纳维亚半岛蔓延。参见 Peter Walker and Matthew Taylor, "Far Right on Rise in Europe, Says Report," *The Guardian*, November 6, 2011, http://www.guardian.co.uk/world/2011/nov/06/far-right-rise-europe-report。

③ 《欧洲理事会常任主席说欧中合作符合双方利益》,中国政府网,2011 年 5 月 16 日,http://www.gov.cn/jrzg/2011-05/16/content_1864499.htm。

④ "Angela Merkel: German Multiculturalism Has 'Utterly Failed'," *The Guardian*, October 17, 2010, http://www.guardian.co.uk/world/2010/oct/17/angela-merkel-german-multiculturalism-failed.

⑤ "French Far-right Electoral Success Worrisome: Europe," AFP, April 23, 2012, http://english.al-akhbar.com/node/6497.

最终各方特别是法国和德国等大国达成共识，即一体化不进则退，不进就意味着欧元区瓦解。欧盟特别是欧元区之所以能够达成这一共识，主要因为以下三个方面的因素：

首先，绝大多数经济学家认为，欧元区解体所带来的后果是所有成员国都难以承受的。德国《明镜》周刊引用专家分析认为，如果希腊放弃欧元，欧元区将累计损失约 1600 亿欧元，其中德国将损失 700 亿—800 亿欧元。[1] 希腊知名智库希腊经济与工业研究基金会经济学家尼古拉斯·文图里斯认为，希腊一旦退出欧元区，其实际国内生产总值将在过去三年已萎缩 20% 的基础上立刻再萎缩 22%，希腊人的收入将平均下降 55%。[2]

其次，作为最大的救助方，德国不希望欧元区解体。随着要不要救希腊的辩论在德国不断深入，越来越多的德国人不仅意识到欧元区解体的成本要远远高于维持欧元所付出的代价，而且更认识到了欧元区对于德国繁荣的重要性。正如新美国基金会经济增长项目政策主任迈克尔·林德所言：具有讽刺意味的是，德国当初加入单一货币联盟实属无奈，"然而真正的受益者却始终是德国，因为虽然德国人牺牲了本国货币，但其邻居们更丧失了阻止本国工业被德国出口产品挤垮的有效手段：货币贬值"。[3] 正因为如此，尽管德国国内不时会出现反对救助希腊的声音，但实际上德国不会听任欧元区分崩离析。

最后，也是最重要的一点，除了经济上的高昂代价，欧元区解

---

[1] 《德刊解析希腊退出欧元区后果》，新华网，2012 年 5 月 25 日，http://news.xinhuanet.com/fortune/2012-05/25/c_112034012.htm。

[2] 《希腊留在欧元区尚未命悬一线 有望再获输血》，新浪财经网，https://m.cj.sina.cn/page/aHR0cDovL2ZpbmFuY2Uuc2luYS5jb20uY24vMzYwZGVza3RvcC93b3JsZC9jc2vempqLzIwMTIwODE0LzEyNDMxMjg0ODA0NS5zaHRtbA？from=redirect。

[3] Michael Lind, "The Post-Cold War Era is Over," The Salon, July 4, 2012, http://www.salon.com/2012/07/03/the_post_cold_war_era_is_over/.

体还意味着欧洲一体化出现史无前例的大倒退，欧盟大厦将岌岌可危。欧盟各国虽然在建设政治联盟上存在分歧，但在捍卫一体化既有成果上具有高度一致的政治意愿。这一点从其各方表态中可以看得十分清楚。欧洲央行行长马里奥·德拉吉2012年7月26日表示，欧洲央行已准备好"采取一切措施"保护欧元，避免欧洲单一货币联盟解体。翌日，法国总统奥朗德与德国总理默克尔发表联合声明强调，法德两国在根本上与欧元区的完整紧密相连，两国决心采取一切措施捍卫欧元区。① 欧元区集团主席、卢森堡首相容克警告，希腊退出欧元区将导致欧盟"政治翻船"，因此，任何人都不应怀疑欧元区17国的集体政治意志。②

在不进则退的危机倒逼之下，伴随着财政契约等治理改革的实施，欧元区一体化缓慢地向前推进。有理由相信，只要需要，欧元区今后在深化合作的道路上还会继续走下去。

同时，欧元区的不断一体化亦将使得欧盟未来进一步呈现"双速欧洲"态势。从某种意义上说，"双速欧洲"在欧盟已然存在，欧元区和非欧元区之分便是明显一例；而取消边境管制的《申根协定》也没有在所有欧盟国家得到实施。成员国之间的这些差异，在欧盟看来，不符合欧洲统一的理念，故欧盟长期以来一直不鼓励固化这些差异，并对"双速欧洲说"和"核心欧洲说"采取了抵制态度。但随着欧元区治理改革措施的落实、欧元区内外差异的进一步扩大，"双速欧洲"将越来越难以避免。对此，置身于欧元区之外的丹麦首相赫勒·托宁—施密特感触颇

---

① 《法德表示将采取一切措施捍卫欧元区》，新华网，2012年7月28日，http://news.xinhuanet.com/world/2012-07-28/c_112556551.htm。

② Jean-Jacques Mevel, "Juncker: La Xone Euro Est Prête à Agir Avec La BCE?" *Le Figaro*, July 29, 2012, http://www.lefigaro.fr/conjuncture/2012/07/29/20002-20120729ARTFIG00153-juncker-la-zone-euro-est-prete-a-agir-avec-la-bce.php.

深,坦言需要接受"双速欧洲"这一事实。① 对"双速欧洲"做过最明确表述的也许是法国时任总统萨科齐,他在2011年11月8日对法国大学生发表讲话时指出:欧元区的发展将快于拥有27个成员国的欧盟,一个以两种速度行进的欧洲是欧洲未来的模式。②

还需要指出的是,今后"双速欧洲"将不仅体现为欧元区与非欧元区之分,还将体现在经济领域和政治领域。与欧元区一体化取得进展形成明显反差的是欧盟政治领域一体化的停滞不前,这也将成为未来几年欧盟一体化前景的特征之一。第二次世界大战后,欧盟的奠基者们要解决的突出问题是安全问题或者说政治问题,但在遭受一系列挫折后,他们意识到经济是一体化唯一可行的抓手。然而,欧洲政治联合并没有被放弃。1993年生效的《马斯特里赫特条约》,其正式名称便是《欧洲联盟条约》。2004年《欧盟宪法条约》出台,这是欧盟力图改变一体化"政治短板"的最近一次努力。由于法国和荷兰公投未过半数,此次努力以失败告终。之后,欧盟只好通过修改条约、整合机构等办法来改善成员国在外交与安全领域的合作滞后状态。2009年《里斯本条约》的生效代表了欧盟这一新的想法。欧债危机爆发以来,尽管欧洲一些政治家呼吁加快政治一体化步伐,但事实上欧盟在这方面的努力已经陷入停顿。德国时任外长费舍尔于2000年在德国洪堡大学发表建立"欧洲合众国"的著名讲话,后来欧盟再也没有政治家提出过具有同样感召力的宏伟设想。

---

① Ezra Klein, "Denmark's Prime Minister Gives Her Perspective on the European Crisis," *The Washington Post*, February 25, 2012, http:// www. washingtonpost . com/business/economy/a-qanda-with-denmarks-prime-minister/2012/02/24/gIQAS0egYR_ story. html.

② "Sarkozy Eyes Two-speed Future for Europe," Reuters, November 8, 2011, http://www. reuters. com/ article/2011/11/08/us-france-eurozone-idUSTRE7A75PN20111108.

2007年德国慕尼黑应用政治研究中心曾发表一份关于欧盟发展前景的研究报告，预测欧盟未来将具有四种发展前景：建立联邦国家、倒退到一体化前各自为政的状态、形成核心欧洲、小步前行。其结论是，"小步前行"的可能性最大。[①] 综合上述分析可以认为：欧盟一体化不会前功尽弃，同时政治联盟的前景也仍然十分遥远，未来欧盟一体化发展将兼具该报告中提到的第三种和第四种前景的特征。

---

① Thomas Ludwig, "Zukunftsszenarien Fur Die EU: ZerfalloderSupermacht," *Handelsblatt*, March 23, 2007, http://www.handelsblatt.com/politik/international/zukunftsszenarien-fuer-die-eu-zerfall-oder-supermacht/2786810.html.

第三章　民粹主义

欧盟遇到的与欧债危机相关的另一个重大问题是民粹主义的崛起。在2008年国际金融危机和2009年欧债危机之后，欧洲民粹主义崛起的势头不可遏制。仅仅几年时间，极端民粹主义就从过去的"过街老鼠"变成了一股强大的政治势力，在不少国家甚至参与执政。2016年英国公投脱欧可谓是民粹主义在欧洲发展最具有标志性的事件之一。民粹主义2017年在法国没有做成的事——上台执政，2018年在意大利做成了。2018年3月，意大利民粹主义政党五星运动和联盟党（前身为北方联盟党）在议会选举中取得多数，西欧第一个民粹主义政府随之宣告成立。2024年6月，欧洲议会选举结果表明，虽然传统的中右和中左政党党团仍占据主导地位，但极右翼政党的快速发展已是不争的事实。在欧洲很多国家包括法国、德国、意大利等国，极右翼政党均已成为各自国内的重要政治力量。民粹主义的发展无疑将对欧洲产生重大的影响。

第一，我们来看看欧洲民粹主义的诉求是什么。

对精英集团的不满和对建制派的不信任，应该是普天之下所有民粹主义的共性，历史上是这样，欧洲之外的其他地方也是这样。民粹主义以反对而出名，但不同时期、不同地区，民粹主义反对的内容并不相同。

　　当前欧洲民粹主义反对的主要是三个方面：经济全球化、欧洲一体化、不同宗教信仰的难民和移民。当然，这三者之间也是有联系的。区域一体化和大量移民的出现一定程度上也是全球化的结果。

　　左翼民粹主义、右翼民粹主义在欧洲又有不同之处，左翼民粹主义自称其代表的是穷人，所以左翼民粹主义的话语里突出的是穷人和富人的对立；右翼民粹主义自称代表的是"我们"，实际上就是信仰基督教的白人，其话语里讲的是我们和他者的关系，"他者"就是来自中东北非的信奉伊斯兰教的难民和移民。因此右翼民粹主义强调的是身份、文化上的差异。

　　不过无论是左翼民粹主义还是右翼民粹主义都认为问题的根源出在经济全球化上，出在战后欧洲一体化上，认为经济全球化搞过头了，认为一体化走得太远了。所以欧洲民粹主义的诉求核心是重新强化国家主权。这对欧洲一体化来说是根本性的打击，因为欧洲一体化的核心就是成员国把一部分主权让渡出去，用和平方式、自愿方式上交到超国家机构。民粹主义反对的正是这种开放的、超国家的治理。

　　欧洲大国的这种反一体化心态是最让人担心的。英国人在第二次世界大战结束初期，未能放下大国、胜利者的架子参与到法国和德国倡导的欧洲联合当中。1973年英国被吸引到欧共体中的一个最重要原因就是欧洲的统一市场，包括商品零关税流通、资本自由流通、服务自由流通，当然也有人员的自由流通。然而，2016年脱欧公投之所以能够通过主要就是因为英国人为了重新取得边境管理权，阻止人员自由流通，为此不惜放弃商品自由流通、资金自由流通、服务自由流通。在法国，玛丽娜·勒庞（Marine

Le Pen）领导的民粹主义政党国民联盟（此前叫国民阵线），一度表态希望把货币权拿回来。法国与英国不同，法国参加了欧元区，所以法国要脱欧第一步要离开欧元区。总之，在欧洲国家经历了几十年的一体化之后，欧洲民粹主义要重新强化传统国家主权。

欧洲一体化走过了70余年，这无论对世界政治还是国际关系，都可以说是一个历史性创举。事实上我们可以把欧洲看作一个很大的实验室，这些年这些国家一直在做一个与过去告别的实验，力图在传统的国家间关系、国家治理、区域治理等方面超越历史，看在超越历史的进程中究竟能走到哪一步。建立共同市场、取消边境检查，放弃成员国原有货币代之以共同货币欧元，凡此种种让世人感到欧洲的实验搞得越来越大。然而，近年来欧洲一体化遇到了很大的阻力。这就是民粹主义带来的。

欧洲民粹主义的另一个主要诉求是反移民，尤其是反"异质"移民。

2015年1月7日，巴黎《查理周刊》恐怖袭击案令世界震惊，凸显了法国以及其他欧洲国家面临的安全挑战。这既反映了业已存在的国际恐怖主义与西方国家之间的对立态势，也反映了欧洲国家社会内部的紧张关系。欧洲国家表面上体现了包容性，但事实证明其在处理不同宗教、文化族群相处问题上存在死角。不论是"强势同化"还是"井水不犯河水"式的多元共处，均难以解决被边缘化的移民家庭后代的身份归属问题。毕竟作为欧洲移民的第二代和第三代，他们接受了欧洲教育，比较的对象与他们的父辈并不相同。他们会认为同样在一座城市，为什么我们没有工作，或只能做欧洲白人不愿意从事的工作？这种认知使他们极易走向极端，因此，有些人受到极端主义洗脑，或奔赴叙利亚、伊拉克参加"伊斯兰国""圣战"，或在欧洲本土直接发动恐怖袭击。

以目前的情况看，欧盟亟须将欧洲穆斯林移民特别是其年轻人的教育、就业问题放在突出位置上来加以解决。

第二，民粹主义发生的主要原因是什么？

有两个原因，经济上的原因和文化上的原因。如果有第三个原因的话，那就是社交媒体。

一是经济方面的原因。过去40多年，世界经历了新自由主义主导下的经济全球化，这加剧了欧美国家内部的贫富分化。欧洲国家过去非常自豪，它有一个稳定的社会结构，如同橄榄球，极其富裕的和极其贫穷的在两头，都是少数，中间的中产阶级占多数，形成一个稳定的社会。新自由主义推动下的经济全球化导致橄榄球中间的那一部分出现了很大的变化。特朗普上台靠的就是所谓的全球化的被边缘化者、被遗忘者。在英国，支持脱欧的很多人也是被经济全球化遗忘的，这些人反对全球化，支持民族主义、民粹主义。

二是文化方面的原因。经济全球化使得移民越来越普遍，越来越容易。在法国、美国、英国，不少白人担忧外国移民会对其文化产生严重冲击，担心一觉醒来街上看不到白人了。欧洲本土白人相对偏低的人口出生率加重了他们的这种担忧。他们并不认为这是"种族主义""文化沙文主义"，因为他们觉得自己正在沦为"弱势群体"、少数派。

所以西方有一些人想阻止经济全球化。特朗普一上台就让美国海外的工厂都搬回美国。极端的民族主义或民粹主义在欧美开始上升。民粹主义就是试图用一种简单的、极端的办法来解决问题，最后不仅没有解决问题，反而使问题更为复杂。比如特朗普，想通过贸易战解决中美贸易摩擦，想通过在美国和墨西哥之间修一道墙来解决非法移民问题。所有的民粹主义政治家都主张"本国优先"，实际上就是反全球化、反移民。

第三，欧洲民粹主义有没有前途？有没有未来？

2017年5月法国大选举世瞩目。"黑马"马克龙（Emmanuel Macron）击败了被称为法国"女特朗普"的玛丽娜·勒庞。当时大家说民粹主义在欧洲终于被遏制住了，但是一年以后，意大利民粹主义政党五星运动在大选中一举成为意大利第一大党并和右翼联盟组建了联合政府，人们又说形势不容乐观。民粹主义在欧洲不会昙花一现。理由有两个，一是民粹主义生存发展的土壤不会很快消失。民粹主义在欧洲得势与国际金融危机、欧洲主权债务危机有重要关系，也可以说它是对过去40多年新自由主义主导的经济全球化所导致的社会发展不平衡的回应。这些重大问题不是一下能解决的。此外还有难民问题，只要中东北非的战火得不到解决，社会动荡不能停止，难民就会持续蜂拥而至欧洲，就会存在融合问题以及所谓身份问题。二是面对民粹主义不断崛起，传统主流政党虽然承受着巨大压力，但却苦无良策，拿不出解决问题的办法，拿不出能够吸引选民的所谓"关键一招"。

欧盟委员会主席让—克劳德·容克（Jean-Claude Juncker）曾对民粹主义做过如此评价，他认为民粹主义能够发现问题，而且善于利用问题，但却解决不了问题。[①] 这正是目前的实际情况。主流政党解决不了问题，这给了民粹主义机会，但民粹主义也解决不了问题。未来很多年，欧洲政治力量将就此展开博弈，就像拔河一样。欧洲主流政党也即人们过去70多年习惯的战后欧洲政党，

---

① Von Hannelore Crolly, Silke Mülherr, Christoph B. Schiltz, "We Shouldn't Agree with the Populists, but Confront Them Instead," Welt, December 30, 2018, https://www.welt.de/politik/ausland/article186298844/Jean-Claude-Juncker-We-shouldn-t-agree-with-the-populists-but-confront-them-instead.html.

主要是工业化时代造就的左、右翼政党,然而在当今全球化时代,民粹主义和主流政党之间的博弈,并不是传统意义上的左和右的博弈。主流政党绞尽脑汁地解决问题,民粹主义政党也提出其方案。这场博弈与较量会有一个过程,欧洲民粹主义的前景就取决于这个过程。

第三,民粹主义对欧洲将产生何种影响?

最明显的影响就是欧洲的政治生态和政党格局已然发生变化,甚至可以将其看作继苏联解体、新兴经济体群体性崛起之后的第三大巨变。受到最严重打击的是长期代表蓝领工人的政党,如法国的社会党,过去它们是低收入者的代言人,但现在民粹主义政党已经把它们的选民吸引走了。2022年法国总统大选中,社会党候选人的得票率不到2%,基本上可以说已经退出法国政治舞台。而仅仅几年前,2012—2017年的法国总统奥朗德还是社会党人。

无论是法国、意大利还是德国,所谓"全球化输家"成为民粹主义政党的支持者。这是一个大变化,意味着在一段时间内,民粹主义政党将成为欧洲很多国家的第一大反对党。人们最没想到的是德国,德国选择党在2017年议会选举后不仅首次进入德国联邦议会,而且在社会民主党和联盟党组成新的大联合政府后成为德国最大的反对党。德国选择党2013年才成立,从其以选择党命名,就可看出其反欧洲的信念。选择党领导人认为,过去70年,所有德国政治家都主张德国别无选择,只能融入欧洲,支持欧洲一体化,而选择党认为情况并非如此,可以有其他的选择。2013年选择党提出的第一个口号是德国应该选择不用欧元,这是针对当时的欧洲债务危机提出来的。2015年难民问题突出后,选择党的口号变成了"选择一个没有难民和移民的德国"。由此可以看出,欧洲国家政治生态的变化意味着无论在成员国还是欧盟层面,未来欧洲的内政外交都将受到民粹主义的影响。保护主义、疑欧主义甚至排外主义，在未来欧洲政策中都会有更大体现。

就民粹主义的影响而言，最重要的一个问题是，欧盟会否因民粹主义的反对而走向四分五裂乃至解体崩溃。特朗普搞"美国优先"和"退出"，反对的实际上是多边主义。欧美很多人对特朗普的担忧主要集中在战后国际秩序、多边机构和制度还能不能维持，而民粹主义在欧洲的抬头令人们担忧的是走过70余年的一体化还能不能维持。在英国脱欧以前，没有人相信会有一个成员国退出欧盟。就连时任英国首相卡梅伦本人也没有想到这一点。这也是导致他在公投结果出来后黯然辞职的最重要原因。2016年6月23日英国脱欧公投通过后，人们才开始意识到问题的严重性。在欧洲一些国家中，疑欧主义乃至反欧主义势力一直存在，有一体化就有反一体化，但是疑欧和反欧力量在任何国家都没能成为主导力量。在某个领域或某个问题上某个或某几个国家亮起红灯时有发生，但没有一个国家提出要离开欧盟。不过，英国脱欧非但没有起到"多米诺骨牌"效应，反而起到了一定的震慑作用。由于英国似乎并没有从"脱欧"中占到明显的"便宜"，因此在英国公投脱欧之后，欧洲极右政客纷纷改口，不再提脱欧了。这某种程度上反而遏制住了欧盟崩解的势头。一些战略家甚至认为，英国这个"另类"脱离队伍后，法德领导的欧盟决策更为容易。

但可以肯定的是，由于民粹主义的兴起，各国都追求本国优先，欧洲国家与国家之间的矛盾非常大，未来联合和一体化推进难度势必加大。比如欧洲的难民问题非常难解决，德国2015年提出对难民门户开放，然而匈牙利、波兰则公开提出它们国家的政策为"零难民"。这种分化也体现在许多其他的政策领域。比如绿色转型、产业政策等。关于欧盟未来发展，欧洲很多国家包括法国和德国提了不少设想和蓝图,但这些设想和蓝图都要接受"百家争鸣"的考验。

欧盟的未来目前还不明朗,这不仅仅因为民粹主义本身的发展有不确定性,还因为民粹主义上台后的政策尚需要观察。前面讲到欧盟是一个处于进行中的实验室或者试验田,现在还可以把刚由民粹主义接管的意大利,以及执政党民粹色彩浓厚的匈牙利和波兰视为民粹主义的试验田、实验室。民粹主义一贯反精英、反建制,不喜欢传统政党、不喜欢建制。但一旦它自己上了台会用什么样的治理方式,这值得研究。意大利五星运动上台以后,和欧盟矛盾非常大,但是同样引人注目的是,它已经放弃了或者说不再坚持退出欧元区和欧盟这一条诉求了。匈牙利总理欧尔班因公开表示赞成"非民主自由"而出名。事实上他是在公开挑战过去几十年在西方占主导地位的所谓新自由主义。尽管走到这一步在西方国家可以说是"冒天下之大不韪"了,但欧尔班从来没有说过匈牙利要退出欧盟。这就引出另外一个问题,民粹主义上台以后,究竟会干什么呢?这说明右翼民粹主义可能不是一个颠覆性力量,而主要是要改造、变革欧洲。或者说,它要对已有一体化发展成果进行调整和改造。

另外民粹主义政党之间的"内讧"也屡见不鲜。极右翼政党在欧洲议会中的"组团难"是众所周知的。2022年乌克兰危机后,中东欧国家民粹主义政党对俄罗斯的不同看法也浮出水面。匈牙利和当时在台上的波兰执政党法律与公正党(PiS)均被视为民粹主义色彩浓厚的右翼政党,但它们对待俄罗斯的态度有很大差别,站在了欧盟内部亲俄和反俄光谱的两个极端之上。

最后值得指出的是,民粹主义上台之后,也会在民主体制下下台。2023年,自2015年以来执掌波兰的法律与公正党因无法获得议会多数席位，反对派联盟遂组成新政府完成了"变天"。在欧盟看来，这一结果是自由民主的一次胜利。大选后，曾任欧洲理事会主席的图斯克（Donald Tusk）作为公民纲领党领导人出任波兰总理，他一上任就着手修复与欧盟的关系。

很多年以后，历史学家们会怎么评价今天的欧洲？他们也许会说这是经过70年相对稳定之后的一个政治动荡和变动期，而不是说这是欧洲在经过70年和平联合之后走向解体的一个时期。

第四章　英国脱欧

对于历史，人们最后记住的都是一些大的事件和大事发生的时刻。可是这些大事的发生通常让人觉得有偶然性。其实不然。偶然性背后反映的是必然性。

未来的历史学家们会如何看待21世纪第二个十年在英国上演的英国与欧洲的分手大戏呢？

一　英国缘何脱欧？

当2016年6月23日英国脱欧公投结果揭晓时，很多人一定会说事情完全可以不以这样的方式发生，因为毕竟支持英国脱欧的人数仅比支持留欧者多不到4个百分点。然而，我们不得不说脱欧发生在英国而非其他欧洲国家本身是有必然性的。

英国通过脱欧公投和特朗普赢得美国大选被称为是2016年世界政坛上飞出的两只"黑天鹅"。推动这两只"黑天鹅"事件发生的是2007年美国次贷危机引发的国际金融危机和欧洲主权债务危机。危机为民粹主义在美欧的兴起提供了土壤。2016年英国脱欧派占据上风是民粹主义以"夺回主权"为口号在欧洲取得的第一场胜利。这在上文已详细提及。

第一编 欧洲一体化

英国脱欧还与英国本身有直接关系。特殊的地理位置、历史、文化等因素决定了英国缺乏欧洲身份认同。

有些人把法国、德国、英国比作欧盟的"三驾马车",其实在欧洲一体化进程中英国的重要性从来没有达到像法国和德国一样大。第二次世界大战结束之后,西欧各国都在为未来发展苦苦寻觅新的道路,英国也不例外。但英国与法国、德国等大陆国家选择了不同的道路。1952年,法国建立煤钢共同体的倡议得到了西德、意大利、荷兰、比利时、卢森堡的积极响应,欧洲由此走上了联合发展之路。英国则采取了团结英联邦国家、英语国家以及欧洲大陆国家的著名的"三环外交"战略。

第二次世界大战结束以后,1945年英国举行大选,丘吉尔下台了。当时英国选民认为丘吉尔会打仗,但不一定会搞经济,所以给工党投了票。丘吉尔下野以后到处演讲,他在美国的"铁幕演说"被认为是冷战开始的标志。这个演讲半年之后,也就是1946年9月,他在瑞士苏黎世发表了另一个著名的演讲,标题叫"欧洲的悲剧"。在这个演讲中,他呼吁"我们必须在一个或可称之为欧洲合众国的区域结构中重建欧洲大家庭"。由此丘吉尔或可被认为是欧洲联合的积极鼓吹者。但值得指出的是,丘吉尔在讲话中也指出:"重建欧洲大家庭的第一步必须是法国和德国之间的伙伴关系",而英国、英联邦、美国,甚至还有苏联"势将成为新欧洲的朋友和赞助者,势将捍卫它生存和闪耀的权利"。[①] 这说明,在丘吉尔心目中,实际上在当时很多英国人的心目中,英国不属于欧洲,欧洲联合、建立欧洲合众国与英国没有关系。丘吉尔1953年在英国议会辩论英国与欧洲的关系时讲了这样一句话:"我

---

① Winston S. Churchill, "The Tragedy of Europe," in *Winston S. Churchill: His Complete Speeches VII, 1897—1963*, New York: Chelsea House Publishers/R. R. Bowker Company, 1974, pp. 7379 – 7382.

们和他们一起，但不在他们之内"（we are with them but not of them），更清楚地表明了这种态度。①

在不属于、不同于欧洲的思想影响下，面对战后法国、德国等六国热火朝天尝试并推进一体化建设时，英国基本上扮演了旁观者角色。到20世纪60年代，英国精英改变了看法。当时，欧共体的经济表现稳健，优于英国。而英国寄予厚望的英美特殊关系和英联邦却日益衰微，英国感到自己被孤立了。于是，英国提出加入欧共体。然而，如前所述，英国两次申请加入欧共体，均遭到当时法国总统戴高乐的否决。戴高乐认为英国加入欧共体动机不纯。在他看来，英国和美国的关系过于特殊，英国加入欧共体会成为美国的"特洛伊木马"，从中搞破坏。直到1969年戴高乐下台、蓬皮杜上台，英国才等来了机会。碰巧这个时候英国的首相希思非常亲欧。他把英国带入了欧共体。但这并没完，英国刚进入不久，就曾于1975年就留欧还是脱欧搞过一次全民公投，结果是当时多数人支持留在欧共体。即便如此，由于仍然存在严重的欧洲身份认同问题，英国从未成为一名完全的成员国。欧洲一体化取得的最大和最重要的两个成果——开放边境、统一货币，英国均置身其外，英国既不是申根区成员，也不是欧元区成员。

英国与欧盟的关系，形象地说就像一个学生上学一样，迟到早退。英国在第二次世界大战后不愿意加入欧共体其实有一个特别重要的心理上的原因。当时的英国认为自己是第二次世界大战的胜利者，与德国、法国不同，所以它当时不愿与法德为伍。英国加入以后扮演了什么角色呢？法、德是发动机，英国是踩刹车的。

---

① Winston S. Churchill, "Foreign Affairs (CHUR 5/51C/260 – 320)," in *Winston S. Churchill: His Complete Speeches VIII*, New York: Chelsea House Publishers/R. R. Bowker Company, 1974, pp. 8475 – 8485.

发现欧洲一体化走快了，就踩一脚。最后发现踩不住了，一气之下自己走了。

在此大背景下，英国国内存在很强的疑欧力量并不奇怪，尤其是在欧债危机刺激下，欧元区酝酿通过深化一体化来摆脱危机的前景，令英国的疑欧派高度警惕。与此同时，要求英国退出欧盟的民粹主义政党——独立党顺势崛起。独立党的主张不仅得到了对政府不满的民众的支持，而且也吸引了执政党保守党内的疑欧派。为避免选票流向独立党，卡梅伦最终痛下决心以公投形式对英欧关系作一了断。

二　脱欧对英国的影响

脱欧公投结果公布后，英国陷入了第二次世界大战结束以来最严重的政治危机。围绕脱欧问题，英国国内精英和普通民众、精英之间出现了严重分化。支持英国脱欧的认为离开欧盟能够使英国摆脱欧盟的束缚，反对者则坚持认为脱欧是一个历史性错误。

脱欧削弱了英国在国际上的影响力，尤其在国际经济金融领域。英国在国际经济和金融领域的影响力既依赖于自身实力，更仰赖于拥有统一大市场的欧盟。脱欧将令英国失去对国际经济事务施加影响的重要平台。在脱欧之后，英国一度提出"全球英国"的口号，希望激活英国"大不列颠帝国"的传统优势，脱离欧洲走向全球。但英国脱欧恰逢全球化的转折时刻，2017年特朗普就任美国总统后走向了"美国优先"、在全球发起贸易战，英国与多方发展贸易及外交的愿望遇到了很大的阻力。

此外，英国脱欧后，"北爱尔兰问题"重新出现。这个问题此前由于欧盟独有的"多层级治理"得到克服，英国脱欧又重新显现。

英国由几个地方组成，英格兰、威尔士、苏格兰、北爱尔兰，所以英国号称联合王国。北爱尔兰和英国曾经经历过长期的恐怖流血，爱尔兰共和军过去试图通过恐怖手段，实现北爱尔兰和爱尔兰共和国统一。1997年时任首相布莱尔促成了与北爱的和平协定。同时，由于爱尔兰共和国和英国都是欧盟国家，尽管北爱尔兰属于英国，但北爱尔兰和爱尔兰共和国之间人员可以自由流动。但是这一切随着英国脱欧将可能改变。英国脱欧后，北爱尔兰和爱尔兰共和国之间将重新树立一个硬边境，很多人不愿意接受这一点。由于北爱问题，英国脱欧日期由2019年3月21日改到10月31日，最后又推到2020年1月31日。除北爱尔兰外，英国脱欧对苏格兰地区也产生了冲击。在2016年英国脱欧公投时，60%的苏格兰人希望英国留在欧盟，反对脱欧。所以英国脱欧是违背苏格兰意愿的。

三　英国脱欧对欧盟的影响

英国脱欧没有在其他27个欧盟国家产生连锁反应，对欧盟的打击并没有当初人们所担心的那样大。法国总统马克龙2018年去美国访问时，特朗普私下对马克龙说，英国都脱欧了，法国也脱欧吧。而且特朗普还说，如果法国离开欧盟，特朗普将会给法国更好的双边贸易协定。[①] 特朗普找错了对象。法国是欧洲一体化的设计师，也是欧洲一体化的发动机。法国人坚信一条，欧盟强大，才会有法国强大。欧洲一体化如果往下走，还离不开法国和德国。

---

① Josh Rogin, "Trump Is Trying to Destabilize the European Union," *The Washington Post*, June 28, 2018, https://www.washingtonpost.com/opinions/global-opinions/trump-is-trying-to-destabilize-the-european-union/2018/06/28/729cb066-7b10-11e8-aeee-4d04c8ac6158_story.html?ut m_term=.bd3681762a82.

法国和德国是欧盟的"双发动机"。

2017年,法国、德国均举行了大选,反体制和反欧洲一体化的民粹主义政党均未取胜。即使与欧盟关系紧张的波兰、匈牙利等中东欧国家也没有形成要求步英国"脱欧"后尘的政治大气候。相反,随着马克龙当选法国总统,支持欧洲一体化深化的社民党与默克尔领导的联盟党就组建新一届德国大联合政府达成一致,以及欧盟经济呈现强劲复苏势头、失业人口下降、难民危机趋缓,笼罩欧洲十余年的悲观气氛开始逐渐退去。

欧盟也尝试为欧洲一体化重新定调。

2016年9月14日,欧盟委员会主席容克在欧洲议会发表年度盟情咨文,借机提出了欧盟委员会相对完整的对英国脱欧以及欧洲一体化前景的看法。容克在讲话中指出,欧盟处于"生死存亡"的关头,"我们现在要作重要的抉择",并提出在未来12个月要建设一个更好的欧洲——"一个提供保护的欧洲,一个保存欧洲生活方式的欧洲,一个增强公民力量的欧洲,一个在境内外进行有效防御的欧洲,一个负责任的欧洲"。[①] 两天后,众人期待已久的、专用于集体反思欧洲一体化的欧盟峰会在斯洛伐克首都布拉迪斯拉发(Bratislava)举行。英国之外的欧盟27个国家的领导人开了长达8个小时的会,但意见分歧很大。卢森堡扬言要将反移民的匈牙利踢出欧盟,意大利总理伦齐拒绝与德、法领导人举行联合记者会。维谢格拉德集团(波兰、匈牙利、捷克、斯洛伐克)在峰会期间发表共同声明,虽然没有此前预想的激进,但也提出要增强成员国议会的决策权、在移民问题上"更灵活的团结"。峰会的结果是各方同意用6个月的

---

① "State of the Union Address 2016: Towards a Better Europe – A Europe that Protects, Empowers and Defends," European Commission, September 14, 2016, https://ec.europa.eu/commission/presscorner/detail/en/IP_16_3042.

时间来完成欧洲未来的路线图。一位欧盟官员透露，欧盟领导人在峰会上大致分为三派。一派希望欧盟集中精力解决移民问题并加强边境；第二派则希望更多的资源能来解决年轻人的就业问题；第三派更关心如何阻止激增的恐怖主义威胁。①

2017年1月31日，欧洲理事会主席图斯克致信欧盟成员国领导人，标题为"团结则成，分裂则败"，这封信相当于表明了欧洲理事会在欧洲一体化问题上的立场。信中认为欧洲面临三重威胁：一是外部威胁，将俄罗斯、中东冲突与美国总统特朗普上台并列，使得欧洲的未来高度不确定；二是内部威胁，主要是民粹主义、民族主义；三是亲欧精英的思想状态。他称欧洲如果不团结，将沦为美国、俄罗斯、中国等大国的附庸。②

2017年3月1日，欧盟委员会出台《欧洲未来白皮书》，旨在引导各界对英国脱欧后欧盟"何去何从"展开讨论。白皮书提出，欧盟未来的发展有五种可能性。一是"继续前进"，即延续既有政策。二是"只做单一市场"，即一体化的内容减缩至只剩下单一市场。三是"想干的多干"，即有意愿的国家可以在一些领域内先行推进一体化，这也被解读为"多速欧洲"。四是"少干巧干"，即集中于更少的一体化领域，以取得更大的成果。五是"一起多干"，即所有成员国在所有的领域加深一体化。③

《欧洲未来白皮书》经常被媒体称为"欧盟五前景白皮书"。

---

① Eszter Zalan, "EU 27 Agree 'Roadmap', but Italy Spoils Party," EUObserver, September 16, 2016, https://euobserver.com/uk-referendum/135130；《欧盟峰会：除了六个月"重塑欧洲"的愿景，还有什么?》，《华尔街日报》2016年9月17日。

② "'United We Stand, Divided We Fall': letter by President Donald Tusk to the 27 EU Heads of State or Government on the Future of the EU Before the Malta Summit," January 31, 2017, http://www.consilium.europa.eu/en/press/press-releases/2017/01/31-tusk-letter-future-europe/.

③ *White Paper on the Future of Europe: Reflections and Scenarios for the EU27 by 2025*, European Commission, March 1, 2017.

在一份关于欧盟发展走向的纲领性文件中,提出五种可能性,这在过去是十分罕见的,充分说明了欧盟的前路有很大的开放性。在五种可能的前景中,其中第二种"只做单一市场"的可能性已被提出报告的欧盟委员会主席容克本人排除。第五种"一起多干"固然是最优选择,但绝非易事。次优的选择也是事实上最有可能的前景,即第三种——"想干的多干",或曰"多速欧洲"。英国前首相卡梅伦在2013年宣布要举行脱欧公投时,欧陆的政治家曾批评他要搞"可变组合的欧洲"(Europe à la carte)。[1]"多速欧洲"看似于"可变组合的欧洲",但其实不是一回事。"多速欧洲"有硬核,其硬核是欧元区;而"可变组合的欧洲"并没有硬核。"多速欧洲"的设想已经得到了德国、法国、意大利、西班牙等大国的支持。法国总统马克龙是"多速欧洲"最积极的推动者。当前,推行"多速欧洲"的阻力主要来自中东欧新成员国,以及在欧元区之外的国家。这些国家担心,自己在"多速欧洲"中不被重视,甚至被边缘化。有学者指出,英国脱离欧盟是"差异化一体化"的一种新方式,可以想见英国脱离欧盟后还会以某种方式部分参与欧盟的事务,但无论这种方式是什么,都会与过去的"差异化一体化"迥然不同——因为这是一种管理欧盟与其"前任"的方式,实际上是"差异化的去一体化"方式。[2]

2017年3月25日,27个欧盟成员国领导人齐聚意大利首都罗马,出席庆祝《罗马条约》签署60周年的特别峰会。罗马峰会并

---

[1] Ian Traynor, "The View From the EU:'Cameron's Europe à la Carte Is Not An Option'," *The Guardian*, January 23, 2013, https://www.theguardian.com/politics/2013/jan/23/view-from-eu-cameron-europe.

[2] Benjamin Leruth and Christopher Lord, "Differentiated Integration in the European Union: A Concept, A Process, A System or A Theory?" *Journal of European Public Policy*, Vol. 22, No. 6, 2015, p. 757.

没有出台明确的方案，但它的宣言还是传递了一些重要信号。首先，欧洲领导人表示珍视一体化成就，愿意推进一体化，同时正视一体化的困难。宣言称欧盟面临"前所未有的挑战"，而十年前的措辞只是"重大挑战"。其次，欧盟将把外部威胁当作前进动力。宣言指出，"成员国各行其是，我们将在全球发展中被边缘化。只有站在一起，我们才有机会去影响他们，去保护我们的共同利益和价值观"。最后，欧盟将努力照顾各种不同的需求和发展路径。宣言未提"多速欧洲"，但表示"在需要的时候以不同的步伐和强度向同一个方向前进"。欧洲领导人还表示，要建设"安全的欧洲""社会的欧洲""在全球舞台上更强大的欧洲"，这在某种程度上相当于对民众要求更多"保护"的呼声作了回应。

总之，英国脱欧之后，欧盟开始反思一体化、重新规划一体化道路。虽然一下子还没有很明确的方案，但一体化还会换挡继续前行。

第二编 欧洲安全

两次世界大战结束后，欧洲大陆上出现了几十年的少有和平。上文提到，这很大程度上是欧洲一体化的产物。但欧洲一体化并非决定欧洲和平的唯一因素。提到欧洲安全，必须要提两个大国。一个是美国，另一个是俄罗斯。

　　欧洲很多国家既是欧盟成员国也是北约成员国。截至2024年北约共有32个成员国，除美国、加拿大、土耳其之外，都是欧洲国家。[①]安全是欧美同盟关系的核心。欧洲对美国在安全上的依赖程度决定了欧洲外交空间的大小，同时也决定了欧美同盟内部关系的模式。在某种意义上，安全也是欧洲与俄罗斯关系的核心，俄罗斯在欧洲安全问题上长期扮演"他者"的角色。冷战结束后，美国作为"盟友"、俄罗斯作为"他者"的这种定位其实并没有发生根本变化。

---

① 北约32个成员国名单如下：美国、加拿大、英国、法国、荷兰、比利时、卢森堡、丹麦、挪威、冰岛、葡萄牙、意大利、希腊、土耳其、德国、西班牙、波兰、匈牙利、捷克、爱沙尼亚、拉脱维亚、立陶宛、斯洛文尼亚、斯洛伐克、罗马尼亚、保加利亚、克罗地亚、阿尔巴尼亚、黑山、北马其顿、芬兰、瑞典。

第五章 跨大西洋关系

欧美在冷战时期形成的军事同盟关系，其实质是美国对欧洲的军事保护。在冷战时期，欧美争吵也时有发生，但在安全事务上，尤其是事关欧洲生死存亡的问题上，欧洲国家无一例外地与美国保持了"高度一致"。随着冷战结束以及乌克兰危机以来欧洲和全球战略环境的重大变化，欧美关系也出现变化。正是这种变化为欧盟"战略自主"以及中美欧战略三角关系创造了空间。

为了把握欧美关系变化及其未来走向，下面分三个阶段来总结欧洲对美国看法、政策的调整以及欧美互动的演变。

一 磨合（1991—2008 年）

对美国而言，冷战结束意味着欧洲作为两大阵营对抗前沿阵地的角色已然谢幕。但从欧洲的角度来看，这既使得其对美国的安全依赖度大幅下降，同时也给其彰显自我意识、发挥"欧洲作用"提供了难得的机遇。欧盟要成为"一个与美国平起平坐的欧洲大陆上的超级力量"。

这个时期有两件事给欧洲带来了很大震撼。一是 1999 年的科索沃危机，二是 2001 年的"9·11"恐怖袭击以及不久之后 2003 年美国单方面出兵伊拉克。这两件事都给欧洲带来了相似的冲击——在更深刻理解"欧洲离不开美国"的同时反思欧洲防务怎么搞。

先说科索沃危机。

20世纪90年代初期,苏联解体,中东欧地区涌现出了许多新的国家。这个过程总的来说是和平的,在历史上已经算是很罕见。但中东欧地区的历史、文化非常复杂,内部积累了许多矛盾;到90年代末,科索沃战争终于引起了世界的注目。事实证明,欧盟没有办法解决家门口的冲突。最终结束科索沃危机的是美国领导的北约行动。1999年3月起,北约开始介入科索沃战争,其理由是北约认为南联盟在科索沃对阿尔巴尼亚人进行种族清洗。危机虽然解决了,但这件事对欧洲构成了极大的震动。可以说,欧洲对共同防务的真正觉醒就始于科索沃战争。1999年年底,在赫尔辛基召开的欧盟首脑会议决定组建一支5万—6万人的欧洲联合快速反应部队,以便再发生类似危机时,欧洲自己有能力解决。这表明欧盟在防务合作道路上开始迈出了一大步。

然后是"9·11"恐怖袭击。

美国发生"9·11"恐怖袭击后,欧洲人虽然表示了极大的同情和支持,但实际上当时双方对安全形势的判断存在很大的差距。欧美对于这种新的恐怖威胁的本质的认识完全不同。在许多美国人看来,这些袭击就是战争行动,是一种邪恶的表现。欧洲人也毫无保留地谴责恐怖袭击,但他们同时把恐怖主义视为一种更广、更深的政治紊乱之最极端和应受谴责的症状。[①] 布什政府提出"邪恶轴心"理论、放弃遏制战略而代之以"先发制人"战略,在欧

---

① Simon Serfaty, "September 11, One Year Later: A Fading Transatlantic Partnership?" *CSIS*, Vol. 8, No. 5, September 11, 2002; Javier Solana, "The Transatlantic Rift U. S. Leadership After September 11," *Harvard International Review*, XXIV, Issue 4, Winter 2003.

洲造成了强烈的冲击。大西洋两岸因此爆发激烈"口水战",也引发了"欧洲来自金星,美国来自火星"等各种各样的评论。这一切皆是由于美欧安全观的差异引起的。

这种差异随着2003年3月美国出兵伊拉克而达到顶峰。由于对小布什领导下的美国的单边主义行径严重不满,2003年法国、德国公开反对联合国安理会授权美国对伊拉克实施军事打击,否认美军占领伊拉克的合法性。与此同时,英国、西班牙、意大利出兵协助美国,波兰等中东欧国家发表支持美军行动的声明。美国时任国防部部长拉姆斯菲尔德将支持美国的中东欧国家称为"新欧洲",将反对美国的法德等国称为"老欧洲"。在欧洲内部分裂之余,大西洋两岸之间也罕见地出现了一道鸿沟。

这触发了欧洲内部关于如何发展欧盟防务的讨论。2003年6月,欧盟出台首份安全战略文件《更加美好世界中的欧洲安全》。[1] 欧盟制订安全战略的决定是2003年5月在希腊召开的外长会议上作出的。经过讨论,外长们决定授权欧盟负责外交和安全政策的高级代表索拉纳来起草这一历史性文件,并提交6月20—21日举行的欧盟首脑会议讨论。欧盟之所以作出这一决定,并在较短的时间内达成共识,首先是出于缓和跨大西洋紧张关系的需要。在2003年5月2—3日召开的外长会议上,欧盟轮值主席国希腊外长乔治·帕潘德里欧(George Papandreou)直截了当地指出,只要欧盟缺乏军事实力,不阐明自身利益所在,在大规模杀伤性武器等问题上没有明确立场,"美国就不会认真对待欧洲"。[2] 经法国劝

---

[1] *European Security Strategy*: *A Secure Europe in a Better World*, European Council, Council of the European Union, December 12, 2003.

[2] [英]菲利普·沃尔夫:《欧洲的觉醒》,郑宇建、顾犇译,商务印书馆1990年版。

说，德国放弃了其"和平主义"立场，最后同意"可采取军事手段对付大规模杀伤性武器扩散问题"。欧盟出台安全战略还有一个考虑，即接受伊拉克危机的教训，防止欧盟在今后处理国际危机时再度发生分裂。正如起草报告的欧盟高级官员所言："伊拉克战争把我们的心拉近了。这场危机显示如果成员国不能够保持团结，欧盟的影响力就等于零。"①

2003年7月，欧盟外交与安全政策高级代表哈维尔·索拉纳（Javier Solana）在英国《卫报》上提出了欧洲对跨大西洋关系的"四大基本原则"："第一，我们是盟国，是合作伙伴；第二，我们都要作出应有的贡献；第三，我们要探求根源而不是表面现象；第四，我们要共同努力维持一个有规则的世界。"② 欧洲对与美国关系的主流观念可以说是，不反美，但也不当美国的附庸；跨大西洋新型关系应定位为密切合作的伙伴。很显然，索拉纳的想法正是代表了这一主流思想。

纵观冷战结束以来的欧美关系，欧洲自始至终并没有真正要脱离美国。1995年，欧盟同美国总统克林顿（Bill Clinton）签署了《跨大西洋新纲要》和包括100多个项目的《美欧共同行动计划》。2004年，小布什（George W. Bush）总统三访欧洲，尽管双方在"反恐战争""邪恶轴心"等概念上分歧依旧，但先后于2005年、2007年上台的德国总理默克尔和法国总统萨科齐亦接连对美示好，如法国宣布重返北约军事一体化机构，在反恐问题上欧洲国家也尽可能配合美国行动，缓和了伊拉克战争引发的紧张关系。在欧

---

① Steven Everts and Daniel Keohane, "The European Convention and EU Foreign Policy: Learning from Failure," *Survival*, Vol. 45, No. 3, Autumn 2003, p. 176.

② Javier Solana, "Atlantic Drift," *The Guardian*, July 10, 2003, https://www.theguardian.com/politics/2003/jul/10/usa.eu.

盟2003年出台的首份安全战略报告中，欧盟指出，冷战的结束赋予了美国军事上支配性的优势，跨大西洋关系"不可取代"，欧美联手将成为"世界上令人敬畏的永久力量"。[①]

因此，在这段时间，人们看到的大的发展态势是，欧盟和北约的"双东扩"，即欧盟与北约是携手向前的。

二 "再平衡"（2008—2016年）

与小布什相比，在2008年新上任的美国总统巴拉克·奥巴马（Barack Obama）被欧洲视为"自己人"，如支持多边主义，重视气候变化挑战，故双方国际理念之争趋于平息。但与此同时，冷战后出现的欧美关系松弛化趋势愈加明显。这主要是因为，2008年突如其来的国际金融危机以及之后南欧国家爆发的欧债危机，令欧美忙于"自扫门前雪"，而与此同时奥巴马又推出了其任期最重要的国际战略——"重返亚洲"战略，导致欧美利益的进一步分化。

欧洲主权债务危机的爆发有其自身原因，如南欧国家国际竞争力下降、欧元区制度缺陷等，但美国次贷危机是其最重要的外部"导火索"。欧债危机爆发后，不少欧洲国家认为，美国不仅隔岸观火，而且默许金融机构下调评级，企图"密谋"做空欧元，以此打压欧洲经济。如时任法国总统萨科齐公开对美元主导国际货币体系提出质疑，认为"正是由于对美元的依赖，才让危机影响更加严重"[②]。在应对经济危

[①] *European Security Strategy*: *A Secure Europe in a Better World*, European Council, Council of the European Union, December 12, 2003.

[②] "In Talks with Obama, Sarkozy Circumspect on Role of Dollar," *Washington Times*, January 10, 2011, http://www.washingtontimes.com/news/2011/jan/10/in-talks-with-obama-sarkozy-circumspect-on-role-of/.

机问题上，欧美立场也出现分歧。欧洲对美国政府的"量宽"救助方案并不认同，将奥巴马提议欧洲加大财政和货币刺激视为"干涉欧洲大陆事务"、意图"转嫁压力"。①与此同时，欧美经济矛盾日渐凸显。一方面，美国高举制裁大棒，针对欧洲银行业违背美国制裁法令，参与同伊朗有关的交易行为，开出巨额罚单；②另一方面，《跨大西洋贸易与投资伙伴关系协定》（TTIP）谈判自2013年起虽经历十余轮谈判，但未取得任何实质性进展。时任法国总统奥弗朗索瓦·奥朗德（François Hollande）明确拒绝TTIP协议，称"法国不同意没有规则的自由贸易"③。欧洲各国民众反对TTIP的声音也日渐高涨，"欧洲晴雨表"2016年民调显示，支持TTIP的民众从2014年的58%降至51%，反对者则从25%增至34%。④同时，在欧洲国家看来，随着新兴经济体的分量稳步上升，美国领导世界经济的能力正在下降。《欧盟全球形势评估报告》称，至2030年，中国与印度国内生产总值将分别占世界的20%和16%，至2050年，中国和印度GDP之和将超过代表发达经济体的经济合作与发展组织（OECD）国家总量。⑤皮尤研究中心2014年对44个国家的民调显示，49%的民众认为中国或将取代美国成为世界超级强国，而在欧洲持该看法的民众高达60%。⑥

---

① Federico Castiglioni, "America's Blame Game," *Huffington Post*, July 2, 2012, http://www.huffingtonpost.com/the-european-magazine/americas-blame-game_b_1642388.html.

② Jennifer Rankin, "BNP Paribas Braced for ＄8.9bn Fine," *The Guardian*, June 30, 2014, https://www.theguardian.com/business/2014/jun/30/bnp-paribas-fine-us-justice-department.

③ "French Will Not Accept TTIP Without Rules Hollande Says," Euronews, May 3, 2016, http://www.euronews.com/2016/05/03/france-will-not-accept-ttip-without-rules-says-hollande.

④ "Standard Eurobarometer 85 - Spring 2016," https://europa.eu/eurobarometer/surveys/detail/2130.

⑤ "The European Union in a Changing Global Environment - a More Connected, Contested and Complex World," June 2015, https://eeas.europa.eu/docs/strategic_review/eu-strategic-review_strategic_review_en.pdf.

⑥ "Balance of Power: U.S. vs China," Pew Research Center, July 14, 2014, http://www.pewglobal.org/2014/07/14/chapter-3-balance-of-power-u-s-vs-china/.

第二编 欧洲安全

2009年奥巴马政府出台并实施"重返亚洲"或"亚太再平衡"战略后，欧美战略重点的差异已成既定事实。美国战略重心由欧洲和大西洋转向亚洲，出于多方面的考虑，冷战结束以及欧盟北约完成"双东扩"后，欧洲在美国全球战略中的重要性开始呈现出逐步下降的趋势。而奥巴马上台的使命是通过变革，结束美国海外两场战争，并带领美国走出自20世纪30年代以来最严重的金融危机。"重返亚洲"的实质是美国全球战略的收缩。为什么要转向亚洲？概括起来，冷战结束后，亚太逐渐成为全球最活跃的经济圈和地缘关系变化最迅速的政治带，因而亦是大国博弈最复杂微妙的磁力场。奥巴马提出"亚太再平衡"战略，美国离开欧洲，"是（客观）需要，而非（主观）选择"。① 在芝加哥全球事务委员会主席艾弗·戴德尔（Ivo Daalder）看来，这一战略决定的出台说明，"近1/4个世纪以来，美国外交政策逐渐从冷战时期的聚焦欧洲转向更加广阔的全球视角"，"将来无论谁入主椭圆形办公室，欧洲人在白宫都将不再占据特殊位置"。②

从第二次世界大战后美欧关系的发展历程来看，美国战略重心的转移可以说是欧美关系的转折点。2015年1月法国巴黎《查理周刊》杂志社遇袭后，英、法、德、以色列等多国领袖齐聚巴黎街头，以示团结反恐，连俄罗斯外长拉夫罗夫亦参加，但美国总统奥巴马、国务卿约翰·克里（John Kerry）均分别以安全和另有安排为由缺席。③ 巴黎活动虽然象征性意义很大，但也可以看出美

---

① Jean-Yves Haine, "A New Gaullist Moment? European Bandwagoning and International Polarity," *International Affairs*, Vol. 91, No. 5, September 2015, pp. 991–1008.

② "What's Obamas European Legacy?" Politico, April 21, 2016, http://www.politico.eu/article/what-will-define-barack-obamas-european-legacy-eu-us/.

③ Eric Bradner, "Obama, Kerry Absent from Unity Rally in Paris," CNN, January 12, 2015, http://edition.cnn.com/2015/01/11/politics/obama-kerry-paris/.

国对欧洲安全的重视程度已经明显下降。即使在北约加强欧洲东部防线问题上,美国的实际投入可谓杯水车薪。在应对难民危机问题上,奥巴马政府由于顾及国内反移民情绪,明显采取"隔岸观火"策略,接收难民很少。2013年,美国国家安全局前雇员斯诺登爆料"棱镜门"事件,揭露美国肆意监控盟友,窃听法、德等国政要通信,给欧美关系造成了不小的冲击。时任欧盟委员会主席巴罗佐甚至将美国国家安全局与"斯塔西"(前东德秘密警察部门)相提并论。[1]

面对上述变化,欧洲开始寻找新的自身定位乃至在跨大西洋关系中的战略主动性,努力以自身方式塑造跨大西洋关系。

首先,务实维护自身利益。2016年出台的《欧盟全球战略》指出,欧盟"在继续深化跨大西洋关系"的同时,"将同新兴力量建立联系,开发新的合作形式"。[2] 在中国筹建亚洲基础设施投资银行(简称"亚投行",AIIB)过程中,欧洲看到了两方面的机遇:一方面可以参与亚洲新兴国家发展,分享亚洲国家经济增长的红利;另一方面可以逐步降低美国在货币问题上对其的影响力和控制力。2015年3月,英国不听美国的劝告,率先申请加入亚投行。在英国带头下,共有包括德国、法国、意大利等17个欧洲国家成为亚投行创始会员国。欧洲还支持欧洲复兴开发银行吸纳中国为股东,支持国际货币基金组织将人民币纳入特别提款权货币篮子,中欧金融货币合作如火如荼。在南海问题上,欧洲主要

---

[1] "Germany, France Demand 'No Spying' Agreement with US," Euractiv, October 25, 2013, http://www.euractiv.com/section/global-europe/news/germany-france-demand-no-spying-agreement-with-us/.

[2] "Shared Vision, Common Action: A Stronger Europe: A Global Strategy for the European Union's Foreign and Security Policy," June 2016, https://eeas.europa.eu/top_stories/pdf/eugs_review_web.pdf.

着眼于经济贸易权益,视其为海上自由贸易往来的大动脉,与美国的地缘战略诉求有所不同,因此,当2016年7月"南海仲裁"结果出炉引发轩然大波之际,欧盟并未跟风炒作,而是迟至3天后才发表声明,且措辞谨慎,强调"不持立场""和平解决争议"。①在欧美数据隐私保护问题上,由于如前所述欧盟对"斯诺登"等一系列事件揭露出的美国肆意监控盟友的行为十分不满,2015年10月,欧洲法院毅然裁定欧美此前签订的关于自动交换数据的"安全港协议"无效,令美国互联网巨头承受了巨大的经济压力,经过数月艰苦谈判才达成了新的"隐私盾协议",改进了对数据使用的安全保障。②

其次,更加主动应对国际热点问题。围绕乌克兰危机的解决,德、法、俄、乌举行"诺曼底"模式四方会谈,经过激烈的讨价还价,2015年2月正式签署"新明斯克协议"。乌东部冲突双方开始停火,并逐步从交战地区撤出重武器。尽管俄乌相互指责对方未能全面履行该协议,但显然正是有这一协定,危机才得到遏制。"诺曼底模式"是欧洲国家依靠自身力量解决利益攸关问题的重要尝试,打破了乌克兰僵局,并为最终解决乌克兰危机提供了可能性。德国总统高克表示,"当美国无力继续付出更多的时候,德国和欧洲伙伴应为自己的安全承担更多责任"。③ 在伊朗核问题上,经过十多年艰难谈判,2015年7月

---

① "Declaration by the High Representative on Behalf of the EU on the Award Rendered in the Arbitration between the Republic of the Philippines and the People's Republic of China," July 2016, http://www.consilium.europa.eu/en/press/press-releases/2016/07/15-south-china-sea-arbitration/.

② Nikolaj Nielsen, "EU Regulators Cautiously Endorse US Data Pact," July 27, 2016, https://euobserver.com/justice/134496.

③ "Joachim Gauck Speech to Open 50th Munich Security Conference," Jaunary 31, 2014, http://www.bundespraesident.de/SharedDocs/Reden/EN/JoachimGauck/Reden/2014/140131-Munich-Security-Conference.html.

伊朗达成核协议。"联合全面行动计划"结束了在伊朗核计划问题上的对峙，建立了有史以来最严格的核查机制，取消了对伊朗施加的全面制裁，是外交领域的一项关键突破。在该协议的达成过程中，虽然美国起到了一锤定音的作用，但却是欧洲（首先是德国）将其带到了谈判桌上，在走过灾难性失败的边缘、走进"死胡同"等危机处境之后，最终弥合了各方分歧。时任德国外长施泰因迈尔感慨："（伊朗核谈判）使我确信，外交手段可以征服最深刻的鸿沟"。① 与此同时，欧洲国家在出兵海外问题上更加果断。2013年法国向马里派驻军队，其短期内迅速投放4000名作战士兵到该地区的能力让美国刮目相看，并认为"巴黎在应对西北非安全问题上可以依靠"。② 德国亦一改以往在海外派兵问题上谨慎小心的形象，向叙利亚派遣1200人，规模之大超过近年来德军海外历次军事行动。③

最后，提升自身安全防务能力。自欧债危机以来，欧盟陷入了前所未有的内外交困和不确定之中。南欧国家的债务危机和经济严重衰退，使得欧盟内部南北矛盾不断发酵；伴随着低增长、高失业率（尤其是年轻人），以及移民管理的混乱，导致反全球化、反移民、反欧盟的民粹主义滋长。同时欧洲成为国际极端组织"伊斯兰国"的主要攻击目标，恐怖袭击急遽攀升。乌克兰危机则令欧洲东部陷入与俄关系的持续紧张中。西亚北非地区秩序破碎，导致难民潮不断涌向欧洲。在此背景下，加上美国要求在北约内部分摊军费

---

① "Rede von Aussenminister Steinmeier an der Gerorge Washington Universitaet," https://www.auswaertiges-amt.de/DE/Infoservice/Presse/Reden/2016/160301_BM_Washington.html.

② Jean-Yves Haine, "A New Gaullist Moment? European Bandwagoning and International Polarity," *International Affairs*, Vol. 91, No. 5, September 2015, pp. 991-1008.

③《德国议会批准向中东派兵打击IS以支持法国》，新华网，http://news.xinhuanet.com/world/2015-12/01/c_128488201.htm。

的压力,从 2014 年开始,欧洲各国逐渐加大在安全防务方面的投入,削减军费的势头得到遏止,2016 年北约欧洲各国防务开支实现十年来首次正增长。2016 年 5 月,德国自统一以来首次宣布扩军,从装备、预算和人员三方面加强军力。德国总理默克尔表示"德国目前军费开支仅占 GDP 的 1.2%,应努力提高,缩小与美国 3.4% 的差距"。① 2016 年新版欧盟"全球战略"指出,"欧盟应加强安全共同体建设;欧盟安全与防务能力应使欧盟能自主行动,助力北约"。② 2016 年 12 月,欧盟领导人在布鲁塞尔召开峰会,批准一揽子"安全防务计划",一方面落实执行欧盟全球战略安全防务举措,制定年度评估计划,构建共同行动规划和指挥能力,允许部分成员国优先深化防务合作;另一方面实施"欧盟防务行动计划"③,设立"欧洲防务基金",欲每年投入 55 亿欧元支持军事科研,发展军工产业,从而提升自身防卫水平。④

三 "黑天鹅"(2016 年至今)

特朗普 2016 年 11 月胜选美国第 45 任总统。随着特朗普的当选,大西洋两岸之间爆发了第二次世界大战结束以来最大的争执,欧美关系随之呈现出罕见的紧张局面。

---

① Andreas Rinke, "Merkel Says Germany Must Spend More on Defence," http://www.reuters.com/article/us-germany-defence-idUSKCN0Z72QE.

② "Shared Vision, Common Action: A Stronger Europe: A Global Strategy for the European Union's Foreign and Security Policy," June 2016, https://eeas.europa.eu/top_stories/pdf/eugs_review_web.pdf.

③ "European Defence Action Plan: Towards a European Defence Fund," November 30, 2016, http://europa.eu/rapid/press-release_IP-16-4088_en.htm.

④ Steven Blockmans and Giovanni Faleg, "More Union European Defence," CEPS, February 26, 2015, https://www.ceps.eu/system/files/TFonEuropeanDefence.pdf.

让欧洲国家最为担忧的是特朗普关于北约的表态。北约是联系欧美最重要的纽带，被欧洲国家视为"安全保护伞"，这一点中东欧国家尤为看重。特朗普的态度包括两方面：一是"北约过时论"，二是"美国吃亏论"，他认为欧洲国家分摊军费太少，导致美国吃亏。特朗普之所以认为北约过时，是因为在他看来北约在反恐方面未能发挥作用。军费问题在北约内部则是个老问题，美国一直嫌北约欧洲成员国不愿"分摊负担"，奥巴马时期几乎每一个美国国防部长都对欧洲提出过增加军费的要求。按照北约规定，所有成员国的国防开支都需达到各自国内生产总值的2%。而当时达到这一要求的只有美国、英国、爱沙尼亚、波兰和希腊五国。2014年乌克兰危机之后，美国加大了对欧洲的压力，在同年举行的北约威尔士峰会上，各国承诺十年内（即到2024年）将各自军费提高至GDP的2%。由此看来，让欧洲惊讶的不是特朗普要求欧洲国家增加军费本身，而是他威胁如果欧洲不这样做，美国将不在欧洲需要的时刻挺身而出。

不过值得指出的是，特朗普在其任内并没有彻底贯彻其关于北约的骇人言论，而且他也从未表示北约可以解散。在引人注目的2017年5月北约峰会上（这是特朗普上台后首次出席北约峰会），他一方面继续在军费问题上施压欧洲，另一方面强调北约要加大打击国际恐怖主义。

特朗普对于欧盟的态度引发了欧洲国家的强烈不满。2017年3月25日，欧盟成员国举行了一系列纪念为欧洲一体化奠基的《罗马条约》签署60周年的庆祝活动。尽管欧洲民粹主义思潮上升，反欧洲一体化的极右翼政党的支持率飙升，但欧洲主流政党和政治家仍坚定支持欧盟，认为正是欧洲一体化给欧洲带来了和平、稳定和自由。正因为如此，当特朗普上台后首次接受英国媒体采访时称赞英国脱欧是"伟大的事情",以及他相信其他国家也会效仿英国脱离欧盟的言论一公开,欧洲国家和欧盟领导人怒不可遏,时任欧盟外交与安全政策高级代表费代丽卡·莫盖里尼(Federica Mogherini)警告美国不应干涉欧洲事务。①

  特朗普对于国际贸易的想法与欧洲大相径庭。欧洲是国际多边主义的积极支持者,欧盟本身便是多边合作的产物;但特朗普认为所有美国参与的多边贸易协定都使美国受到不公平对待。他一再强调要大幅修改美国、加拿大和墨西哥三国在20世纪90年代签订的《北美自由贸易协定》(NAFTA),并于上台伊始便宣布退出《跨太平洋伙伴关系协定》(TPP)。就欧洲而言,特朗普不仅避谈从2013年美欧就已开始谈判的《跨大西洋贸易与投资伙伴协定》(TTIP),而且攻击德国操纵欧元汇率、控制欧盟,并发誓将扭转欧盟对美贸易顺差。时任欧盟委员会副主席卡泰宁(Jyrki Katainen)表示,欧盟将愿意对美国采取行动——无论是针对"边境税"提案,还是针对其他任性的贸易壁垒的建立。"如果有人在行为上违反我们的利益或违反国际贸易规则,我们有我们自己的反应机制,"他表示,"我们在欧盟内部有所有的法律安排,但我们也是世界贸易组织(简称"世贸组织")等全球安排的一部分,我们希望在贸易方面尊重全球规则。"② 欧盟贸易委员安娜·塞西莉亚·马尔姆斯特伦(Anna Cecilia Malmstrom)则明确指出,那些在21世纪还认为通过重建边界和贸易壁垒、限制人们行动自由就能再

---

① "Full Transcript of Interview with Donald Trump," *The Times*, January 16, 2017, https://www.thetimes.co.uk/article/full-transcript-of-interview-with-donald-trump-5d39sr09d.

② Shawn Donnan, Barney Jopson and Paul McClean, "EU and Others Gear Up for WTO Challenge to US Border Tax," *The Financial Times*, February 14, 2017, https://www.ft.com/content/cdaa0b76-f20d-11e6-8758-6876151821a6.

次变得伟大的人，"命中注定要失败"。①

特朗普对俄罗斯的态度是引起欧洲国家对美国不满的又一因素。虽然欧洲国家对俄罗斯的态度不尽相同，但俄"收复"克里米亚后欧盟各国一致对俄实行了制裁。特朗普竞选期间以及上台后不断对俄示好，引起欧洲国家特别是将俄视为现实安全威胁的一些中东欧国家的严重担忧。

可以说，战后数十载，特朗普是第一位被欧盟领导人看作"威胁"的美国总统。时任欧洲理事会主席唐纳德·图斯克（Donald Tusk）将特朗普的言论列为欧盟面临的外部威胁之一。他在给各成员国的信中写道，美国新政府似乎对过去70年的外交政策提出疑问，"华盛顿发生的变化尤其令欧盟处于困难境地"。② 欧盟外交与安全政策高级代表莫盖里尼担忧，特朗普上台将令欧美关系进入一个务实且类似于交易的双边关系时代。③

在震惊、焦虑的同时，欧洲开始面对现实，尝试与特朗普政府展开互动，准备为各类"危险苗头"灭火，力避特朗普政策殃及自身，争取跨大西洋关系"不失控"。

第一，积极降低欧美贸易战风险。一是反击"汇率操纵国"言论。默克尔称欧元汇率属于欧洲央行的职权范畴，德国一直支

---

① Catherine Stupp, "Lamy：'Trumponomics' Won't Contaminate Europe," Euractive, January 25, 2017, https:// www. euractiv. com/section/trade-society/news/lamy-trumponomics-wont-contaminate-europe/.

② "'United We Stand, Divided We Fall': Letter by President Donald Tusk to the 27 EU Heads of State or Government on the Future of the EU Before the Malta Summit," January 31, 2017, http://www. consilium. europa. eu/en/press/press-releases/2017/01/31-tusk-letter-future-europe/.

③ "Remarks by High Representative Mogherini at the Press Roundtable during the Visit to the United States of America," October 2, 2017, https://eeas. europa. eu/headquarters/headquarters-homepage_ en/20408/% 20Remarks% 20by% 20High% 20Representative% 20Mogherini% 20at% 20the% 20press% 20roundtable% 20during% 20the% 20visit% 20to% 20the% 20United% 20States% 20of% 20America.

持欧洲央行的独立性。① 时任欧洲央行行长马里奥·德拉吉（Mario Draghi）也在欧洲议会辩称"欧洲不是汇率操纵者"。② 二是准备出台"反制"美保护主义措施。针对美酝酿"边境税"等贸易保护主义的做法，分管欧盟贸易政策的欧盟委员会副主席于尔基·卡泰宁（Jyrki Katainen）称，"如果有人在行动上危及欧方利益或违反国际贸易规则"，欧盟也打算动用内部或世贸组织内法律等手段自保。③ 第二，极力修补跨大西洋政治互信。欧洲理事会主席图斯克表示，"跨大西洋合作是自由世界的支柱"，对欧洲而言，保护欧美"特殊关系"仍是"最优先政治任务"。④ 欧盟驻美大使戴维·奥沙利文（David O'Sullivan）称，"欧美互为最亲密的全球伙伴，欧盟将以人民的友谊、相互尊重价值观、原则和利益为基础，继续推进同美国新政府和国会的合作"。⑤ 第三，与美新政府多方互动。英国首相特雷莎·梅（Theresa May）在特朗普上台后一周之内访美，成为首位到访的外国领导人，凸显"英美特殊关系"。特朗普就职一个月内，德国外长、欧盟委员会移民委员、欧盟外交与安全政策高级代表等政要相继访美，美国副总统迈克·彭斯

---

① Ivana Kottasova, "Merkel to Trump Adviser: We're not Manipulating the Euro," CNN, January 31, 2017, http://money.cnn.com/2017/01/31/news/economy/angela-merkel-trump-euro-navarro-germany/index.html.

② 《欧洲央行行长反驳美方"汇率操纵论"》，新华网，2017年2月6日，http://news.xinhuanet.com/world/2017-02/07/c_1120420884.htm。

③ "Commission VP: Trade War with US Would Be 'Disastrous' for World Economy," http://www.politico.eu/article/commission-vp-trade-war-with-us-would-be-disastrous-for-world-economy/.

④ Joey Millar and Vickiie Oliphant, "EU Malta Summit: 'We Need UK' EU President Admits May is Crucial for US Relations," http://www.express.co.uk/news/world/762599/eu-malta-summit-live-theresa-may-brexit-trump-juncker.

⑤ "The European Union As a Partner Against Russian Aggression: Sanctions, Security, Democratic Institutions and the Way Forward," https://www.foreign.senate.gov/imo/media/doc/040417_OSullivan_Testimony_REVISED.pdf.

(Mike Pence)、国务卿雷克斯·蒂勒森（Rex Tillerson）、防长詹姆斯·马蒂斯（James Mattis）则借 2017 年 2 月举行的慕尼黑安全政策会议等契机陆续访欧。欧方以 2017 年 5 月 24 日七国集团峰会为契机，特别增加北约峰会以邀请特朗普访欧。第三，坚决维护欧洲核心价值观。其一，反对特朗普"禁穆令"。特朗普限制难民和西亚北非公民入境的行政令发布后，默克尔坚称，反恐"需与穆斯林国家合作"①，时任德国防长乌尔苏拉·冯德莱恩（Ursula von der Leyen）直陈北约乃价值观同盟，绝不允许使用"酷刑"。② 其二，抵制美国唱衰欧盟言论。针对特朗普欲任命的美国驻欧盟大使特德·马洛赫（Ted R. Malloch）将欧盟和苏联相提并论，并持"欧元崩溃论""希腊退欧论"等唱衰欧盟立场，欧洲议会中的三大亲欧党团建议特朗普慎重考虑未来欧美关系，不要任命马洛赫为驻欧大使。③

特朗普某种意义上促进了欧盟防务一体化建设。2016 年年底起，欧洲防务合作明显提速。2016 年 11 月 30 日，欧盟公布《欧洲防务行动计划》，提出设立每年 50 多亿欧元的欧洲防务基金（EDF），为网络安全、军舰等与共同防务有关项目的研发提供资金支持，并帮助成员国采购直升机、无人机等先进军备。计划还提出放宽现有限制，允许动用欧盟预算及欧洲投资银行的资金，投资军事研究。这

---

① "Pressekonferenz von Bundeskanzlerin Merkel und US-Präsident Donald Trump," March 18, 2017, https://www.bundesregierung.de/Content/DE/Mitschrift/Pressekonferenzen/2017/03/2017-03-18-merkel-trump.html.

② "Rede der Bundesministerin der Verteidigung Dr. Ursula von der Leyen zur Eröffnung der 53. Münchner, Sicherheitskonferenz," February 17, 2017, https://hardthoehenkurier.de/rede-der-bundesministerin-der-verteidigung-dr-ursula-von-der-leyen-zur-eroeffnung-der-53-muenchner-sicherheitskonferenz/.

③ Georgi Gotev, "EU Party Leaders Team Up to Reject Trump Ambassador," Euractiv, February 3, 2017, https://www.euractiv.com/section/global-europe/news/epp-alde-socialists-and-democrats-leaders-propose-eu-rejects-trumps-ambassador/.

是欧盟首次推出此类防务计划，是在防务一体化建设方面的重大举措。① 一年后，即2017年11月13日，欧盟23个成员国的国防部部长达成了"永久结构性合作"（PESCO）协议。12月7日，葡萄牙和爱尔兰也宣布加入，由此使签署国增加至25个。决定不加入的仅剩脱欧的英国、拥有特殊"不参与立场"的丹麦以及马耳他。12月11日，欧盟理事会发表声明宣布批准PESCO，提出在该机制下初步开展的17个防务合作项目。② 又半年后，即2018年6月25日，在法国推动下，法国、英国、德国、西班牙、荷兰、比利时、葡萄牙、丹麦和爱沙尼亚等九国的防长在卢森堡签署"欧洲干涉倡议"（European Intervention Initiative），打造欧洲的快速反应部队。这个倡议是在欧盟结构之外的，故英国脱欧后也能完全参与。③

特朗普任内四年虽然对欧态度有所软化，欧洲方面做了很多修复跨大西洋关系的努力，但跨大西洋关系仍然不可避免地降到了低谷。以至于到2020年年底，美国大选总统宝座易主，欧洲感到如释重负。欧盟及成员国官员纷纷对美大选结果表示欢迎，展望美欧合作前景的迫切心情溢于言表。欧盟外交与安全政策高级代表博雷利（Josep Borrell）发表博客《让我们最大限度地利用好欧美关系新篇章》，露骨表示"能再次与不视吾人为'敌人'、不视欧盟为'占美国便宜'的美国总统合作，我

---

① "European Defence Action Plan: Towards a European Defence Fund," November 30, 2016, https://ec.europa.eu/commission/presscorner/detail/en/IP_16_4088.

② 孙梦文：《欧盟批准25国"永久结构性合作"，防务一体化进程迎转折》，澎湃新闻网，2017年12月12日，https://www.thepaper.cn/newsDetail_forward_1902452。

③ Paul Taylor, "Emmanuel Macron's Coalition of the Willing," Politico, May 2, 2018, https://www.politico.eu/article/emmanuel-macrons-eu-defense-army-coalition-of-the-willing-military-cooperation/; Daniel Boffey, "Nine EU States Sign off on Joint Military Intervention Force," The Guardian, June 25, 2018, https://www.theguardian.com/world/2018/jun/25/nine-eu-states-to-sign-off-on-joint-military-intervention-force.

们欢迎之至"。① 欧洲民调也显示，大部分欧洲民众都支持美国的新总统拜登（Joseph R. Biden）。②

拜登2021年年初上任后，采取了许多旨在重新赢得盟友的举措，当年年中即在欧洲接连召开北约峰会、七国集团峰会、欧美峰会。但是到了年底，美国在未与欧洲打招呼的情况下撤出阿富汗及推出美、英、澳三边安全伙伴关系（AUKUS），又为美欧关系蒙上了一层阴影。不过，这层阴影很快便被2022年2月底爆发的乌克兰危机所破除。面对这场危机，欧盟内部、美欧之间都显现出了前所未有的团结，北约也因此被激发出新的活力——长期中立的芬兰、瑞典等国申请加入北约。

好景不长，拜登执政四年未能压制住美国国内的民粹主义。到2024年年初，欧洲政治家发现，他们面临特朗普可能在年底大选再次获胜的前景。在乌克兰战场陷入僵局的时候，欧洲政治家们十分担心美国会减少对北约的投入。而特朗普在竞选期间的言论又偏偏加剧了这种担心。2024年2月10日，美国前总统特朗普在南卡罗来纳州参加竞选集会时表示，他在担任总统期间曾告诉一个北约国家的领导人，将"鼓励"俄罗斯"为所欲为"地对待那些未达到北约国防开支目标而欠款的该联盟成员国。③ 2月13日，

---

① Josep Borrell, "Let's Make the Most of This New Chapter in EU-US Relations," November 9, 2020, https://eeas.europa.eu/headquarters/headquarters-homepage/88393/let%E2%80%99s-make-most-new-chapter-eu-us-relations_en.

② Giorgia Orlandi and Alessio Dell'Anna, "Who Would Europeans Vote for if the US Presidential Election Took Place in Europe?" November 4, 2020, https://www.euronews.com/2020/11/04/what-would-europeans-vote-for-if-the-us-presidential-election-took-place-in-europe; Kate Martyr, "US Election: Most Europeans Would Vote for Joe Biden," DW, October 30, 2020, https://p.dw.com/p/3keLH.

③ Andrew Gray and Sabine Siebold, "What did Trump Say about NATO Funding and What is Article 5?" Reuters, February 13, 2024, https://www.reuters.com/world/what-did-trump-say-about-nato-funding-what-is-article-5-2024-02-12/.

第二编　欧洲安全

特朗普竞选团队政策顾问、前国安官员基思·凯洛格（Keith Kellogg）提议，若北约成员国的国防支出未达到GDP的2%，则取消该成员国享有的"第五条"保护。[1]

出于美国"再次靠不住"的隐忧，欧盟加大了防务建设。在特朗普发表关于北约的言论几天后，欧盟委员会主席冯德莱恩（即上文提到的德国前防长）在接受英国《金融时报》采访时呼吁说："我们必须花更多的钱，我们必须把钱花得更好，我们必须花在欧洲"。[2] 几天后，她再次在欧洲议会表示："归根结底，这是关于欧洲对自身安全负责的问题。事实很简单：我们无法安逸。我们无法控制世界其他地区的选举或决定。我们也根本没有时间绕开这个问题。无论我们的伙伴是否支持，我们都不能让俄罗斯获胜。……现在是欧洲挺身而出的时候了。"[3] 媒体透露，"欧盟委员会正在建立一个结构化的内部流程，为美国总统大选可能出现的各种结果做好准备。"[4]

展望未来，首先，作为跨大西洋联盟最重要支柱的北约将可能继续存在，但面临着弱化的前景。保留这一安全纽带仍然符合欧美各自安全和战略利益。欧洲国家无疑希望美国一直能够为其

---

[1] 《拜登批特朗普涉北约言论可耻　德国军费增加创纪录》，February 14, 2024, https://p.dw.com/p/4cO6U。

[2] Roula Khalaf, Ben Hall and Henry Foy, "Ursula von der Leyen Calls on EU to Subsidise Defence Production," The Financial Times, February 16, 2024, https://www.ft.com/content/66606e2c-0b5a-493e-af59-d24436d0fd72.

[3] "Speech by President von der Leyen at the European Parliament Plenary on Strengthening European Defence in a Volatile Geopolitical Landscape," February 28, 2024, https://neighbourhood-enlargement.ec.europa.eu/news/speech-president-von-der-leyen-european-parliament-plenary-strengthening-european-defence-volatile-2024-02-28_en.

[4] Camille Gijs, Antonia Zimmermann and Pieter Haeck, "EU and US Vow to Team Up Against China, but Can't Hide the Cracks," Politico, April 5, 2024, https://www.politico.eu/article/eu-us-trade-tech-council-vestager-vow-team-up-against-china-cant-hide-cracks/.

提供安全保障。尽管乌克兰危机后欧洲的安全环境发生了很大改变，但欧洲"搭便车"或依赖美国的心理还相当普遍。但随着美欧各自政治演变，欧洲安全将可能逐步形成一个在北约框架下欧洲承担更大责任的新发展阶段。第二次世界大战结束特别是1949年北约成立以来，欧美关系经历了冷战、后冷战两个时期。对美国和北约的完全依赖是欧美关系在冷战时期（欧美关系1.0）的根本性标识，后冷战时期（欧美关系2.0）的突出特征是欧洲对美国的安全依赖减弱，北约的重要性降级，而新的时期（亦即欧美关系3.0）则可能将以美国不再完全履行保护欧洲的义务、欧洲将被迫加强自身防务为标志。毫无疑问，欧美关系新时期将不仅经历较长的发展过程，而且将充满由于欧洲的不满和美国的不愿而形成的动荡不安。在此过程中，美国显然是关键变量，欧洲则处于痛苦的应变状态。战后欧洲联合的每一次飞跃都是危机倒逼的结果。现在欧洲又到了这样一个关键时刻。需要强调的是，欧洲的北约成员国不会主动抛弃北约，事实上这些国家将会继续想方设法"留住美国人"（北约成立的初衷）。正如马克斯·伯格曼（Max Bergman）所指出的，虽然欧洲领导人可能会对特朗普采取比他第一个任期更强硬、可能更具对抗性的态度，但他们将尽可能地保留跨大西洋联盟，因为他们认识到美国对北约承诺的潜在削弱将在欧洲造成一场深刻的危机。[1] 但在尽力保住北约的同时，法国和德国等国家将会以在北约内建设"更强的欧洲支柱"之名行提升欧洲国家联合防务能力之实。目前欧洲国家的国防工业还无法独立，美国军工企业为欧洲提供了

---

[1] Max Bergmann, "How European Transatlanticists Might Approach an Isolationist U. S. Administration," February 2024, https://www.csis.org/analysis/how-european-transatlanticists-might-approach-isolationist-us-administration.

大量的武器和军事设备,① 这一情况今后无疑会得到改变。从长远来看,未来欧洲安全有可能从美国希望看到的欧美"责任分担"进一步转变为"责任转移",即将保护欧洲的责任完全从美国转移给欧洲国家。

---

① 欧盟—美国国防工业贸易数据显示,2000—2016 年,欧盟平均每年向美国出口约 55 亿美元;相反,美国每年向欧盟出口约 690 亿美元。参见 Daniel Fiott, "Defense Industry: A New Chapter of Transatlantic Friction?" June 2024, https://www.ispionline.it/en/publication/defense-industry-a-new-chapter-of-transatlantic-friction-175738。

第六章 乌克兰危机

持续不断的乌克兰危机以及由此引发的欧盟和俄罗斯关系的严重恶化，是冷战结束以来欧盟所遭遇的最严重的地缘政治挑战。冷战结束后，欧盟和北约力图通过东扩解决苏联解体所带来的不确定，但经过三十年的持续互动包括激烈博弈，俄罗斯最终成了欧盟无法消化的"硬骨头"。

一 普京上台

1999年12月31日，叶利钦突然宣布辞职，普京出任俄罗斯总统。之后普京一直是俄罗斯实际上的最高领导人。普京上台初期，欧俄关系取得了很大的进展，与俄美关系出现的紧张局面形成了鲜明对照。虽然"9·11"事件后俄罗斯与美国迅速接近，但这仅是表面现象，影响欧俄关系的基本因素没有改变。

普京上台后，欧盟对俄总的政策指导思想是："称俄罗斯现在是战略伙伴还为时过早，也过于乐观，但我们觉得这个政策的目标是正确的，以便最终使其成为我们的战略伙伴。"[1] 这说明欧盟在

---

[1] 法国外长韦德里纳（Hubert Védrine）语，参见法国外交部网站：http://www.diplomatie.fr。

普京上台后对俄采取的是积极和务实的"拉"的政策,而不是消极的"压"的政策。这是"9·11"事件前欧盟和美国对俄罗斯政策的最大不同点。

欧盟拉俄的考虑分两方面。在政治和安全方面,首先,欧盟认识到在欧洲地区事务中,不论欧盟国家喜欢与否,俄罗斯是一个绕不过去的力量。换句话说,欧盟欲主导欧洲事务,维护欧洲的和平和稳定,必须与俄达成战略协调,取得俄的合作和配合。正是基于这一认识,时任欧盟委员会外交委员彭定康(Christopher Patten)强调:"我们希望在涉及欧洲的所有重要问题上——从对巴尔干地区的改造到在安全领域提出新的合作构想——与俄罗斯一起工作。"[①]

其次,对于俄核安全、环境污染、团伙犯罪等非传统安全方面,欧盟的担忧增大。在欧盟国家看来,俄罗斯艾滋病人增多、工业污染、石油和天然气泄漏都对与俄为邻的欧盟构成切实威胁。但最令欧盟担忧的是俄罗斯在海上和科拉半岛沿岸的大约 300 个核反应堆(约占世界核反应堆总数的 20%),以及数千种核燃料废料的安全问题。"对核潜艇反应堆的燃料废料和放射性废料缺乏相应的管理和利用,将是悬在我们头上的达摩克利斯之剑。"[②] 俄日益严重的犯罪现象如"洗钱、毒品和赃物交易(特别是贩卖偷盗来的汽车)、非法移民(最恶劣的是买卖人口,特别是买卖年轻妇女)等问题"也令欧盟十分头疼。为了解决这些问题,欧盟必须寻求与俄罗斯的合作。欧盟东扩特别是 2004 年

---

① [英]彭定康:《欧盟与俄罗斯》,转引自冯仲平《欧盟与美俄中关系的演变与发展》,《现代国际关系》2002 年第 1 期。

② [英]彭定康:《欧盟与俄罗斯》,转引自冯仲平《欧盟与美俄中关系的演变与发展》,《现代国际关系》2002 年第 1 期。

接纳波罗的海三国入盟后,欧俄双方均感受到了共同合作解决这些问题的紧迫性。

最后,利用俄美矛盾,趁机增大欧对俄的影响,或寻求在俄美之间扮演调解角色,提高欧盟国际地位。在美俄关系出现紧张的情况下,2001年3月欧盟首次邀请普京总统参加了欧盟在瑞典举行的首脑会议,引起了国际社会的广泛关注。在此次会议上,欧盟同意俄罗斯希望把飞地加里宁格勒作为经济特区的想法,并保证对俄罗斯开发石油和天然气资源提供支持,赢得了俄对欧盟东扩的理解。

法国把欧盟与俄加强合作的"政治理由"概括为两点:(1)如果没有抱着合作态度的俄罗斯作出积极的贡献,欧洲大陆实现安全与稳定是不可能的;(2)一个不稳定的俄罗斯造成的灾祸可能会蔓延到整个欧洲,这样一个俄罗斯可能会被诱使以一种破坏性地显示力量的方式,为它自己国内的失败寻找其他出路。[①]

欧盟积极"拉俄"的另一方面考虑是俄罗斯在贸易特别是在能源方面对欧盟的重要性日益增大。在21世纪初期,俄罗斯是欧盟的第六大贸易伙伴,但欧盟对俄罗斯的能源依赖愈益增大。欧盟从俄罗斯进口的天然气占其全部进口天然气的42%,另外17%的原油也来自俄罗斯。[②] 由于欧盟已成为俄罗斯石油出口的重要对象,欧盟委员会提出,欧盟与俄罗斯应建立一种可靠的能源战略伙伴关系,以减少欧洲在进口石油方面对石油输出国组织的严重依赖性。

---

① [英]彭定康:《欧盟与俄罗斯》,转引自冯仲平《欧盟与美俄中关系的演变与发展》,《现代国际关系》2002年第1期。
② 欧盟官方数据,转引自冯仲平《欧盟与美俄中关系的演变与发展》,《现代国际关系》2002年第1期。

欧盟认为影响欧俄经贸合作的主要障碍是，俄罗斯缺少一套正常运行的、能够明确界定资产和投资权利的司法制度和健全的机制。① 欧盟表示，今后将以促俄加入 WTO 为契机，推动俄罗斯继续开放国内市场，实施稳健的改革计划。总之，不论是政治和安全利益，还是经济利益，在欧盟看来它必须制定一项与俄罗斯进行长期、积极合作的政策。

在欧盟积极拉拢俄罗斯的同时，俄罗斯的"亲欧"倾向也十分明显。普京上台后多次表示，俄罗斯战略利益的核心在欧洲，俄将把发展与欧洲的关系放在首位。2006 年 11 月，普京在前往赫尔辛基举行例行的欧俄峰会前，在英国《金融时报》发表了一篇题为《欧洲没有什么可害怕俄罗斯》的文章。这篇文章集中地表明了普京关于欧俄关系、欧洲一体化的看法。普京在文章中指出："俄罗斯在精神上、历史上和文化上都是'欧洲大家庭的天然成员'"，"俄罗斯密切关注欧盟的演变，这主要是因为我们双方关系的发展速度及其未来在很大程度上取决于欧盟的变化"，"俄罗斯对欧洲一体化未来的态度是众所周知的。我们的主要目标是建立一个共同的经济空间"。普京在文末深情地指出："过去绝不能被用来分裂我们，因为我们无法改写历史。我们当前的目标是联合起来，使俄罗斯和欧盟能够作为伙伴和盟友建设共同的未来。俄罗斯准备为此而努力，我希望欧盟也能采取建设性的态度。"②

普京虽然渴望俄罗斯能够得到国际上的尊重，但他同时也是一

---

① 具体而言，欧盟认为俄罗斯必须尽早完成以下关键的改革：彻底调整税收系统和关税壁垒；打击腐败和洗钱行为；重建银行系统，以便使其具有更大的透明度和责任感；为投资者提供稳定的环境和法律上的安全感；制定可靠的土地所有权制度；建立一个受尊重的、正常运转的司法制度；提供社会安全保障。

② Vladimir Putin, "Europe Has Nothing to Fear from Russia," *The Financial Times*, November 22, 2006, https://www.ft.com/content/ddc234d6-7994-11db-90a6-0000779e2340.

个务实主义者。普京上台时,俄罗斯基本上接受了苏联解体后的新的国际定位。"在他(普京)看来,俄罗斯已经沦为一个世界二流甚至三流国家。"① 美国学者托马斯·弗里德曼(Thomas L. Friedman)称普京是"俄罗斯的邓小平",认为普京告诉俄罗斯人的基本信息是,"10年来,我们尝试了每一种糟糕的设想,从拖欠债务,到货币贬值,到休克疗法。现在只剩下一个办法了:通过真正的改革立法,以便得到真正的投资来建设真正的现代经济。因为在这个世界上,没有真正的经济基础,你什么也不是。因此我们现在要把精力集中到赚钱上"。②

在2001年"9·11"恐怖袭击后,俄改善对美关系与其发展对欧合作不仅不矛盾,而且是相辅相成的。事实上,欧盟在俄对外战略中与美国占有同等甚至优先的位置。普京上台后提出"融入欧洲"战略,不是权宜之计,而是基于俄长期战略利益考虑的。显然,俄与欧盟可以建立"欧洲统一经济和安全空间",而它与美国是很难做到这一点的。如果说在"9·11"前俄罗斯加强对欧盟的关系有缓解美国压力和扩大俄外交回旋余地的意图的话,那么此后俄罗斯与欧盟国家继续保持较密切合作的理由,则主要是为了寻求经济上的好处。欧盟是俄罗斯的第一大经济、贸易和金融伙伴,俄罗斯大部分外资来自欧盟。

由于俄罗斯的经济发展需要一个较长的过程,这就决定了俄罗斯在相当长的一段时期内,会努力稳定与西方国家的关系。2002年北约进行第二轮东扩并没有对俄欧、俄美关系产生严重的消极影响。俄罗斯在无力阻止北约扩大的情况下,唯一能做的就是设

---

① "Russia at the Turn of the Millennium," https://pages.uoregon.edu/kimball/Putin.htm.
② Thomas L. Friedman, "Russia's Last Line," *The New York Times*, December 23, 2001, https://www.nytimes.com/2001/12/23/opinion/russia-s-last-line.html.

法通过扩大与北约的合作，特别是利用新的"北约—俄罗斯理事会"对北约的决策和行动尽可能地施加影响。

二 第一次乌克兰危机

然而，到21世纪第一个十年将尽的时候，欧俄关系开始发生变化。研究中俄关系的欧洲学者波波·卢（Bobo Lo）比较了俄罗斯与中国的不同。他说：中国是体系内的玩家，它在全球秩序中运作，并从中受益匪浅。而俄罗斯一度谋求建立一个以大国为中心的秩序，但它投射力量的手段非常有限，俄罗斯根本不具备在规范、稳定的全球秩序中发挥主要作用的地位或影响力。而且与中国不同的是，它既没有耐心也没有能力去"运作"这个体系。[①]

2008年8月8日，北京奥运会开幕式之际，俄罗斯军队与格鲁吉亚爆发了激烈的武装冲突。虽然2008年俄格冲突引发了欧洲的不安，但真正令欧俄关系趋于恶化的是2014年的乌克兰危机。

2013年年底，乌克兰亲俄派总统亚努科维奇中止和欧盟签署政治和自由贸易协议，欲强化和俄罗斯的关系。2013年12月17日，乌克兰与俄罗斯正式达成协议，获得廉价天然气供应和150亿美元援助。欧盟对此进行了报复，主要措施包括：抵制索契冬季奥运会、反对"南溪"油气项目、延迟免签待遇。而俄罗斯则加快推进欧亚经济联盟。乌克兰亲欧派从2013年11月起在乌克兰首都展开反政府示威，随后亚努科维奇在压力下下台，乌克兰提前举行选举。亲欧的波罗申科2014年5月成为乌克兰新

[①] Bobo Lo, "Le partenariat Chine-Russie : hypothèses, mythes et réalités," IFRI, mars 2023, https://www.ifri.org/fr/publications/etudes-de-lifri/russieneireports/partenariat-chine-russie-hypotheses-mythes-realites.

总统。

2014年，欧盟与俄罗斯为争夺乌克兰进行了紧锣密鼓的"拉锯战"。3月21日，欧盟与乌克兰签署了联系国协定的政治部分。6月27日，欧盟与乌克兰签署了联系国协定的经济部分，规定乌克兰将被吸纳进入欧盟的自由贸易区。9月12日，欧盟、俄罗斯和乌克兰代表在布鲁塞尔达成一致，将乌欧自贸协定的实施日期推迟至2015年12月31日。

令问题更为棘手的是，乌克兰国内的一些地区宣布独立，加入了俄罗斯的怀抱。2014年3月11日，克里米亚议会通过了克里米亚独立宣言。4月7日，乌克兰顿涅茨克亲俄者宣布独立，拟公投入俄。5月12日，乌克兰东部顿涅茨克州和卢甘斯克州宣布成立独立的"顿涅茨克人民共和国"和"卢甘斯克人民共和国"。普京接受了克里米亚的入俄请求，但拒绝了顿涅茨克和卢甘斯克两个共和国的请求。

在这种情况下，法国和德国进行了斡旋。2015年2月12日，乌、俄、法、德四国领导人在白俄罗斯首都明斯克就解决乌克兰危机达成共识，促成三方联络小组（乌克兰、欧安组织、俄罗斯）与乌克兰东部民间武装签署了新明斯克协议。

这场乌克兰危机对欧盟来说来得不是时候。虽然欧债危机最严重的阶段已经过去，但刚走出欧债危机泥沼的欧盟并未得到喘息的机会。此外，随着乌克兰危机的爆发及其引发的欧俄对立，以及中东"伊斯兰国"极端组织的兴起，欧盟安全环境趋于严峻复杂。欧盟对乌克兰危机的担忧集中于安全方面。尽管每个成员国的感受不尽相同，但在如下几个问题上看法一致：一是俄"吞并克里米亚""重划欧洲版图"，损害了第二次世界大战后形成的欧洲和国际秩序；二是俄在乌克兰的所作所为还可能在波罗的海国家和其他中东欧国家故伎重演；三是鉴于不少欧洲国家严重依赖俄天然气和石油，欧俄关系恶化将对这些国家产生严重的能源安全威胁。

经过几番波折之后，乌克兰与欧盟的联系国协定已再度签署，乌克兰新成立的议会也被亲欧力量所把持。但与危机前相比，欧盟对乌克兰的态度已经发生了微妙变化。冷战胜利者惯性思维让欧盟一开始对乌克兰的入盟请求并未认真谨慎对待。当乌克兰总统亚努科维奇撕毁与欧盟的联系国协定引发基辅抗议示威，特别是在俄罗斯作出强硬反应后，欧盟开始意识到了乌克兰的特殊性。在公开场合表现出愿意与乌克兰加强关系的同时，欧盟明显不愿留下它已准备好接纳乌克兰的印象。欧盟国家领导人想避免因乌克兰入盟而导致俄罗斯与西方的对抗进一步升级。这说明，欧盟已逐步认识到乌克兰的归属问题难以像波兰等其他中东欧国家一样通过欧盟扩大来解决。

乌克兰危机的背后实际上是俄与西方展开的一场拔河式的较量。很显然，相对于乌克兰，摆在欧盟面前更大的挑战是如何应对俄罗斯。在乌克兰危机不断升级的形势下，欧盟对俄采取了军事防范、经济制裁的政策。2014年9月的北约威尔士首脑会议确定了欧美对俄军事防范立场。峰会承诺北约将恢复"集体防御"在北约的核心地位，具体体现为：首先，通过所谓"战备行动计划"，包括组建一支数千名军人的"先头部队"，能够在俄罗斯入侵北约成员国48小时之内完成部署；其次，以频繁的军演和轮流驻扎代替长期驻军。在峰会上，由于担心违反1997年北约和俄罗斯达成的协议，要求在波罗的海国家建立北约常设基地的建议未被接受；最后，北约还要求其欧洲成员扭转军费下降趋势，将防务开支提升到国内生产总值2%的水平。

欧盟对俄实施经济制裁经历了一个不断升级的过程，主要针对金融、能源和军工三大领域。作为反制，俄宣布禁止和限制欧盟食品出口到俄罗斯。欧盟对俄制裁不可避免地导致了"伤敌一千，自损八百"的后果。总的来说，欧盟在第一次乌克兰危机后对俄罗斯的政策体现了明显的反应式特点。但问题在于，在实施欧盟"东部伙伴关系"计划、处理与乌克兰等国的关系上，欧盟及其成员国一方面倚仗着北约的保护而不断向东扩大，同时却以所谓"后现代世界"理念无视俄地缘政治需求。俄"收复"克里米亚表明其开始向冷战结束以来西方一直采取的"弱俄"战略抗争了。

"收复"克里米亚后，俄罗斯总统普京在俄杜马讲了一段令外界印象深刻的话。他说："以美国为首的西方国家在国际政治中更愿意认同强权，他们坚信自己可以例外，只有他们自己才是正确的。他们可以在这里或那里对独立国家动用武力，从国际组织倒腾出需要的决议，或完全无视它们。对南斯拉夫就是这样。还有阿富汗、伊朗，它们还公然违反联合国安理会的利比亚问题决议。操纵了一连串的颜色革命。"①

欧美需认识到，它们不能够再以冷战胜利者的姿态肆无忌惮地挤压俄罗斯的地缘政治空间了。法国《世界报》2014年5月25日刊登了荷兰哲学家、历史学家吕克·范米德拉尔（Luuk Van Middelaar）的一篇文章，其中一些观点值得重视。文章写道：2013年年末，欧盟在与乌克兰谈判的过程中要求乌克兰在欧盟联系国协定与俄罗斯关税联盟之间作出选择。或者说，这是一个关乎生存的地缘政治选择：是一个要战争还是要和平的问题，接下来发生

---

① 《俄罗斯总统就接受克里米亚加入俄罗斯而发表的讲话要点》，俄新社，2014年3月18日。

的事情已经证明了这一点。如果用类似世界贸易组织那样的官僚规则来论证这个选择，未免有些轻率。形势发展最终会让欧洲人相信，无论他们愿不愿意，他们都共同形成了一个地缘政治行为体。作者尖锐地指出，欧盟既想对邻邦发挥招牌式的吸引力，同时又否认它在这个过程中施加了一定程度的强权。因此，他认为"欧盟再也不能长期这么自我否认下去了"。[①]

三 第二次乌克兰危机

2022年2月21日，俄罗斯总统普京向俄罗斯公民发表讲话并表示，有必要立即承认"顿涅茨克人民共和国"和"卢甘斯克人民共和国"的主权。讲话后，普京签署了承认"顿涅茨克人民共和国"和"卢甘斯克人民共和国"的总统令，指示用俄罗斯武装力量确保维护"顿涅茨克人民共和国"和"卢甘斯克人民共和国"的和平。三天后，形势进一步升级。24日，俄罗斯展开"特别军事行动"，发动三路大军进入乌克兰，乌克兰首都基辅也在攻击范围内。俄罗斯发起此次"特别军事行动"，也许是希望像2008年出兵格鲁吉亚那样速战速决。然而战事则似乎陷入了长期的消耗战。

第二次乌克兰危机在某种程度上是第一次乌克兰危机的延续。普京在宣布开始"特别军事行动"的当日讲话中称："2014年的政变并没有让乌克兰更接近民主和进步。在发动政变后，民族主义者和支持他们的政治势力最终使乌克兰局势陷入停顿，将乌克兰推入内战的深渊。这些事件发生8年后，这个国家分裂了。现

[①] 2010年以来，吕克·范米德拉尔还担任欧洲理事会主席赫尔曼·范龙佩的"捉刀人"。参见［荷］吕克·范米德拉尔《欧洲是政治欧洲》，《世界报》2014年5月25日。

在，乌克兰正在经历一场严重的社会经济危机。"他认为当前的乌克兰政权"完全是2014年政变的产物"。①

但第二次乌克兰危机还加上了一个新元素——北约。如果说第一次乌克兰危机是俄罗斯抵制欧盟东进所致，第二次乌克兰危机似乎可以看作是俄罗斯抵制北约东扩所致。普京认为："乌克兰加入北约以及随后在这里部署北约设施已经是一个定局，这是一个时间问题。我们清楚地认识到，在这样的情况下，对俄罗斯的军事威胁程度将急剧增加，而且是许多倍。"② 2021年年底，俄罗斯外交部在其官方网站上公布了俄罗斯与美国、北约关于"安全保障"的俄方方案，为北约划定一条"红线"，提出三条要求：一是北约不进一步东扩，特别是乌克兰不能加入北约；二是北约不在俄罗斯邻国部署具有攻击性的军事武器和装备；三是北约在欧洲的军力部署，应恢复至1997年双方签署的俄罗斯与北约关系文件中的状态（文件规定，除协议签署当天已部署的军事力量之外，不得在其他欧洲国家的领土上驻扎军队）。③ 2022年1月，俄罗斯与西方迎来谈判高峰，北约会谈和欧安组织会谈最令人注目，但谈判破裂。之后俄罗斯便对乌克兰发起了"特别军事行动"。

当时的国际形势也增加了普京的"底气"。普京认为西方乃至西方所领导的秩序处于弱势之中。2019年年中，他在接受《金融时报》采访时指出，自由主义作为一种意识形态已经过气。而在谈到中美贸易冲突和美国与伊朗之间在海湾的地缘政治矛盾时，

---

① "Address by the President of the Russian Federation," February 21, 2022, http://en.kremlin.ru/events/president/transcripts/67828.
② "Address by the President of the Russian Federation," February 21, 2022, http://en.kremlin.ru/events/president/transcripts/67828.
③ 《俄外交部公布与美国、北约关于"安全保障"的俄方方案》，中新网，https://www.chinanews.com.cn/gj/2021/12-18/9632636.shtml。

普京表示，问题的根源在于美国的单边主义和缺乏支撑世界秩序的规则。①

普京在2月21日的讲话中还指出："乌克兰不仅仅是一个邻国：它是我们自己的历史、文化、精神空间不可分割的一部分"，"现代乌克兰完全以及全部都由俄罗斯创造"。普京还对多年向西靠拢而未被西方接纳耿耿于怀。他在讲话中称："俄罗斯履行了所有义务，包括从德国以及中欧和东欧国家撤军"，"我们一直提供各种合作的选择，包括通过北约—俄罗斯理事会和欧安组织"，却未被西方接纳。普京甚至罕见地透露了一个细节，他曾于2000年在美国总统克林顿访问莫斯科时询问，"美国对接受俄罗斯加入北约有何想法？"但只得到"非常克制"的回应。②

虽然普京的心情可以理解，但他的行动还是出乎众人意料。在2020年美国总统竞选期间，拜登几乎没有提到俄罗斯是美国的地缘政治对手；拜登热衷讨论的话题是中国。在2021年6月与普京举行的日内瓦峰会上，拜登明显对俄示好，甚至称俄罗斯为大国。几周后，拜登从阿富汗撤出了美国的剩余部队。现在回过头来看，拜登对俄罗斯的积极态度和从阿富汗撤军反而可能强化了发动特别军事行动的决定。因为在普京看来，西方的反应不可能比2014年对克里米亚的反应更果断。③

确实，在2014年时，欧美对俄乌冲突的立场是不一致的。第一，尽管波罗的海三国和波兰等欧洲国家与美立场相似（主张对

---

① Lionel Barber, Henry Foy and Alex Barker, "Vladimir Putin Says Liberalism Has 'Become Obsolete'," The Financial Times, June 28, 2019, https://www.ft.com/content/670039ec-98f3-11e9-9573-ee5cbb98ed36.

② "Address by the President of the Russian Federation," February 21, 2022, http://en.kremlin.ru/events/president/transcripts/67828.

③ Edward Luce, "China and the Revenge of Geopolitics," The Financial Times, July 19, 2023, https://www.ft.com/content/a17a14f2-704f-478f-bfa6-18f41eed0a40.

乌克兰提供致命性武器、对俄强硬），但在德、法等国主导下，对俄接触、以谈判化解危机的立场占据了欧盟的上风。2015 年 2 月签署的新明斯克协议正是德、法与俄、乌激烈讨价还价之后达成的。同时，法、德等坚决反对美对乌克兰提供致命武器援助。第二，在对俄制裁方面，欧美均以此作为对俄施压的工具，但当美国总统奥巴马 2015 年 6 月在德国举行的七国集团会议上威胁对俄施加更多制裁措施时，德国总理默克尔迅速做了澄清，强调对七国集团领导人而言只涉及是否延长对俄制裁，而不涉及是否增加制裁。2015 年七国集团会议刚刚落下帷幕，俄罗斯总统普京就现身意大利，受到马泰奥·伦齐（Matteo Renzi）总理的热情欢迎。第三，与美国矮化、妖魔化俄罗斯，并高调反俄相比，欧洲国家倾向于就事论事，强调有必要与俄保持在伊核等问题上的合作。德国总理默克尔、外长弗兰克—瓦尔特·斯泰因迈尔（Frank-Walter Steinmeier）不仅表达了愿意看到俄重返七国集团的态度，而且强调俄在国际上仍是重要合作伙伴，凸显了美欧之间存在的分歧。最后值得指出的是，美国并没有因为第一次乌克兰危机而放缓"重返亚洲"的脚步，而是放手让法德处理俄乌冲突。

但 2022 年时，西方的反应异常团结和果断。德国总理朔尔茨（Olaf Scholz）在 2022 年 2 月 27 日，即冲突爆发三天后，就在联邦议会上发表标志德国外交重大转折的讲话，指出："2022 年 2 月 24 日是欧洲历史的分水岭"，普京"摧毁了自从《赫尔辛基最终法案》以来几乎半个世纪的欧洲安全秩序。"[①] 欧盟在很短时间内连续推出

[①] "Policy Statement by Olaf Scholz, Chancellor of the Federal Republic of Germany and Member of the German Bundestag, 27 February 2022 in Berlin," February 27, 2022, https：//www. bundesregierung. de/breg-en/news/policy-statement-by-olaf-scholz-chancellor-of-the-federal-republic-of-germany-and-member-of-the-german-bundestag-27-february-2022-in-berlin-2008378.

了多轮对俄制裁——这需要27个欧盟成员国的一致同意，因此欧盟的动作可以说比历次危机都要迅速有力。欧洲还打破了一个又一个的禁忌。有着几百年中立传统的瑞士主动参与对俄制裁，后来还参与德国提出的"欧洲天盾倡议"；受到战败国"紧箍咒"制约的德国开始对外输送武器；北欧国家芬兰、瑞典申请加入北约；乌克兰和摩尔多瓦火速成为欧盟候选国。欧洲民众也掀起了反俄声浪。欧洲知名智库——欧洲对外关系委员会在2022年6月发布民调报告称，中短期内欧俄的决裂已不可逆转，欧洲人"似乎正在展望一个欧洲与俄罗斯完全脱钩的世界"。[①] 而且这一次，美国和北约非常坚决地参与应对危机，并在其中发挥主导作用。在冲突爆发次日，即2月25日，北约举行紧急视频峰会，讨论"俄罗斯侵略乌克兰问题"，会后北约各国首脑发表共同声明称，"欧洲—大西洋安全面临最严重威胁"，并重申"对《华盛顿条约》第5条（即北约'集体防御'条款）的承诺是铁板钉钉的"。[②]

自然，欧洲国家受到的冲击也超过第一次乌克兰危机。欧盟委员会主席冯德莱恩在欧洲议会疾呼，"在巴尔干战争近30年后，在苏军进入布拉格和布达佩斯半个多世纪后"，"战争又回到了欧洲"。她称之为"欧洲的真相时刻""欧盟的分水岭时刻"。[③] 除此之外，俄乌冲突引发严重的难民危机。2022年2月27日，欧盟委

[①] Ivan Krastev and Mark Leonard, "Peace Versus Justice: The Coming European Split over the War in Ukraine," ECFR, June 15, 2022, https://ecfr.eu/publication/peace-versus-justice-the-coming-european-split-over-the-war-in-ukraine/.

[②] "Statement by NATO Heads of State and Government on Russia's Attack on Ukraine," February 25, 2022, https://www.nato.int/cps/en/natohq/official_texts_192489.htm?selectedLocale=en.

[③] "Speech by President von der Leyen at the European Parliament Plenary on the Russian Aggression Against Ukraine," March 1, 2022, https://ec.europa.eu/commission/presscorner/detail/en/speech_22_1483.

员会主管人道主义援助和危机管理的委员亚内兹·莱纳希奇（Janez Lenarcic）称，四天战争已使 700 多万乌克兰人流离失所，宣布欧盟将提出帮助乌克兰难民的规则，将于 3 月 3 日提交提案允许流离失所的乌克兰人立即获得临时保护。① 最后，这次危机对欧洲经济和能源的冲击更为严重。俄罗斯原本是欧洲国家的能源提供方，欧洲是俄罗斯重要的出口市场。俄乌冲突爆发后，欧洲停止购买俄罗斯油气，德俄之间的"北溪－2"天然气管道项目也被中止，欧洲油气价格迅速飙升，欧洲出现了日益严重的通货膨胀。

俄乌冲突造成俄罗斯与西方包括欧洲国家关系的严重倒退，达到冷战结束后 30 年来的最低谷，远远超过第一次乌克兰危机。2014 年第一次乌克兰危机后，西方制裁和孤立俄罗斯，但欧洲和俄罗斯仍维持着相互接触的关系。而 2022 年第二次乌克兰危机后，西方和俄罗斯进入一个新的全面对抗时期。

四 欧洲探索新的安全框架

从长远来看，德、法等欧盟大国需要与俄一道探索包括欧盟与欧亚经济联盟相对接、构建全欧安全框架等共处之道。欧洲国家历史上一直深受安全问题的困扰。在 20 世纪上半叶的 50 年时间内，欧洲发生了两次世界大战。第二次世界大战后，欧洲分裂为东、西两大对立阵营，成为冷战的主战场。面对第二次世界大战后新的严峻的安全环境，西欧国家探索出了一条内部靠自己、外

---

① 《俄乌情势：欧盟军援乌克兰 俄罗斯对 35 国关闭领空》，德国之声，2022 年 2 月 28 日，https：//www.dw.com/zh/%E4%BF%84%E4%B9%8C%E6%83%85%E5%8A%BF%E6%AC%A7%E7%9B%9F%E5%86%9B%E6%8F%B4%E4%B9%8C%E5%85%8B%E5%85%B0－%E4%BF%84%E7%BD%97%E6%96%AF%E5%AF%B935%E5%9B%BD%E5%85%B3%E9%97%AD%E9%A2%86%E7%A9%BA/a－60939862。

部靠美国的安全模式。所谓内部靠自己，就是法德实现和解，西欧地区走一体化道路，建设"欧洲的德国"，阻止产生"德国的欧洲"。正如前文所指出的，从本质上看，欧洲一体化（欧盟的诞生和发展）就是一个安全工程。毫无疑问，经济合作包括统一货币产生了较大的经济收益，但消除战争、实现和平才是真正的原动力。所谓外部靠美国，就是面对来自苏联阵营的"威胁"，西欧国家希望参加完第二次世界大战的美国军队留下来，而这一想法通过成立北约而得以实现。当然，西欧内部与外部安全建设并非完全分开，冷战环境的出现或外部"共同敌人"认知的形成也促进了法、德等国之间的和解和西欧一体化。

苏联解体对于西欧国家来说是个惊喜，其地缘和安全战略环境因此得到根本改善。但与东欧剧变紧密相关的柏林墙的倒塌曾一度令法、英等国纠结：重新统一的德国是否会给欧洲再度带来战争灾难？最终，欧洲国家选择了深化一体化的办法将德国进一步置于欧盟之中。统一货币、建立经济与货币联盟正是在此背景下被最终确立下来。

冷战结束后，中东欧、东南欧的安全形势也令人担忧，特别是前南地区内战让欧盟手足无措，因为这也是其在冷战时期不曾遇到的问题，但最终欧盟还是采取了一体化的办法。欧盟解决德国问题用的是深化一体化的办法，而解决中东欧和前南地区问题使用的是扩大一体化的办法，即向这些国家敞开大门。之后欧盟分两批将中东欧10个国家纳入麾下。前南地区危机虽然没有美国参与很难短期内消停，但最终该地区趋于稳定靠的还是欧盟的"扩大"承诺。正因为如此，扩大被视为欧盟最有效的外交工具。

然而，面对乌克兰危机及其背后的俄罗斯与西方地缘战略竞争，欧盟的一体化战略似乎难以继续派上用场。从长远来看，为了有效维护欧洲的稳定和安全，欧盟需要放弃改造俄罗斯的战略思维，在政治、经济、安全等方面开展真正的平等务实合作。尤其在安全领域，欧洲国家需要明白在后冷战时期北约并非解决其安全的有效工具。尽管现有的北约欧洲成员国仍视北约为其安全的保险单和威慑工具，这些国家在可预见的将来不会选择脱离北约，但其消极影响已经十分明显。欧洲政治家们不应逃避责任，而应积极推动建立将俄作为平等伙伴的欧洲安全架构。第二次世界大战结束后，以法国和德国为代表的欧洲国家对国际关系进行了历史性创新，为西欧地区的和平和安全作出了重大贡献。欧盟也因此于2012年获得诺贝尔和平奖。在第二次世界大战结束八十周年、冷战结束三十余载之际，欧洲国家需拿出二次理论和实践创新的勇气。

第七章　欧洲"战略自主"

由于冷战结束后世界多极化加速发展、欧洲一体化也大步前进，欧盟逐渐产生了战略自觉意识。但欧盟真正的战略觉醒，还是在英国脱欧、特朗普第一次上台、中美战略博弈加剧之后。

一　欧盟：从高歌猛进到危机缠身

1993年11月《马斯特里赫特条约》生效，标志着欧盟的正式诞生。第二次世界大战后，欧洲一体化既有"黄金时期"，也有发展缓慢甚至停滞不前之时。但《马斯特里赫特条约》生效后的十年是欧洲联合高歌猛进时期。欧洲一体化的发展提高了欧盟的实力地位。随着1993年统一大市场和1999年货币联盟的建立，欧盟在全球贸易、经济和金融事务中的作用较以往大为增加。欧盟成为全球最大的贸易集团，欧元则成为仅次于美元的世界第二大货币。欧盟塑造全球经济秩序的能力也相应增大。欧盟东扩同样具有重大意义。2004年5月1日，欧盟成员由15国一下增至25国。欧洲一体化不仅增加了欧盟的实力，也增强了欧洲在世界范围内发挥更大作用的战略自信。欧盟已经不满足于只是在全球贸易和经济领域发挥作用，对于国际政治和安全事务的

欧洲战略问题及中欧关系

兴趣也明显增大。为此，欧盟在法律和机制等方面均作了新的设计。1999 年创立了"外交与安全政策高级代表"职位，2003 年宣告成立由 6 万人组成的欧盟快速反应部队。同时，随着英国日益靠近法国、德国倡导的欧盟防务建设计划，欧盟建立独立于北约的共同防务联盟似已成为大势所趋，不可阻挡。在不断加强机制建设的同时，"9·11"事件后欧盟还竭力向世界其他地区和国家推广和输出其一体化成功经验。随着其共同外交、安全与防务政策的发展，欧盟在国际政治和安全事务中的战略作用明显增强了。

然而好景不长，2008 年国际金融危机引爆了欧洲主权债务危机，令欧盟元气大伤。随后欧盟便进入了危机十年，难民危机、恐怖袭击、英国脱欧等。关于欧盟的地位和作用，开始出现两种比较极端的看法。其中一种看法以美国学者罗伯特·卡根（Robert Kagan）为代表。在卡根看来，欧洲正在国际事务中滑向无足轻重的地位。他认为，欧洲逐渐丧失自信，转向闭关自守，对未来越来越感到悲观。"欧洲已经开始扮演类似古希腊悲剧合唱队的角色：无休止地评论主导者的所作所为，但对戏剧的结局毫无影响。"[1] 与此相对的另一派观点的代表人物是英国的马克·伦纳德（Mark Lenard），他的观点从其在 2005 年出版的《欧洲缘何会主导 21 世纪》一书中可以看得很清楚。[2] 美国的欧洲问题专家安德鲁·莫劳夫奇克（Andrew Moravcsik）认为，尽管美国在"硬"军事实力方面无可匹敌，但只需看看美国在伊拉克的困境，就会发现美国军事力量的局限性。当需要用民事实力这种更为温和的

---

[1] Robert Kagan, "Sliding toward Irrelevance," *New York Times*, June 26, 2008, https://www.nytimes.com/2008/06/26/opinion/26iht-edkagan.1.14013210.html.

[2] Mark Leonard, *Why Europe Will Run the 21st Century?* New York: Public Affairs, 2005.

手段来构筑和平时，欧洲比美国更胜一筹。欧洲是"温和的超级力量"。①

二 欧洲的"战略觉醒"

在"危机十年"，欧盟可以说是内外交困。从内部来说，欧洲面临的最严重问题是分裂的危险：英国脱欧、反对欧洲一体化的民粹主义和极端民族主义的兴起、拒绝接收难民的中东欧新成员国和老成员国的不和，以及饱受债务危机之苦的南欧国家和坚持以紧缩换救援的北欧国家的矛盾。从外部来说，令欧洲最难以接受和面对的是被美国盟友的"抛弃"。法国总统马克龙2019年年底在接受英国《经济学人》采访时称北约正在经历"脑死亡"。② 有些媒体分析说法国希望北约"死亡"，这种说法是错的。马克龙所表达的是对美国置盟友的安全和利益于不顾、自行其是的做法的严重不满。由于美国在重大的战略和安全问题上已经不和欧洲盟友协调讨论了，所以马克龙说北约已经"脑死亡"了。自第二次世界大战结束70多年来，可以说欧洲第一次遇到一个反对欧洲一体化的美国总统——特朗普，欧洲人感到惊慌失措。此外，欧洲也将中国的快速发展所产生的竞争视为一种挑战。大概从2017年起，欧洲各界，包括政界、战略界、学界以及媒体，都将美国、俄罗斯、中国并列称为欧洲面临的外部挑战。2019年3月，欧盟委员会出台对华文件将中国定位为既是合

---

① Andrew Moravcsik, "Make Way For The Quiet Superpower," December 22, 2007, https://www.newsweek.com/make-way-quiet-superpower-95069.
② "Emmanuel Macron in His Own Words (English)," *The Economist*, November 7, 2019, https://www.economist.com/europe/2019/11/07/emmanuel-macron-in-his-own-words-english.

作伙伴，又是"经济竞争对手"和"制度性对手"（systemic rival）。所谓"制度性"指的是模式、体制，包括政府和企业的关系，以及意识形态等方面的含义。① 这就是后来为人们所熟知的所谓"三重定位"。

内部分裂的危险和外部巨大的压力令欧洲陷入严重的战略焦虑，同时也激发了其强烈的危机感和忧患意识。2019年5月，欧洲议会大选前，欧盟所有成员国的报纸上都刊登了法国总统马克龙的一篇文章。马克龙在文章中指出："自第二次世界大战以来，欧洲从未像现在这样重要。然而，欧洲也从未如此危险。英国脱欧就是这种情况的象征。它象征着欧洲的危机，欧洲未能满足其人民在现代世界重大冲击面前寻求保护的需求。"马克龙问道："面对大国咄咄逼人的战略，有哪个国家能够独自行动？面对数字巨头，谁能声称自己拥有主权？"②

三个月后，马克龙又发表了一个非常有名的讲话。每年夏天，法国驻外大使都会回国休假，同时参加年度使节会议。2019年法国外交使节会议因马克龙讲话而被人们记住。他在三个小时的讲话中，给人印象最深刻的一句话就是"西方霸权时代正在终结"。他提出，随着西方文明从"高光时刻"走向暗淡，欧洲也将"消失"，世界将围绕美国和中国这"两极"进行重构。面对这种格局剧变，欧洲如果继续装聋作哑，只会不断失去控制权，只有以更快的速度去改革，采取勇敢甚至冒险的政治策略才能跟上世界变

---

① "European Commission and HR/VP Contribution to the European Council：EU-China—A Strategic Outlook," March 12, 2019, https://ec.europa.eu/commission/sites/beta-political/files/communication-eu-china-a-strategic-outlook.pdf.

② "For European Renewal," March 4, 2019, https://www.elysee.fr/emmanuel-macron/2019/03/04/for-european-renewal.en.

化的脚步。①

有这种紧迫感的不止马克龙一个人。2018年9月，欧盟委员会主席容克在欧洲议会发表题为《欧洲的主权时刻》的盟情咨文讲话，这里的"主权"指的不是欧洲国家的主权，而是指欧盟的独立自主。与头一年相比，2018年的盟情咨文充满了地缘政治变迁所带来的危机感。容克指出："地缘政治情况使得欧洲时刻出现了：欧洲主权时刻到来。现在是欧洲人将命运掌握在自己手里的时刻。现在是欧洲发展'国际政治能力'——一种以联盟的姿态扮演角色塑造国际事件能力的时刻。欧洲需要在国际关系中成为更加具有主权的行为体"。② 一年之后，2019年12月，新就任的欧盟委员会主席冯德莱恩称新一届欧盟委员会将是一个"地缘政治的委员会"。③

总之，到了2019年，欧洲战略界出现了一个很大的变化，就是越来越多的人公开呐喊欧洲不能再昏睡不醒了，要赶快行动，直面挑战，掌握自身命运。当然，沿此逻辑的叙事前几年在欧洲已经出现了，但2019年可以说是集中爆发，并且可以说逐步达成一种共识。

马克龙2017年刚上台时就提出了"欧洲主权"，但当时他主要还是为了应对民粹主义和极端民族主义，试图通过高举欧盟层面上的主权旗帜来对冲民粹主义者强调的成员国的主权，包括英国脱欧、

---

① "Ambassadors' Conference-Speech by M. Emmanuel Macron, President of the Republic, Paris," August 27, 2019, https:// lv. ambafrance. org/Ambassadors-conference-Speech-by-M-Emmanuel-Macron-President-of-the-Republic.

② "State of the Union 2018: The Hour of European Sovereignty," September 13, 2018, https://ec. europa. eu/commission/sites/beta-political/files/soteu2018-speech_ en_ 0. pdf.

③ "The von der Leyen Commission: For a Union That Strives for More," European Commission, September 10, 2019, https://europa. eu/rapid/press-release_ IP-19-5542_ en. htm.

法国国民联盟要求法国退出欧元区等。①但现在马克龙越来越将欧洲主权用来呼吁欧洲国家摆脱对美国的依赖，与其他大国平起平坐，实现战略自主。欧洲主权的含义已经演进为战略自主。

三 欧盟内部关于"战略自主"的讨论

"战略自主"在欧盟文件中其实很早就出现了。首个包含"战略自主"一词的欧盟官方文件是2013年12月欧洲理事会关于欧盟共同安全和防务政策的决议，决议文件称需要建设"欧洲国防技术和工业基地"，以"增强其战略自主权和与合作伙伴合作的能力"。②但在很长时间内，这个词是个冷门词汇，很少被使用过。直到2016年欧盟在其《欧盟全球战略》中才又再次使用"战略自主"一词，同样也是涉及安全和防务。③

但2017年后，随着英国脱欧、特朗普担任美国总统、中美关系恶化加剧，欧盟开始将"战略自主"当作在动荡的地缘政治环境中捍卫欧洲利益的一种方式。这种情况在2019年达到最高点——上文谈欧洲"战略觉醒"时已经提及。

2020年，新冠疫情又导致欧盟的"战略自主"增加了经济方面的内涵——即增加供应链韧性，防止经济对外过分依赖。逐渐

---

① "Initiative for Europe: Speech by M. Emmanuel Macron, President of the French Republic," Septembre 26, 2017, https://www.diplomatie.gouv.fr/IMG/pdf/english_version_transcript_-_initiative_for_europe_-_speech_by_the_president_of_the_french_republic_cle8de628.pdf.

② European Council, "Conclusions," December 2013, https://data.consilium.europa.eu/doc/document/ST-217-2013-INIT/en/pdf.

③ "Shared Vision, Common Action: A Stronger Europe: A Global Strategy for the European Union's Foreign And Security Policy," June 2016, https://eeas.europa.eu/archives/docs/top_stories/pdf/eugs_review_web.pdf.

地,"战略自主"一词开始涵盖欧盟政策的方方面面,从经济、技术、价值观到外交、防务,不一而足。

同时也出现了许多被认为与"战略自主"实则意义相通的概念,如贸易部门喜欢使用的"开放战略自主权"、技术部门喜欢使用的"技术主权"、外交防务部门喜欢使用的"战略主权"和"行动能力",经济部门喜欢使用的"复原力"等。这也使得"战略自主"的确切含义日益模糊。

欧盟安全研究所(EUISS)于2021年7月发布报告《欧洲主权》,探讨了"战略自主"和"战略主权"的不同含义。一方面,报告认为"战略主权"可能对人们更有吸引力,因为它强调欧盟能做什么,而"自主"则强调独立于其他国家。另一方面,该报告还指出,"主权"在欧盟内部可能不太容易被接受,因为这个词与国家主权有关,而大多数人更认同国家主权而非欧洲主权。该报告还对理解"战略自主"的三种方式进行了区分:欧盟可以为实现特定目的而争取自主,例如在能源需求或食品供应方面;欧盟可以通过提高其能力实现自主,例如实现战略自主所需的欧盟政策、预算或立法;欧盟可以不受某一特定国家的影响来实现自主,例如,通过减少对中国的原材料依赖或对俄罗斯的能源依赖来实现更大的自主性,而在防务方面,以不受美国约束为目标。[①]

关于欧盟战略自主的学术辩论在2021年达到高潮,但2022年第二次乌克兰危机的爆发迫使欧盟面对如何将战略自主付诸实践的难题。欧盟回应危机的一个关键时刻是2022年3月10—11日在巴黎凡尔赛宫召开的峰会,会上通过的《凡尔赛宣言》表明了欧盟抗俄援乌的决心。《凡尔赛宣言》在第七点对"欧洲主权"作了

---

① Daniel Fiott ed., "European Sovereignty: Strategy and Interdependence," July 2021, https://www.iss.europa.eu/sites/default/files/EUISSFiles/CP_169.pdf.

如下的阐述，即"面对日益加剧的不稳定性、战略竞争和安全威胁，我们决定为我们的安全承担更多责任，并采取进一步的决定性措施，建设我们的欧洲主权，减少我们的依赖性，并为2030年设计新的增长和投资模式"。关于防务，《宣言》指出应"在欧盟内部以合作的方式"增加对防务能力的投资，并"刺激成员国对联合项目和联合采购防务能力进行合作投资"。《宣言》还呼吁加强能源独立性和"稳固的经济基础"。欧盟决定逐步消除欧盟对俄罗斯天然气、石油和煤炭的依赖。[1]

两周后，欧盟外交与安全事务高级代表博雷利发表《过渡期的欧洲：乌克兰之后我们的地缘政治觉醒》。文中指出："2022年的乌克兰战争见证了地缘政治欧盟迟到的诞生……但我们需要确保欧盟的地缘政治觉醒转变为更持久的战略姿态。"博雷利似乎认为欧盟的地缘政治觉醒包括许多方面。他提到了欧洲一体化——"欧洲人越来越意识到他们共同面临的威胁以及他们命运的联系程度"。他提到了经济——"乌克兰战争的教训之一是，仅靠经济相互依存并不能保证我们的安全"。他提到了欧盟的对外行动能力——"施加影响、塑造事件而不被事件驱动""不仅要学习权力的语言，还要说出来"。[2]

四　能否结出"战略自主"之果

从目标与实践两方面加以分析，有助于较为准确地把握欧洲战

---

[1] "The Versailles declaration, 10 and 11 March 2022," https://www.consilium.europa.eu/en/press/press-releases/2022/03/11/the-versailles-declaration-10-11032022/pdf/.

[2] Josep Borrell Fontelles, "Europe in the Interregnum: Our Geopolitical Awakening after Ukraine," March 24, 2022, https://www.eeas.europa.eu/eeas/europe-interregnum-our-geopolitical-awakening-after-ukraine_en.

第二编 欧洲安全

略自主。法国总统马克龙是当下欧洲战略自主的积极倡导者和推动者。他倡导的欧洲战略自主究竟具有何种含义？约翰·霍普金斯大学国际问题高级研究院基辛格全球事务中心主任弗朗西斯·加万（Francis J. Gavin）和欧洲政策分析中心总裁兼首席执行官阿林娜·波利亚科娃（Alina Polyakova）认为，对马克龙而言，战略自主意味着欧洲在世界上有自己的地位以及拥有影响世界事务的能力；与法国前总统戴高乐（Charles de Gaulle）类似，马克龙不希望欧洲或者法国沦为一个日益被崛起的中国与美国之间的影响力竞争所定义的世界的无力看客。[1]

欧盟之所以追求战略自主，首先是担心自己在世界大变局中被边缘化。近年来欧洲的政治家们反复强调，欧盟若要避免从"游戏玩家"沦为"游戏场"、从全球竞争舞台的"参与者"沦为"旁观者"，就必须加强自身行动的能力。2022年乌克兰危机爆发标志着传统安全又回到了欧洲政治议程的首要位置。与此同时，欧洲国家重新意识到自身安全还需要依赖美国和北约。瑞典、芬兰等传统中立国家放弃中立地位，申请加入北约。这进一步表明，虽然欧洲一体化走过了70余年的历程，但欧盟仍然缺乏自身防务能力。2022年3月，欧盟外交与安全政策高级代表博雷利在解释欧盟出台《战略指南针》（*Strategic Compass*）的意图时直截了当地指出："我们生活在一个国家间战略竞争日趋激烈和安全威胁错综复杂的时代，强权政治重新抬头。这不是我们欧洲人选择的世界——而是我们面对的世界。在这个竞争日益激烈的世界秩序中，欧盟必须做好准备以捍卫我们的利益和价值观。"

---

[1] Francis J. Gavin and Alina Polyakova, "Macron's Flawed Vision for Europe," *Foreign Affairs*, January 19, 2022, https://www.foreignaffairs.com/articles/europe/2022-01-19/macrons-flawed-vision-europe.

欧洲之所以追求战略自主，还因为它觉得，美国虽然与欧洲联系紧密，但不论谁入主白宫，"美国优先"的政策不会改变，美国战略重心转向印度洋—太平洋地区也不会改变。特朗普政府执政四年，美国奉行单边主义，在不断退出国际多边机制的同时，对北约的态度也明显趋冷。在此背景下，欧洲国家担心美国不愿继续扮演欧洲安全提供者的角色，积极着手加大在防务领域的合作。2021年拜登就任美国总统后，虽然采取了一系列改善与欧洲盟友关系的举措，但是拜登在经济上依然推行"美国优先"政策。这一点通过2022年美国批准的《通胀削减法》可以看得非常清楚。西班牙巴塞罗那国际问题研究所研究员埃娃·迈克尔斯（Eva Michaels）准确地表达了欧洲战略界很多人的想法：虽然北约和美国目前在为欧洲安全提供保障方面处于主导地位，但美国的长期战略重点在印度洋—太平洋地区，2024年11月美国总统大选的结果很可能会削弱北约的力量。现在应当从根本上调整关于战略自主的争论，吸取教训，并作出必要的改变。

欧洲推动战略自主的目标是能够在不依赖其他力量的情况下捍卫自身利益。欧洲传统的自主思想集中在国防和安全上——这主要意味着摆脱对美国的防务依赖。然而，虽然目前欧洲主流战略界所倡导的"战略自主"的核心仍然是军事防务，但已经不限于此，如前文所及还包括诸如经济、能源、技术、产业链等领域的自主。欧洲能否实现战略自主取决于未来能否继续推进欧洲一体化进程，而防务自主又是战略自主的关键所在。若要避免加强防务自主建设沦为空谈，以下工作对于欧盟来说十分重要。

首先，法国与德国的合作至关重要。法国与德国团结，对两个国家都有好处；也只有法国与德国团结，欧盟才能往前走，同时，如果欧盟往前走，那么法国与德国的地位就会上升。

法国是欧洲战略自主的倡导者和推动者,法国总统马克龙在2017年入主爱丽舍宫后便提出重塑欧盟等主张,一直力推欧洲战略自主。德国国内虽对战略自主既有支持也有反对,但总体上还是希望通过与法国合作,扩大欧盟的整体实力以减少对他国的安全依赖。

在第二次乌克兰危机爆发前,法、德在回应俄罗斯要求和安全问题上并未发挥积极作用。当战争一触即发时,它们意识到普京的耐心很可能已经耗尽,便开始采取外交斡旋的手段,但外交手段失败后,随即迅速转而使用制裁手段,特别是欧盟在俄宣布两个"共和国"独立的第二天便第一时间宣布制裁,措施比美国、英国还严厉。对于法、德来说,无论是采取斡旋还是制裁,均与欧盟战略自主具有很大关系。在事关自身安全利益、经济发展、与最重要邻国俄罗斯的关系问题上,欧盟过去的表现被普遍认为过于软弱。因此,法德等欧洲大国不会因这场俄乌冲突而放弃战略自主,反而可能更加认识到战略自主的紧迫性。

其次,欧洲国家必须有意愿持续增加防务开支,而持续增加军费开支对欧洲国家而言并不容易。

再次,各国军费开支能否被高效使用对于欧洲提升防务能力至关重要。欧洲改革中心外交政策主任伊恩·邦德(Ian Bond)认为,欧盟各国防务支出虽占国内生产总值的比例较低,但其总量是俄罗斯的5倍,2019年德国和波兰的防务支出总和超过俄罗斯。因此,他认为,"欧洲的问题不仅在于其防务支出的数额,还在于其支出的低效"。[①] 对于这一点,欧盟外交与安全政策高级代表博雷利并不避讳。他承认,欧盟仅有9%的国防研究和技术开发是在

---

① Ian Bond, "Trump Sounds the Retreat: Can European Defence Advance?" CER, June 26, 2020, https://www.cer.eu/insights/trump-sounds-retreat-can-european-defence-advance.

成员国之间合作进行的,约80%的国防采购仍然在国家范围内进行,由此导致代价高昂的能力重复建设和严重的碎片化、低效等问题。为解决这一问题,博雷利认为,欧盟应该将投资集中于防务能力建设,鼓励成员国联合采购在欧盟层面开发的设备和技术。①

最后,能否处理好与北约特别是美国的关系是欧洲防务自主建设面临的又一挑战。欧洲国家几乎都是北约成员国,处于北约的防务体系之中。欧洲在经济上的体系是欧盟架构,而在防务上则有北约框架。因此,欧洲实现战略自主的前提是处理好与北约、美国的关系。为此法国提出,增强欧盟的防务自主并非意味着欧洲国家要脱离北约,而是希望在北约体系里增强欧洲的力量,从而提高欧洲国家在北约中的地位,成为受美国尊重的伙伴。由此可以看出,欧盟提倡的战略自主并非与美国一刀两断、形成孤立的欧洲,更不是一切只靠欧盟自己的力量,而是与美国维护同盟关系,并与中国等国家保持合作。

---

① Josep Borrell, "European Commission VP: Embrace the EU's 'Strategic Compass'," Defense News, December 6, 2021, https://www.defensenews.com/outlook/2021/12/06/european-commission-vp-embrace-the-eus-strategic-compass/.

第三编 中国与欧盟关系

欧洲一体化从两次世界大战结束后就开始启动，但如前所述，欧洲一体化的扩大与深化是一个渐进的、波浪式的过程。欧洲一体化机构的"主体性""能动性"及其被外部世界的认可也有一个过程。

本编谈中国与欧盟的关系。欧盟是冷战结束后才从欧共体转变而来，为了更全面地了解中国与欧盟的关系，本编各章中也会涉及中国与西欧主要国家及欧盟成立以前欧共体的交往情况。关于中英、中法、中德以及中国与中东欧的双边关系在第四编有专门介绍。

第八章　从建交到全面发展

从新中国成立到20世纪70年代初，中欧关系主要是围绕着建交这一核心问题而展开。新中国成立后同社会主义国家迅速建立了外交关系，但同大多西方国家的建交过程则颇为曲折和漫长。就西欧主要国家而言，大致有以下三种类型：

第一种类型的国家在新中国成立后不久，就宣布承认新政府并较快地建立了外交关系。这些国家主要是北欧国家，包括瑞典、芬兰、丹麦和瑞士。

第二种类型的国家是英国、挪威和荷兰，它们都较早承认了新中国。英国于1950年1月6日承认新中国，是最早承认新中国的西方大国。但这三个国家一方面断绝了同国民党政府的关系，另一方面却在中国在联合国代表权问题上不愿明确表态支持新中国，从而使建交问题被搁置下来。1954年挪威态度明朗后，双方于10月建交。英国和荷兰则由于拒绝改变态度，到1954年只建立了所谓"半外交"关系，即代办级关系。

第三种类型的国家是直到20世纪70年代才承认中国并建交的国家。70年代初，随着中美关系的解冻，西欧国家纷纷掀起了同中国建交的高潮。1970—1972年，同中国建交的西欧国家先后有意大利、奥地利、比利时、冰岛、马耳他、希腊、联邦德国和卢森堡，中英和中荷关系也从代办级升格为大使级，圣马力诺同中国建立了总领事级的外交关系。之后，西班牙在1973年、葡萄牙和爱尔兰在1979年也同中国建立了外交关系。在70年代末，除安道尔、列支敦士登、摩纳哥和梵蒂冈外，中国同其他西欧国家都建立了外交关系。

围绕着建交问题，这一时期中欧关系的主要特点有三个方面。

第一，国际环境对新中国与西欧国家建立和发展关系严重不利。由于当时世界按意识形态分为两大阵营，新中国一诞生就被一些西欧国家自然而然地划到敌对阵营中去了。同样，新中国成立初期采取了"一边倒"的外交战略，在建交问题上，对包括西欧在内的西方国家采取了有别于同社会主义国家的政策。新中国同社会主义国家采取的是不经谈判即建交，而对西欧国家则要经过谈判才建交。

第二，在承认新中国问题上，西欧国家受美国影响较大，缺乏独立性。由于美国当初拒绝承认新中国，大多数西欧国家或出于冷战意识不愿或慑于美国压力不敢与华盛顿唱反调。西德即联邦德国在1964年曾同中国就两国关系问题进行接触，后因美国的阻挠而中止，就是一个典型例子。而当美国对华政策出现解冻后，西欧国家又马上纷纷与中国建交。显然，这一时期绝大多数西欧国家在对华政策上缺乏独立性。而法国之所以于1964年成为第一个同中国建交的西方大国，正是由于戴高乐总统采取了敢于公开对美说"不"的独立自主的外交政策。

第三，在台湾问题上，中国政府坚持原则，不妥协，不迁就，不让步，即使在20世纪60年代两个超级大国都同中国为敌、国际环境严重恶化的情况下也没有动摇。1971年，英国向中国表示愿意撤销它在台北淡水设置的"领事馆"并改变它对中国恢复在联合国合法席位的态度。荷兰在同年第26届联大会议上也投票支持中国恢复代表权。经过谈判,中国同英国和荷兰分别在1972年3月和5月达成了正式建交的协议。中英、中荷长达20余年的马拉松"建交谈判"终告结束。

从20世纪70年代初到80年代末,中国和西欧国家在全面建交之后,进入了全面合作时期。这一时期,中欧关系基本上沿着反对苏联霸权主义和经济合作这两条主线展开,但反霸是第一位的。这主要表现在:首先,面对苏联的威胁,双方高层互访明显增多,政治合作日益加强。20世纪70年代以前,中国同西欧国家的官方来往不多,但双方关系在70年代取得突破性进展后,尤其是在80年代,双方领导人互访十分频繁。大多数西欧国家元首或政府首脑都访问了中国。法国总统蓬皮杜1973年访华,是西欧大国中第一位应邀访华的国家元首。同时,中国领导人也多次访问了西欧国家。通过双方高层领导人的接触和其他形式的政治磋商,中国同西欧主要国家加深了相互之间的了解,并在许多重大国际问题上形成了相同或相似的看法。中欧双方均认为国际形势十分严峻,对来自苏联的战争威胁必须提高警惕;中国支持西欧加强联合、团结自强。1974年邓小平副总理向来访的丹麦首相哈特林表示:"我们高兴地看到,西欧各国人民要求加强联合、团结自强的呼声日益高涨,你们欧洲强大起来,我们是高兴的。"[①]

其次,随着中国改革开放政策的确立,中国把西欧作为对外开放的重点对象之一,经贸合作取得了较大进展。这一时期,中国同西欧国家在经济、贸易、科技、文化、民航、海运等方面签订了

---

① 《当代中国外交》,中国社会科学出版社1988年版,第304页。

欧洲战略问题及中欧关系

一系列的合作协定。中国还先后同欧共体于1978年和1979年签订了贸易协定和纺织品协定。从1980年起,欧共体给予了中国普遍特惠制的待遇。中国同西欧的贸易有了显著的增加,1985年双方的贸易额达到95.75亿美元,比1984年增长40.7%,1986年双方的贸易额达到113.39亿美元,比1985年增长18.4%。1985年中欧签署《贸易与经济合作协定》。1985年中国与欧共体的贸易额达到84.34亿美元,比1984年增长了60.43%。1986年双方贸易额为117.74亿美元,突破百亿元大关,年均增幅近四成。[①] 双方经济技术合作范围进一步扩大,发展到核能、电子、电讯、飞机、汽车、采煤、水电站等各个方面,其中包括一批较大的合作项目,如程序控制全数字电话交换设备、重型卡车技术引进、浮法玻璃生产以及海上石油勘探和开发、宝钢热轧设备等。科技和财政合作也取得了一些进展。

这一时期,中欧关系有以下三个方面的突出特点。

第一,政治和安全利益成为双方关系最重要的基础。进入20世纪70年代,苏联成为中国安全的主要威胁,反对苏联霸权主义自然也成为中国外交战略的首要目标。西欧在整个冷战期间则一直受到来自苏联的威胁,因此将中国视为制衡和牵制苏联的重要力量。显然,为了对付共同的威胁(西欧人称之为"共同的邻居"),中国与欧洲之间地理上的距离被缩短了。到70年代后期,西方甚至有人将中国称为"北约的第16个成员国"。[②] 总之,共同的安全战略利益为中欧关系的全面发展提供了重要的基础。

第二,中国从战略高度重视西欧,推动了双方关系向前发展。

[①] 熊性美、沈瑶:《中国—欧盟贸易关系回顾与前瞻》,《世界经济》1995年第8期。
[②] [美]戴维·香博:《中国与欧洲:从派生性关系向独立关系的发展》,载宋新宁、张小劲主编《走向二十一世纪的中国与欧洲》,香港社会科学出版社1997年版,第34页。

在毛泽东著名的"两个中间地带"和"三个世界"的战略思想中，西欧被看作维护世界和平的重要力量。正是从反霸、建立国际统一战线的战略高度出发，中国不仅积极主动地发展同西欧国家的关系，而且旗帜鲜明地支持西欧走联合自强的道路。1975年邓小平对来访的法国总统德斯坦和联邦德国总理施密特说："欧洲人民可以相信，在他们维护独立和加强联合的事业中，总是能够得到中国人民的支持的。"[①]

第三，中欧关系开始出现"双轨制"。在20世纪70年代，中国不但同许多西欧国家建立了外交关系，而且于1975年同欧洲经济共同体（EEC）也建立了正式关系。中国与欧共体建交同样也是中美关系解冻的一个间接结果。1983年中国又同欧洲煤钢共同体和欧洲原子能共同体建立了关系，从而使中国同欧洲经济共同体的关系扩大到整个欧共体。从此，中欧关系除了包括中国同欧共体各个成员国的双边关系外，还增加了同欧共体这个超国家机构包括欧共体委员会、欧洲议会的关系。1978年，欧洲经济共同体与中国签署了第一个贸易协定；1979年双方签订了贸易协定和纺织品协定。从1980年起，欧共体给予了中国普遍特惠制的待遇。1985年，中国与欧共体签署《贸易与经济合作协定》（TECA），该协定成为双边关系的基石。

---

① 《当代中国外交》，中国社会科学出版社1988年版，第304—305页。

第九章 从低谷走向"蜜月"

1989年中国发生政治风波后,欧共体与其他西方国家共同对中国实施制裁,双方关系出现严重倒退。但从1992年开始,西欧国家逐步调整对华政策,中欧关系开始走出低谷。从1993年开始,意大利、西班牙、奥地利、德国、法国、葡萄牙、芬兰等国领导人相继访问了中国。1994年年底,欧盟正式取消针对1989年中国发生"政治风波"时的最后两条对华限制措施,允许国家元首互访和军事往来。另外,欧洲企业的目光纷纷对准中国,众多跨国公司争先恐后地大步挺进中国市场。1994年,在德国担任欧盟轮值主席国期间,欧盟发布《走向亚洲新战略》,为欧盟同中国关系的全面发展打下了重要的基础。

20世纪90年代中期以来,中欧关系发展迅速,走在了中国同其他西方大国关系的前面。1995年7月5日,欧盟委员会公布了欧盟有史以来第一个全面对华政策文件《中欧关系长期政策》。在中美关系紧张时期,欧盟的这一本来就引人注目的举动变得更为引人注目。舆论一致认为,欧盟新的对华政策是今后双方长期合作的重要基石,它的实施将对冷战后国际政治格局的形成产生重大影响。中国同欧盟及其成员国的关系进入了建立"长期稳定的建设性伙伴关系"时期。这一时期,中欧关系发展的主题是明确和扩展相互之间的共同利益,谋求双方各个方面关系的"长期化"和"稳定化",并"在稳定中求发展"。1998年1—4月,欧盟在对华政策上相继作出四个重大决定,每个月都有一项突破。1998年1月,欧盟外长开会一致同意在第二届亚欧会议期间同中国领导人举行首次首脑会晤。2月,欧盟决定在当年联合国人权会议上,无论作为整体,还是单个成员国都将不再提出也不再支持谴责中国人权纪录的决议案。3月,欧盟委员会通过了题为《同中国建立全面伙伴关系》的政策文件,提出要把欧盟同中国的关系提升到与美国、日本、俄罗斯等大国平行的水平。4月2日,欧盟轮值主席国英国首相布莱尔、欧盟委员会主席桑特同朱镕基总理在伦敦举行了首届中欧领导人会晤。会后发表了《中国—欧盟领导人会晤联合声明》,双方表示将共同致力于建立长期稳定的建设性伙伴关系。

2003年,在美国绕开联合国决意出兵伊拉克的背景下,欧盟决定与支持"多边主义"和支持"多极化"的中国建立全面战略伙伴关系。同年10月13日,中国发表了《中国对欧盟政策文件》。这是中国政府发表的首份对欧盟政策文件,也是新中国成立以来中国官方发表的首份对外政策文件。中欧关系可谓是达到了冷战结束后的高潮。

这一阶段的中欧关系有以下三大特点。

第一,中欧经贸关系迅速发展,经济利益成为推动中欧关系发展的强劲动力。

苏联解体之后,中欧关系发展的基础曾发生动摇。但随着中国改革开放的日益深入与经济的持续高速发展,中国市场对西欧国家的吸引力与日俱增。意大利、西班牙、德国等国率先改善对华关系,并带动了其他国家。1990年11月,西班牙外长奥多涅斯访问中国，成为欧共体解除同中国高层接触禁令后访华的第一个西欧国家的部长。英国首相梅杰和意大利总理安德雷奥蒂分别于1991年9月和10月访问了中国，成为中国"政治风波"后西欧国家中最早访华的政府首脑。英国外交国务大臣德里克·法切特认为，中国市场改革的深入为英国出口企业和投资者提供了越来越多的拓展机会，英国政府将最大限度地把握这些机会，把英中伙伴关系牢牢建立在长期互利的经贸利益基础之上。英国政府的这一想法代表了欧盟各国在对华关系上的基本立场。在20世纪90年代，欧盟各国政府要人访华无一例外地率领众多的企业领导人，将出访变成帮助本国企业在华考察项目和签订合同的机会。欧盟委员会及各成员国驻华使团也纷纷转变"职能"，利用一切机会为欧洲产品寻找市场。

经过1990年和1991年两年下降之后，双方贸易呈逐年稳步增长趋势。1995年，欧盟15国同中国的贸易额首次突破400亿美元大关，1997年达到430亿美元，比1990年翻了三番。截至1998年，欧盟在华投资项目已达8000多个，实际投资金额115亿美元，在来华投资的国家和地区中名列第五。1998年4月，欧盟宣布不再将中国列入"非市场经济国家"。欧盟企业打入中国市场，既可以带动各成员国经济的增长，提高欧洲产品同美国和日本的竞争力，也有助于缓解令绝大多数欧盟国家政府一直头疼的高失业率问题。20世纪90年代欧盟失业人口达到1800万，占全部劳动力的10%以上。其中，法国和德国两国的失业率相当于美国的两倍，达到了战后的最高水平。时任法国总理朱佩曾指出，法国失业问题的解决将取决于法国产品在中国以及其他亚洲新兴市场的占有情况。[①]

[①] 冯仲平：《当前欧盟对华政策的四大特性》，《现代国际关系》1998年第5期；冯仲平：《50年的中欧关系及其特点》，《现代国际关系》1999年第10期。

第二，中欧政治关系趋于稳定和成熟，双方均能从战略高度看待彼此。

中国 1989 年发生"政治风波"之后，中欧高层来往曾一度中断。欧共体虽于 1990 年 10 月集体作出恢复同中国接触的决定，但双方当时在政治上的摩擦仍然不断。英国虽因香港新机场问题同中国较早恢复了接触，但在香港政权交接问题上同中国发生了激烈的争吵，导致双方关系再度滑坡。中法关系由于法国于 1992 年向中国台湾地区出售战斗机也变得十分紧张。随着欧盟对华政策的逐步调整，20 世纪 90 年代中期以来，双方政治关系从总体上得到了改善。首先，在欧盟的提议下，中欧高层会晤实现了制度化。1998 年 4 月 2 日，欧盟轮值主席国英国首相布莱尔、欧盟委员会主席桑特同朱镕基总理在伦敦举行了首届中欧领导人会晤。会后发表了《中国—欧盟领导人会晤联合声明》，双方表示将共同致力于建立"面向 21 世纪的长期稳定的建设性伙伴关系"。随着欧盟对华政策的深入调整，20 世纪 90 年代中期以来，中国同欧盟成员国的双边高层互访更是十分频繁。中欧高层会晤的增多和制度化，加深了相互间对一些重大国际和地区问题态度的了解和理解。其次，中国同法、英等西欧大国以及欧盟机构在重大国际事务中的合作意愿显著增强。随着中国国际地位的不断提高，欧盟主要国家均表达了同中国加强在国际舞台上合作的愿望。1999 年北约轰炸南联盟期间，法国和欧盟分别派特使就有关情况向中国作了通报。再次，在人权等敏感问题上，尽管中欧之间仍存在相当大的分歧，欧盟基本上放弃了中国发生"政治风波"以来对中国实施的"以压促变"的强硬政策，提出"以对话代替对抗"，彼此公开摩擦明显减少。1997 年欧盟放弃了以集体名义在联合国人权委员会年会上提出中国人权状况提案的做法。在双边关系中，欧方淡化政治敏感问题，努力为经贸合作创造良好氛围。最后，欧盟同中国建立起多层次、多级别、多领域的政治对话机制。双方就联合国改革、军备控制、打击犯罪、保护环境等地区及全球性问题的讨论日渐增多，在重大国际事务中的合作愈益密切。以上情况表明，欧盟对华政策的务实性已明显增大。

冷战结束后，中欧在关于世界格局等问题上持有相同或相近的看法，双方均支持世界朝着多极化方向发展。中国认为，欧盟正在实现由"经济一极"向"政治一极"的飞跃，随着"东扩"进程的完成以及欧盟自身防务的建设，欧盟在世界经济和政治事务中将发挥更大的作用。加强对欧关系，不仅有利于推动世界多极化发展，而且可以增大中国外交的回旋余地，从而进一步改善中国的外部环境。

欧盟也同样调整了对中国的定位。1995年，欧盟公布并通过了具有历史意义的《中欧关系长期政策》报告，这既是欧盟及其前身欧共体有史以来制定的第一个比较全面的对华政策文件，也是欧盟从战略高度调整对华政策、将中国置于优先位置的重要标志。欧盟认为，20世纪90年代初，欧洲对中国实施了制裁，使得双边关系受到严重影响。现在是重新确定与中国关系的时候了。文件明确指出，"欧盟必须发展起能够与中国在世界以及地区范围内的经济和政治影响力相适应的长期关系"，将对华关系作为欧盟对外关系的"一块基石"。在1998年3月公布的对华政策文件中，欧盟委员会再次提出"把中国当作世界伙伴同其全面接触"，"将欧盟同中国的关系提升到欧盟与美国、日本和俄罗斯等量齐观的地位"。作为"提升并充实欧盟与中国关系"的第一步，1998年年初欧盟外长在布鲁塞尔开会，一致同意欧中之间也应同欧盟与美国、日本和俄罗斯一样，建立起首脑定期会晤制度。这个观点在欧盟1998年6月通过的《与中国建立全面伙伴关系》文件中得到了体现。

欧盟加强对华关系并非权宜之计，是欧盟及其成员国经过充分酝酿和讨论之后作出的战略决定。其出发点和核心思想是着眼于未来，力图建立起与21世纪相适应的、与中国在未来世界的地位相适应的对华关系。正因为如此，欧盟在其公布的一系列对华政策文件中，特别强调"发展欧中关系必须是（欧盟的）长期目标"。此外，欧盟对华政策涵盖面很广，包括政治、经济、科技、社会、环境及文化等各个领域，这也充分反映了欧盟对华政策的战略性。

欧盟从战略高度调整对华政策既反映了欧盟外交的务实性，也与其跨世纪发展战略目标有着重要的关系。欧盟跨世纪发展战略是：大力推动一体化建设向深度和广度发展，力争在21世纪多极化世界中成为强有力的一极，在国际舞台上发挥更大的作用。为了实现这一目标，欧盟采取了内外"两手抓"的办法，即在积极实施统一货币和东扩计划的同时，大力加强同世界主要大国的关系，以此扩大其在国际事务中的影响。此外，美、俄、日等大国与中国关系的改善和发展也推动了欧盟对华政策的深入调整。1997年中国国家主席江泽民访美后，美国对华态度和政策发生了积极的变化。中美关系的改善和发展打消了欧盟发展对华关系的顾虑，从而更加坚定了它与中国建立和发展战略伙伴关系的决心。

欧盟加强对华关系也与其自信心增大有直接关系。随着欧盟一体化的不断加深和扩展，特别是统一货币的成功启动，欧盟在国际舞台上的自信心增大，独立意识也随之增强。基辛格对此撰文感叹，美国若想制服中国，不仅不会得到其他国家的支持，而且欧盟极有可能寻求取代美国在亚洲的经济地位。与此同时，欧盟认为，在当今全球化日益发展的世界，如何适应中国新兴的经济力量及政治影响,迅速而全面地将中国纳入国际社会,是欧盟及其他国家在21世纪面临的重大课题。由于中国与欧盟不存在根本利害冲突,在帮助中国融入国际社会的过程中,欧盟可以起到美国以及其他西方大国所不能起的特殊作用。基于上述考虑,欧盟在对华政策上与美国拉开了一定的距离。这一点在日内瓦联合国人权年会上表现得十分明显。

第三,中欧关系与欧洲一体化开始交织影响。

欧盟由于成员国较多,各国在国际事务中的利益和兴趣并不相同,而每个成员国在欧盟对外政策上又拥有否决权,因而在多数情况下还难以真正做到对外"用一个声音说话"。欧盟在发展对华关系上也经历了一个由不平衡到平衡、由不统一到统一的过程。所谓不平衡表现为:"大热小冷"和"南热北冷",即大国发展对华关系的积极性普遍高于小国,南欧国家与中国的关系普遍好于北欧国家。造成这一情况的原因很多,比如,一些小国更多地关心本国和本地区的事务,对国际事务缺乏兴趣。但主要的原因是欧盟内部在如何对待中国的崛起及人权等问题上曾一直存在着较大的分歧。20世纪90年代以来,欧盟内部掀起了一场如何对待中国崛起的大辩论。伦敦国际战略研究所(IISS)西格尔称,21世纪最重要的战略挑战莫过于如何对待中国的崛起。法国《世界报》认为,欧洲国家对中国崛起普遍存在矛盾和恐惧心理。英国《经济学家》主张对中国应采取"经济上接触""战略上遏制"的政策。德国前外长汉斯—迪特里希·根舍(Hans-Dtetrich Genscher)则呼吁欧洲不仅应将中国视为经济伙伴,而且还应将它作为一个政治伙伴。① 在此背景下,1995年7月5日欧盟委员会推出的《中

---

① 冯仲平:《50年的中欧关系及其特点》,《现代国际关系》1999年第10期。

欧关系长期政策》文件,对当时人们最关心的两个问题,即如何看待中国的崛起以及应采取何种态度对待这一变化作了明确而又积极的回答。该报告的发表可以说是欧盟作为一个整体对迅速崛起的中国作出的第一个正式反应。报告指出,中国日益增强的经济、政治和军事实力正使它在世界政治中发挥着前所未有的重要作用,"这是一个积极的发展"。"中国的崛起给中国和世界带来了机会和挑战,鼓励并保持中国当前的经济与社会改革进程符合欧洲的利益。"同年12月欧盟外长会议审议并批准了该报告。《审议结论》指出:"中国正在进行的前所未有的发展表明,它不久将成为政治、军事和经济上的世界强国。因此,同中国建立一种同其在世界和地区的现实和潜在的影响相称的关系,是欧洲的优先考虑。"《中欧关系长期政策》文件的提出和批准具有十分重要的意义。它标志着欧盟成员国在同崛起的中国保持何种关系的问题上已达成共识。

在较长的一段时间内,欧盟成员国在人权问题上的对华态度也不尽一致。有些国家主张应放弃"对抗"立场,通过"对话"解决彼此间的分歧。有些国家则坚持按照西方标准来衡量中国,要求在人权问题上继续对中国采取强硬态度。1997年3月在日内瓦联合国人权委员会年会上,欧盟内部的分歧首次公开化。法国、德国、意大利、西班牙及希腊等国公开宣布不支持提出反对中国的决议案,但其他欧盟国家的态度没有改变,并由丹麦出面再次提出了谴责中国人权状况的提案。1998年1月26日,欧盟外长会议通过了一项有关中国的决议,与会者一致表示"应努力在今年日内瓦会议之前达成一致立场"。引人注目的是,同一天,丹麦外交大臣彼得森宣布,在3月召开的联合国人权大会上丹麦将不会提出批评中国的新提案。丹麦态度的转变表明欧盟在中国人权问题上的立场开始趋于一致。2月23日,欧盟外长一致决定将放弃在人权问题上同中国对抗的政策。欧盟的这一集体决定产生了极其重要的影响。不久,美国宣布将不在1998年的人权会议上提出谴责中国的提案。

  法、德等大国在欧盟对外政策的制定和实施中起着举足轻重的作用。法、德两国不仅是欧洲联合的"发动机",而且在欧盟外交方面也十分积极。1997年,正是由于法国带头,德、意等国响应,才迫使欧盟放弃了多年来一直以集体名义在联合国人权会议上提出谴责中国人权状况提案的做法。在加强对华关系上,法、德等国政府也发挥了领头羊的作用。1997年法国总统希拉克访华,两国宣布建立"全面伙伴关系",对中欧新型伙伴关系的建立产生了积极的推动作用。

  随着时间的推移,欧盟有意识地要在与中国打交道时提升自己的主体性。1999年11月,中国与美国就中国加入世贸组织达成双边协议之后,欧盟成了尚未与中国达成贸易协议的最重要的世贸组织成员。中欧之间的谈判也随之成为国内外媒体关注的焦点。对于多数中国人来说,同美国达成协议,即意味着中国入世已基本大功告成。然而,出乎人们意料的是,在2000年,中国同欧盟的谈判却进行得十分艰难。不知情者也许会惊讶地问,中欧谈判为何如此艰难?知情者则埋怨,欧盟要价比美国还高。当中国人觉得不可思议的时候,欧洲人觉得这很正常。中美谈判的成果只涵盖了欧盟要与中国谈判的80%的内容,还有20%的议题需要欧盟自己来谈。欧盟认为它在电信业以及保险业领域居世界领先水平,因此要求中国在这些领域作出比对美国更大的让步。另外,欧盟还希望中国降低对欧洲的一些重要产品,如酒类、化妆品、工业设备、高档消费品的进口关税。而且，欧盟成员国往往还有自己的具体要求。如英国要求降低杜松子酒的进口关税，法国要求降低化妆品的进口关税，意大利则要求降低皮革产品的进口关税。还有一个原因是，欧盟认定自己没有得到中国的重视，对此耿耿于怀。法国《论坛报》曾抱怨，中国把争取同美国签署协议当作工作重点，中国方面认为同欧盟达成协议只是一个简单的行政程序问题。中欧谈判开始之后，欧盟不断放出风来，说它没有时间的压力，不会仓促达成协议。一方面也许它确实预料到了谈判的困难，但另一方面，欧盟显然希望借此"难得机会"向中方传递一个信息，即欧盟也是重要的。

随着2003年推出首份《中国对欧盟政策文件》，中国改变了以往在中欧关系中只重视与法国、德国及英国等国的双边关系，而不重视与欧共体和欧盟关系的情况。中国虽然1975年与欧共体建立了正式的外交关系，是最早与欧共体建交的社会主义国家之一。但长期以来，将欧盟整体和欧盟成员国相比，中国更重视和强调与后者的双边关系。《中国对欧盟政策文件》强调了中国对欧盟的重要性的认识，指出欧盟是世界上一支重要力量，它的诞生和发展是第二次世界大战之后具有深远影响的事件。文件认为，尽管欧盟的发展仍面临诸多困难和挑战，但其一体化进程已不可逆转，未来欧盟将在地区和国际事务中发挥越来越重要的作用。该文件的发表表明，中国不仅提升了对欧盟的重视程度，而且欧盟也不再仅仅被视为一个经济和贸易伙伴，其在政治和安全等领域的作用也日益受到重视。中国对欧盟的认识也不再仅限于硬实力"要素"，欧盟的软实力如对中东欧地区的影响力、在世贸组织以及其他多边组织中的作用也日益受到人们的重视。此外，过去中国对欧盟及其成员国关系往往受第三者因素的

欧洲战略问题及中欧关系

影响，现在这一情况也正在改变，越来越多的人注意到欧盟本身的重要性。换句话说，现在中国发展和提升对欧盟关系并非针对第三方。

第十章 "婚姻"：摩擦与互助

2003年中国和欧盟宣布建立全面战略伙伴关系之后，中国和欧盟及其成员国的全面合作步入了快车道。中国和欧盟建立了年度领导人会晤机制，这一机制一直延续到今天。与此同时，2004—2019年，在长达15年的时间里，欧盟一直是中国的第一大贸易伙伴，而中国则是欧盟的第二大贸易伙伴。2004年，欧盟委员会主席、意大利前总理罗马诺·普罗迪（Romano Prodi）访华时曾这样评价中欧关系，他说，中欧建立全面战略伙伴关系即便不是结婚，至少是双方郑重的订婚。

如果说2003年中欧建立战略伙伴关系就像缔结了婚约，那么中欧在婚后就迅速尝到了婚姻中磕碰的滋味。在2003年后的十几年间，中欧关系一方面是日益紧密——真正是你中有我、我中有你，但另一方面也暴露了许多问题。到2009年左右，不少学者开始讨论中欧应该如何处理它们的战略伙伴关系，甚至质疑中欧是不是战略伙伴关系。[①] 不过，2009年欧洲主权债务危机爆发后，中

[①] 如：Jonathan Holslag, "The Elusive Axis: Evaluating the EU-China Strategic Partnership," *BICCS Asian Paper*, Vol. 4, No. 8, 2009; Mingjiang Li, "China-EU Relations: Strategic Partnership at a Crossroads," *China: An International Journal*, Vol. 7, No. 2, September 2009, pp. 227-254; Pradeep Taneja, "China-Europe Relations: The Limits of Strategic Partnership," *International Politics*, No. 47, 2010, pp. 371-387。

国积极救助欧洲，务实合作成为中欧关系的主旋律，中欧关系在此后四五年间发展成为全球最好的双边关系之一。

一 婚姻中的"第三者"

2003年中欧建立战略伙伴关系，中国希望这个关系有助于结束欧盟对华武器禁运——这是1989年中欧关系处于低谷时欧盟采取的措施。然而，欧盟不仅没有像人们先前所预测的那样在2005年6月作出取消对华武器禁运的决定，而且迄今都没有解决。

中国在2003年首次正式向欧盟提出了这一要求，2004年欧盟基本上同意在2005年6月解除这一禁令。双方虽也有一些军事方面的考虑，但主要还是从政治角度来看待禁令解除的。中方认为，禁止军售反映了欧盟对中国的"政治歧视"。而欧方之所以准备解禁则主要是考虑到这一决定与中欧关系现状不相符。同时，欧盟意识到不能将它与中国的关系同它与其他几个禁售国家如缅甸、津巴布韦相提并论。显然，这也是从政治角度来考虑问题的。在对华武器解禁问题上，欧盟内部一直有不同的声音。例如丹麦、瑞典等北欧国家的态度并不积极，但在中国以及法、德等国的推动下，支持解禁的声音在2003年后逐渐在欧盟中占据上风。由于担心成为中欧关系的拖后腿者，英国等一些所谓中立国的态度也发生了积极的变化。英国时任首相布莱尔在2004年年底专门给中国国家主席胡锦涛打电话，表示英国站在支持解禁国家的一边。在此形势下，2004年12月8日，欧方在第七次中欧领导人会晤上，向中方发出了"积极的信号"。在此后不久举行的欧盟峰会上，欧洲领导人不仅重申了解禁承诺，而且暗示将在2005年6月正式作出这一决定。与此同时，欧盟加快了制订一项新的武器出口行为规则的步伐,以保证取消对华军售禁令后,不会有先进武器销往中国。

然而,2005年以来美国对欧盟解禁的反对不断升级。国务卿赖斯、布什总统在年初访欧期间,分别明确表示反对欧洲取消对华武器禁令。在布什访欧之前,美国国会通过了一项言辞激烈的反对欧盟解禁的决议,威胁如果欧洲不顾美国反对,执意取消对华禁令,国会将要求政府终止与欧洲的军事合作。2005年3月,中国全国人大通过针对"台独"势力的《反分裂国家法》后,美国找到了新的反对欧盟解禁的借口。赖斯在其东亚之行中指责欧盟计划解除对华军售禁令是在向中国发出"错误的信息"。2005年3月17日,美国参议院通过决议案称,如果欧盟解除对华军售禁令,将影响大西洋两岸防务合作。同日,美国《国际先驱论坛报》发表文章认为,在美欧之间的许多政策分歧上,美国人自己也存在分歧,但在对华军售问题上,美国朝野是一致的。在此之前,欧盟国家并非没有想到"解禁"会遭美国反对。事实上,在3月中旬欧盟还专门派出特使赴华盛顿解释其立场,做美国政府和国会的工作。欧盟原本以为它可以使美国相信,通过提高透明度等手段,新制订的武器出口行为规则将会使得解禁后欧盟对华军售更难了,而不是更容易了。但欧盟特使、意大利籍的欧盟高级外交官安娜丽斯·詹内拉到华盛顿后很快就发现,美国人根本不相信这一没有法律约束力的行为规则会像欧洲人说的那样起到阻止武器出口到中国的作用。

然而,这只是美欧分歧的表面现象。解禁之争表明,美国的对华政策与法、德等欧洲国家存在着较大的差异。美国对华政策一贯是接触加遏制,武器禁运是其对华政策中遏制部分的具体体现。而多数欧洲国家对遏制中国的想法不以为然。《华盛顿观察》周刊

2005年2月2日一期刊登文章，援引华盛顿战略与国际研究中心（CSIS）欧洲项目主任罗宾·尼布利特（Robin Niblett）（之后曾担任英国皇家国际事务研究所所长）的话说，"欧洲同美国关于中国问题争吵的起点是在（世界多极化）这个战略观点上的完全分歧"。尼布利特认为，当美国还在猜测欧洲是否同中国沆瀣一气，支持世界多极化的时候，绝大部分的欧洲国家都已经理所应当地认为，世界多极化已经是一个现实，而非目标，中国是多极化世界的一部分，因此全面"接触"中国变成顺理成章的政策选择。时任德国总理施罗德在欧洲议会4月13日通过要求维持对华武器禁令决议后，在德国联邦议院的讲话印证了尼布利特的看法。他说，中国已成为一个"巨大的政治与经济力量"，与这样一个国家保持密切伙伴关系是我的使命，相反，任何孤立的尝试都是错误的。美国也许无法改变法、德的立场，但它可以通过其他国家来施加影响。欧盟唯一的选择似乎只有等待。这也正是2005年4月16日结束的欧盟外长非正式会议所告诉人们的。

二 经济合作中的摩擦

除了美国的牵绊，中欧之间也开始出现经济竞争与摩擦，这在2006年、2007年时已经比较明显了。

第一，欧盟将中国既视为合作伙伴又看作竞争对手。一方面，欧盟成员国继续看好中国经济，推动中国市场进一步开放，扩大其工业、金融、服务业等优势行业的在华市场比重；看重中国日益增大的国际影响力，视中国为解决国际热点问题和新型全球威胁的不可或缺的力量。2004年，随着欧盟扩大，其成员由15个增至25个，欧盟首次成为中国最大的贸易伙伴；2007年，欧盟又成为中国最大的出口市场。与此同时，中国则成为欧盟除美国之外的全球第二大出口市场。另一方面，欧洲国家普遍认为中国已不再是发展中国家。与几年前相比，欧洲国家已不再将中国只看作能够给欧洲带来机遇的市场，同时也看作对欧洲利益构成挑战甚至威胁的竞争者。在其通过的一份亚洲政策文件中，德国总理默克尔领导的基督教民主联盟（简称"基民盟"）明确指出，崛起的中国在能源、非洲和外贸等领域已逐渐成为西方的竞争对手。2007年12月，第二届欧非峰会在葡萄牙首都里斯本举行。国际上多数媒体认为，欧盟在相隔7年之后举行此次峰会，其中一个很重要的考虑就是为了平衡中国在非洲日益增大的影响力，以巩固和维护欧洲国家本身在非洲的利益。日本《读卖新闻》指出，虽然英国首相戈登·布朗（Gordon Brown）因与会的某些非洲国家存在人权问题而抵制会议，但会议还是开幕了。欧盟之所以态度如此坚决，是为了牵制和非洲合作日益紧密的中国。

第二，欧盟对中欧经贸关系中出现问题的态度趋于强硬。2006年10月24日，欧盟委员会发表了首份对华贸易与投资文件《竞争与伙伴关系——欧中贸易与投资政策文件》，标志着欧盟对华经贸立场转趋强硬。该文件要求中国进一步开放市场，实行"公平贸易"；并称欧盟将应对来自中国的竞争性挑战作为其"贸易政策所面临的最大挑战"。欧盟贸易委员彼德·曼德尔森（Peter Mandelson）公开称，欧盟与中国的关系处于"十字路口"：中国必须很快采取措施，解决出口空前增加的问题。他将欧盟对华不断扩大的贸易逆差称为"由政策设置的定时炸弹"。之后，欧盟多次威胁将对中国对欧盟出口的钢铁采取征收反倾销税措施。2007年10月，欧洲钢铁联盟向欧盟委员会提起反倾销立案申请，声称2007年中国对欧盟的钢铁产品出口额比2006年翻了一番，达到10亿欧元，在160亿欧元的欧洲市场份额中占了相当一部分。

在这种情况下，欧美开始寻求联手应对中国经济崛起的影响。2007年年初，在对包括中国在内的亚洲一些国家进行为期一周的访问后，数名美欧外交政策分析家和前官员认为，美国与欧洲虽然在一些重大国际问题上存在矛盾，但这些矛盾近期有弥合的趋势，相比之下，它们与中国的矛盾却正在加深。他们得出的结论是，为维持欧美伙伴关系提供黏合剂的或许不再是遏制俄罗斯，而应该是在对中国接触中的美欧共同利益。在一份长达4页的致欧盟委员会主席巴罗佐的公开信中，欧盟贸易委员曼德尔森公开呼吁欧盟与华盛顿加强政策协调，"一道对北京采取更加强硬的反击行动"。更值得关注的是，"应对中国挑战"成为2007年11月9日在华盛顿举行的"跨大西洋经济委员会"首次会议的中心议题。参加此次会议的欧方代表欧盟委员会副主席费尔霍伊根（Verheugen）明确强调，美国和欧盟联合起来，而不是像以往那样单独行事，将能"更有效地说服中国"遵守国际贸易规则。针对中欧经贸关系中存在的问题，中欧领导人在2007年11月28日举行的会晤中决定将成立副总理级的中欧经贸高层对话机制。双方还决定由中国人民银行和欧洲中央银行组成工作小组处理有关问题。这是中欧朝着积极解决双方日益突出的经贸问题迈出的重要一步。

三　从"无条件接触"到"利益置换"

大概从2005年、2006年起，欧洲从具有影响力的智库、媒体，到欧盟机构和成员国政府，都积极参与了关于对华政策的讨论，这个讨论一直延续到金融危机之后。大概到21世纪的第二个十年，欧洲在对中国的定位问题上形成了一些新的共识。

首先，如何看待中国的发展中国家身份？尽管中国坚持自己为发展中国家，但越来越多的欧盟成员国不再视中国为传统意义上的发展中国家。以英国和德国为例。2010年，英国负责对外援助的国际开发事务大臣安德鲁·米切尔公开称，继续向世界第二大经济体中国提供援助"没有道理"，英国政府决定停止对华所有援助。不仅如此，英国还要求欧盟重新考虑对中国等新兴大国提供援助的做法。① 在德国，各政党也纷纷要求政府取消对华发展援助。2007年德国联邦合作与发展部长海德玛丽·维乔雷克—措伊尔曾专门在一份政府公报中宣称，德国对华发展援助重点已经转移到环境保护等方面，而不再是"帮助中国发展经济"。②

其次，如何看待中国的国际地位？欧盟在1995年发表首份对华政策文件，决定与中国建立积极的"长期关系"时，尽管强调了中国的崛起为第二次世界大战结束以来史无前例，但考虑的主要还是中国的地区影响力。当时欧盟对华政策也只是作为欧盟对亚新战略的一个重要组成部分来确定的。现在，欧盟及其成员国已普遍将中国作为具有全球影响力的新兴大国，并强调没有中国的参与，任何全球问题都不可能得到有效解决。2009年，英国外交部有史以来第一次公开发表了一份对华政策报告。该报告开门见山地指出，"中国成为一支全球性经济和政治力量是当今时代最重要的一个变化"，"与中国合作对于全球消除贫困、解决冲突和采取有效措施遏制气候变暖是必不可少

---

① Larry Elliot, "UK Terminates Development Aid to China and Russia," *The Guardian*, June 16, 2010, http://www.guardian.co.uk/society/2010/jun/16/development-aid-uk-china-russia.

② 《德国政要再次提出取消对华发展援助》，德国之声中文网，2007年7月28日，http://www.dw-world.de/dw/article/0,2709344,00.html.

的"。这份报告还认为，中国与美国和欧盟的关系将决定未来十年世界发展方向。①

再次，西方意识形态还能否影响中国？欧洲一直希望能够影响中国实现经济自由化和政治民主化。然而，随着中国经济和政治实力的不断壮大，欧洲分析家们发现西方已经越来越难以影响或"塑造"中国了。欧洲著名智库欧洲对外关系委员会2009年发表的一份颇有影响力的研究报告指出，欧洲人一直希望能够影响中国的发展方向，但"中国的内外政策却向着另一个方向发展，非但对欧洲价值观不屑一顾，反而不断与之对抗，甚至对其产生破坏作用"。② 谷歌"退出风波"、中国处决英国毒贩阿克毛等事件发生后，欧盟舆论对中国大肆指责，认为中国经济在发展，政治却在倒退。伦敦智库欧洲改革中心（CER）主任查尔斯·格兰特（Charles Grant）撰文指出，西方对中国的发展走向存在乐观派和悲观派两种意见，尽管迄今为止乐观派占据上风，认为中国越发展就会越西化，但近两年中国的政策似乎更印证了悲观派的看法，即中国的崛起将导致中国政治上更专制，经济上不再欢迎外国投资，外交上不愿与西方妥协。③

最后，欧盟对中国的新认识还涉及一个对欧盟来说也许是最重要的问题，即中国的发展对欧洲将产生何种影响？这一问题在欧洲

---

① "The UK and China: A Framework for Engagement," Foreign and Commonwealth Office of the UK, January 2009, http://www.fco.gov.uk/resources/en/pdf/4103709/5476465/5550005/uk-and-china.

② John Fox and Francois Godement, "A Power Audit of EU-China Relations," European Council on Foreign Relations (ECFR), April 17, 2009, http://ecfr.eu/page/-/documents/A_Power_Audit_of_EU_China_Relations.pdf.

③ Charles Grant, "China's Peaceful Rise Turns Prickly," January 22, 2010, http://centreforeuropeanreform.blogspot.com/2010/01/chinas-peaceful-rise-turns-prickly.html; Charles Grant, "How Should Europe Respond to China's Strident Rise?" CER Bulletin, Issue 70, February/March 2010, http://www.cer.org.uk/articles/70_grant.html.

争论十分激烈。20世纪90年代中期,中国的发展在欧洲普遍被视为对欧洲具有积极意义。但从2005年开始,欧洲国家出现了越来越多的"中国威胁论"声音。持这种观点的人认为,中国的发展抢走了欧洲人的饭碗、市场及资源。与"中国威胁论"相伴而生的是"中国竞争论",这一看法实际上反映了欧盟官方的立场。正如前面提及的,欧盟在2006年通过的一份被广泛认为标志着欧盟对华态度趋硬的政策文件明确指出,"对于欧盟贸易政策而言,中国是一个最为重大的挑战"[1]。2008年国际金融危机以来,与中国合作将帮助欧洲走出衰退的"中国机遇论"重新得到支持。但"中国威胁论"或"中国竞争论"仍在欧洲有广泛市场。2010年12月,德国国际和安全事务研究所(SWP)发表了一份研究报告,全面分析了中国对欧洲构成的经济挑战。该报告认为,中国经济是一把双刃剑。一方面,中国参与国际经贸活动的意愿和能力不断增强,其对商品和服务的极大需求为贸易伙伴提供了广阔市场和就业岗位,客观上促进了欧洲经济增长;另一方面,中国经济快速增长也带来了巨大挑战:中国的廉价劳动力资源及规模化生产使其在与欧洲的竞争中处于明显优势,中国不断增加的能源和原材料需求将严重影响欧洲的供给安全,中国发展带来的环境负担不仅会在中国国内造成生态灾难,还会影响到世界其他地区。该智库研究还认为,中国对外经贸奉行"重商主义",其海外投资战略也广受非议。[2]

---

[1] "Closer Partners, Growing Responsibilities: A Policy Paper on EU-China Trade and Investment: Competition and Partnership," Commission of the European Communities, October 24, 2006, file:///C:/Users/13503/Downloads/commission% 20working% 20document% 20accompanying% 20com2006% 20631-COM_ 2006_ 632_ EN_ ACTE_ f. pdf.

[2] Hanns Günther Hilpert, "Chinas Globale Wirtschaftliche Herausforderung," Stiftung Wissenschaft und Politik (SWP), December 29, 2010, http://www.swp-berlin.org/fileadmin/contents/products/studien/2010_ S29_ hlp_ ks. pdf.

欧洲战略问题及中欧关系

欧盟讨论和定位中国的过程也是其反思和调整对华政策的过程。一方面，欧盟更加认识到与中国加强合作的必要性，另一方面，欧盟内部要求改变与中国打交道方式的声音也越来越高。随着欧盟认定中国已由一个地区性大国崛起为全球大国，欧盟日益倾向于把欧中战略伙伴关系作为促进欧盟利益的强有力外交工具。如果说，前些年当中国强调中欧战略合作重要性时欧洲还有些半信半疑的话，那么，随着中国在国际金融危机中作用的凸显以及欧洲自身深陷债务和经济双重困境，欧洲政治家们愈益明确了中欧合作所具有的战略意义。2010年可谓欧洲的"新兴大国年"，欧盟领导层罕见地多次举行会议，专门研究制定新时期对中国等新兴大国的战略。在2010年12月16—17日欧盟最高决策机构——欧洲理事会举行的会议上，各成员国首脑讨论了欧盟外交与安全政策高级代表凯瑟琳·阿什顿（Catherine Ashton）提交的欧盟与战略伙伴关系的报告。这是欧盟自2008年国际金融危机以来，针对全球战略力量发生变化，特别是新兴大国快速崛起的新形势，首次全面审视和定位其所有战略伙伴关系。就中欧关系而言，"阿什顿报告"具有如下特点：第一，明确了新形势下欧盟与中国加强关系的五大战略利益目标，即更加自由和公平的中国市场准入；更紧密的合作以应对全球挑战和安全威胁；发展低碳伙伴关系；加强以规则为基础的全球治理；以及推广民主治理、法治和人权。第二，进一步提升了中国在欧盟战略伙伴中的地位。报告所列欧盟战略伙伴依次为美国、中国、俄罗斯、印度、巴西、日本、加拿大、墨西哥、南非。报告提议，欧盟应同中国、美国建立三边对话机制。[1] 第三，报告将"更加自由和公

---

[1] 参见袁雪、李景《市场准入：欧盟对华核心利益之首》，21世纪经济报道网，2010年12月20日，http://finance.sina.com.cn/roll/20101221/03059136642.shtml。

平的中国市场准入"位列欧盟对华战略利益之首,表明欧盟对华政策的务实性进一步增大。欧盟要求的"更加自由和公平的中国市场准入"主要包括:中国提供一个公平竞争环境、改善投资准入条件和环境、保护知识产权、开放政府采购,并且保证原材料的供给等。第四,报告将共同应对全球挑战、加强全球治理等确立为双方合作的优先重点,强调中欧在全球层面和多边机构中加强合作,赋予了中欧战略伙伴关系具体含义,回答了近年来欧洲一些分析家对中欧战略伙伴关系实质意义的质疑。在认清加强对华合作重要性的同时,欧盟积极探讨和设计更加有效地与中国打交道的新方式和新手段。

事实上,欧盟决策机构以及成员国政府一直面临着要求变革的巨大压力。最尖锐的批评来自欧洲对外关系委员会。2009年年初,该智库发表的一份关于中欧关系的报告引起了广泛关注。报告提出,欧洲应放弃迄今对华采取的所谓"无条件接触",代之以所谓"对等接触"(reciprocal engagement)。它基本否定了欧盟对华推行的所谓"无条件接触"政策,称"对欧盟而言,这一政策收效甚微,无论是在追求直接利益方面,还是在试图让中国向欧盟的目标和价值观靠拢这一更宏伟的目标方面"[1]。2006年欧盟对华政策报告的中心思想就是要"对等",之后这一点开始逐渐成为欧盟对华政策中的一个关键性因素,并逐渐演变为所谓"利益置换外交"。"利益置换"概念的提出,实质是对欧盟过去所谓"无条件接触"政策的修正,这也意味着中国今后要想从欧盟得到什么,就必须给予回报,也就是要进行利益交换。比如,欧盟要求中国

---

[1] John Fox and Francois Godement, "A Power Audit of EU-China Relations," European Council on Foreign Relations (ECFR), April 17, 2009, http://ecfr.eu/page/-/documents/A_ Power_ Audit_ of_ EU _ China_ Relations. pdf.

必须在设置贸易和投资壁垒问题上作出真正让步，欧盟才可以给予中国市场经济地位；中国要获取欧洲技术就必须以中国更加开放作交换；中国必须对欧洲所关心的国际安全问题如核扩散、伊核问题等作出积极反应，欧盟才可能取消对华武器禁运，等等。①到2010年，"利益置换"思想已被欧盟官方所接受。②

四 欧洲担心中国对其"分而治之"

在推行"利益置换外交"的同时，欧盟还力图使所有成员国的对华政策得到有效的协调和统一，避免被中国"分而治之"，各个击破。2009年生效的《里斯本条约》为欧盟扭转其外交的"先天不足"提供了政治动力和机制保障。

从欧盟发展历程看，如前所述，欧盟每向前走一步、每取得一项重要成果，都会以条约的形式确定下来。《罗马条约》标志着欧洲共同体的建立，《马斯特里赫特条约》的生效宣告了欧盟的诞生。2009年12月1日生效的《里斯本条约》尽管从严格意义上讲只是对上述两大条约作了修订，但它保留了被否决的、本可与《罗马条约》和《马斯特里赫特条约》齐名的《宪法条约》中有关机构改革的内容，这对欧盟统一和协调对外政策具有重要意义。③根据《里

---

① John Fox and Francois Godement, "A Power Audit of EU-China Relations," European Council on Foreign Relations (ECFR), April 17, 2009, http://ecfr.eu/page/-/documents/A_Power_Audit_of_EU_China_Relations.pdf.

② 阿什顿在2010年12月提交欧洲理事会的报告中正式使用了这一提法。参见袁雪、李景《市场准入：欧盟对华核心利益之首》，21世纪经济报道网，2010年12月20日，https://finance.sina.cn/sa/2010-12-21/detail-ikftpnnx9881706.d.html?from=wap。

③ 《里斯本条约》包括修订后的《欧洲联盟条约》（即《马斯特里赫特条约》），以及修订后的《欧洲共同体条约》（即《罗马条约》）。《欧洲联盟条约》修订后名称未变，《欧洲共同体条约》则改为《欧盟联盟运行条约》。

斯本条约》的规定，欧洲理事会首先通过特定多数方式选举出了比利时前首相范龙佩为欧洲理事会首任常设主席，任期两年半，并可连任一次。这一规定改变了以往实行的"主席半年轮值制"，有利于保持欧盟政策的连续性。欧盟对外关系的主角既有各个成员国，还有欧盟委员会、欧盟外长理事会等超国家机构。成员国之间经常有分歧，而各个机构则各管一方，成员国和机构之间也缺乏协调。针对这一情况，欧盟根据《里斯本条约》，将最重要的两大机构——欧盟理事会和欧盟委员会的外事大权集于"外交与安全政策高级代表"一身。这一职务既主持月度欧盟理事会外长会议，还兼任欧盟委员会副主席，因而可以直接加大与各成员国的沟通，同时还有权协调委员会所有对外工作。此外，为了加强欧盟外交的统一与融合，《里斯本条约》允许欧盟创建欧盟对外行动署（EEAS），这个新机构也听命于外交与安全政策高级代表。

欧洲很多人将欧盟能否有效协调对华政策视为对《里斯本条约》新机制的最大考验。欧盟之所以谋求强化对华政策的统一性，其目的在于让中国能够认识到欧洲"集体的实力"，从而更好地实现欧盟各国的利益。几乎所有欧洲智库均敦促欧盟各成员国在与中国打交道时放弃各自为战的做法。[①] 在2010年10月中欧领导人会晤前，范龙佩主持讨论了"欧盟在快速变化世界中的战略"，确立了欧方在中欧以及亚欧首脑会议上的优先目标。欧盟各成员国的首脑和外长均参加了此次会议。为在中欧峰会前有效协调各国的立场，欧盟还准备专门建立一个"峰会协调机制"，其任务包括"为峰会筛选关键政治议题、决定如何在相关议题之

[①] Jonathan Holslag, "The Difficulties in Sino-European Relations," New Europe, July 12, 2010, http://www.neurope.eu/articles/101945.php.

间进行利益置换"。① 此外，欧盟还计划使现有各成员国与中国的对话尽可能统一起来。而欧盟驻华代表团也被要求将各成员国驻华使馆的力量汇聚在一起。

五 危机中的务实合作使中欧关系险中得稳

中欧经贸摩擦尚未得到妥善解决之际，2008年中欧在价值观问题上又爆发了冲突。2008年3月，我国西藏地区出现骚乱，国际上的一些反华势力，主张抵制当年8月举行的北京奥运会。在奥运会举行之前，西方出现了奥运火炬传递受到干扰破坏的现象，而这又引起了广大中国民众的不满和抗议，中欧民意发生严重冲撞。第十一次中欧领导人会晤原定于2008年12月初在法国举行，但时任欧盟理事会轮值主席的法国总统萨科齐宣布将于12月6日在波兰会见达赖。这导致中方决定推迟中欧领导人会晤。经贸摩擦叠加价值观分歧，中欧关系一下子进入了动荡期。

为了减少由于推迟峰会给中欧关系造成的消极影响，温家宝总理于2009年年初访问了德国、西班牙、英国以及欧盟总部，表达了与欧洲加强合作、应对金融危机的意愿。为了扩大对欧盟的出口，遏制贸易保护主义，中国同时宣布将向欧洲国家派遣采购团。2009年5月20日，推迟的中欧峰会在欧盟轮值主席国捷克布拉格举行，此前由于西藏问题而陷入紧张的中法关系也得到了缓和。2009年4月1日，中国和法国外交部同时发表《中法新闻公报》，法国承诺拒绝支持任何形式的"西藏独立"。同日，出席伦敦二十国集团会议的中国国家主席胡锦涛和法国总统萨科齐举行了会晤。

---

① 参见袁雪、李景《市场准入：欧盟对华核心利益之首》，21世纪经济报道网，2010年12月20日，http://www.neurope.eu/articles/101945.php。

第三编 中国与欧盟关系

2009年的春节刚过，温家宝总理就开始了他牛年的第一次出访，这次访问的目的地是欧洲。温家宝总理的欧洲之行引起了国内外媒体的极大关注。舆论和公众对温家宝总理在达沃斯论坛的精彩致辞、剑桥大学的深情演讲，以及多场记者招待会均给予了高度评价。温家宝总理对瑞士、德国、西班牙、英国以及欧盟总部的访问，是一次真正意义上的"信心之旅"。中国总理将2009年出访的第一站定在欧洲，表达了中国政府对欧洲的高度重视，极大地改善了中国与欧洲的关系，给2008年以来跌宕起伏、一波三折的中欧关系带来了信心。在许多人心目中，中欧关系似乎一夜间问题多了起来，而现在似乎又突然间变好了。这是为什么呢？

这与当时全球经济危机的背景有很大关系。2007年年底，美国次贷危机爆发，并最终在2008年演变为一场国际金融危机。突如其来的金融危机使本已遭受经济和社会矛盾的欧洲"雪上加霜"。欧元区经济在2008年第三季度进入衰退。温家宝总理此次访问欧洲实际上正是在这样一个特殊背景下进行的一次"经济之旅"。经济合作在中欧双边关系中的地位再度凸显出来。欧洲国家想知道中国对于当前金融危机如何看，中国的"诊断书"是什么，中国希望如何改革现有国际金融体系，等等。在世界颇具影响的英国《金融时报》2009年2月2日这样写道：正在伦敦访问的温家宝备受各界关注。英国前首相布莱尔和保守党领袖卡梅伦都在酒店的侧翼恭候，等待与他会晤。"而上周在瑞士达沃斯，世界经济论坛的与会代表不放过他演讲中的任何一句话。"除了希望知道中国如何应对金融危机之外，对于欧洲国家来说，更重要的是，它们希望知道欧洲企业是否能够以及如何在中国刺激经济增长的过程中获益。作为全球出口第一大国的德国，保持对华出口增长势头至关重要。正因为如此，温家宝总理在访德期间与默克尔会

欧洲战略问题及中欧关系

谈后，双方一致将推动双边贸易投资稳定增长作为下一步共同努力的首要目标。中方决定尽快派采购团赴德，增加进口德国设备、技术和商品。德方表达了积极参与中国铁路等基础设施建设、加大对中国中西部投入的意愿。英国对于温家宝总理的访问给予了更大的期待。英国首相布朗称，中国的经济刺激计划为英国所提供的增加出口的机会"对帮助世界经济复苏至关重要"，因为它"表明世界只有通过相互贸易才能走出这场经济衰退"。

温家宝总理到访前，英国外交部于2009年1月22日罕见地发表了题为《英国与中国：合作框架》的对华政策文件。英外交大臣戴维·米利班德（David Miliband）承认，专门发表针对一个国家的政策文件，在英国外交部还是第一次。该文件列举了英国对华政策的三大目标，其中第一条就是"使英国从中国发展中获得最大利益"。另外两项目标为：促使中国成为负责任的世界大国和推动中国实现可持续发展。[①] 日本《产经新闻》对此评论道：英国把同中国的分歧搁在一边，以寻求两国更紧密的经贸关系。此前2008年10月29日，英国外交大臣米利班德在英国外交部网站发表声明称，英国政府明确承认西藏是中国的一部分，中国对西藏拥有主权。

从根本上来说，中欧各自吸引对方的仍然主要是经济利益。由此来看，国际金融危机以来欧洲对华经济需求的进一步增大，为中欧关系积极平稳发展提供了新动力和新机遇。由于面临严重的经济困难，欧洲主要大国均把扩大对华出口、加强对华经济合作作为各自实现经济快速复苏的重要途径。英国外交部明确表示，

[①] "The UK and China: A Framework for Engagement," Foreign and Commonwealth Office of the UK, January 2009, http://www.fco.gov.uk/resources/en/pdf/4103709/5476465/5550005/uk-and-china.

今后十年中国会比其他任何国家带给英国企业的机会都要多。德国和法国等国家也明确表达了相似的看法。深受主权债务问题困扰的希腊、西班牙、葡萄牙等国更期待中国帮助其摆脱危机。2010年中欧关系总体趋于稳定并出现回暖，显然是受到这一看法的影响。这也正是欧盟将中国列为其重要战略伙伴的最重要考虑。从中国的角度来看，欧盟已连续多年成为中国最大贸易伙伴和最大出口市场。尽管欧洲一些国家陷入严重的金融和债务困境，欧盟在中国对外战略中的这一重要地位并未改变。过去中欧关系保持稳定发展，主要是因为双方经济具有很强的互补性。未来中欧关系能否顺利发展，将取决于双方能否抓住当前有利时机，有力维护互补性、弱化竞争性。由于经济利益在中欧关系中居于核心地位，未来中欧关系面临的主要挑战也在于经济问题，特别是中国如何有效回应欧方提出的贸易"不平衡性"、竞争"不公平性"以及合作"不对称性"等问题。所谓贸易"不平衡性"，指欧盟对华贸易赤字居高不下；竞争的"不公平性"，指中国企业得到政府补贴、知识产权保护不力、歧视外国企业等；合作的"不对等性"，则指欧洲企业在华没有享受与中国企业在欧洲相同的市场准入机会。比利时布鲁塞尔当代中国问题研究所的古斯塔夫·格拉茨（Gustaaf Geeraerts）认为，在应对中欧经贸关系中的挑战方面，中国可采取的最佳预防措施是发展国内市场，并最大限度地对外开放。"一个庞大而开放的中国市场将为欧洲的出口和投资提供巨大的机会，并在一定程度上缓解欧洲的结构性问题。"[①] 2009年，中国多次派遣赴欧贸易投资促进团，以扩大欧洲国家的对华出口，促进中欧贸易平衡。胡锦涛主席2010年11月访法期间，双方领导

---

① 《中欧关系已经变得更加现实》，《国际先驱导报》2010年11月26日。

人决定争取双边贸易额到 2015 年翻一番,由 2010 年的 400 亿美元增加到 800 亿美元。英国首相卡梅伦 2010 年年底访华时,中英两国也商定到 2015 年使双边贸易额翻一番,达到每年 1000 亿美元。① 李克强副总理 2011 年 1 月访问德国时在《南德意志报》撰文明确表示,欢迎德国公司更多地投资中国的现代服务业、生产性服务业和其他服务业。②

  2013 年 11 月,欧洲理事会主席范龙佩和欧盟委员会主席巴罗佐来华出席第十六次中国欧盟领导人会晤。中国新一届领导人——国家主席习近平和总理李克强都与他们举行了会晤。双方共同宣布启动中欧投资协定谈判,还共同制定了《中欧合作 2020 战略规划》。翌年 3 月,习近平主席访问欧盟总部——这是中国国家主席首次访问欧盟总部,体现了中方对欧盟的重视,在此期间双方发表《关于深化互利共赢的中欧全面战略伙伴关系的联合声明》,其中提出,中欧要打造"和平、增长、改革、文明四大伙伴关系",双方决定共同挖掘中国丝绸之路经济带倡议与欧盟政策的契合点。中欧关系发展到了一个新高度。2014 年中国发表《中国对欧盟政策文件》,2016 年欧盟发表《欧盟对华新战略要素》,双方各自完成了对新时期中欧关系的评估。

---

 ① David Cameron,"Building British Cooperation with China,"*The Wall Street Journal*,November 9,2010,http://online.wsj.com/article/SB10001424052748703514904575602032761287158.html.

 ② "Li Keqiang: Vorteile für beide Völker," Süddeutsche Zeitung, January 5, 2011, http://www.Sueddeutsche.de/wirtschaft/chinas-vize-premier-li-keqiang-oeffnung-zum-gegenseitigen-nutzen-1.1042949.

第十一章 适应与重塑

2016年6月22日，欧盟委员会发表了《欧盟对华新战略要素》的政策文件。该文件建议欧盟抓住新的机遇加强与中国的关系，以务实的方式参与中国的改革进程，在所有合作领域促进互惠互利、公平竞争。[①] 欧盟酝酿多年的对华政策重估似乎尘埃落定。

一 两只"黑天鹅"

然而，在对华政策文件发表次日，英国进行了脱欧公投。公投结果出乎所有人意料，略微过半的英国民众选择了脱离欧盟。这种意外事件被国际战略界称为国际政治中的"黑天鹅"。不久，又出现了第二只"黑天鹅"。右翼民粹主义政客特朗普在当年11月的美国大选中出人意料击败前国务卿希拉里·克林顿，当选总统。这两只"黑天鹅"，意味着原来被主流政治势力"关在笼子里"的民粹主义势力飞出了牢笼，它们对欧洲一体化、大国关系、西方主导的所谓自由主义国际秩序皆构成了重大挑战。

---

① *Joint Communication to the European Parliament and the Council: Elements for a New EU Strategy on China*, European Commission, June 22, 2016.

欧洲战略问题及中欧关系

无论是《欧盟对华新战略要素》，还是在其后几天发表的《欧盟全球战略》文件，似乎都是刚发表就脱离了现实。

自2016年起，欧洲的对华政策其实就有些"暗流涌动"。当年，欧洲舆论中热议中国的"钢铁产能过剩问题""中国投资欧洲"，同时美欧日联手反对中国市场经济地位在年底"自动转正"。中欧关系虽然表面维持了合作，甚至在中美交恶的情况下还出现了"战略走近"的可能，但由于在经贸问题上的分歧，中欧领导人年度会晤在2016年、2017年连续两年未能达成共同声明。到2017年，随着特朗普上台和中欧自身因素的变化，欧洲对华的调整、中欧关系的调整就已经非常明显。

第一，中欧都紧张地打量对方的内政动态。2017年荷兰、法国、英国、德国、捷克的大选，吸引了中国战略界的高度关注。在英国脱欧之后，法德这两个欧洲大国还会不会放出"黑天鹅"？欧洲未来怎么走？与此同时，欧洲也高度关注中国。2017年中国召开了党的十九大，中国在会后也向欧洲派出了不少代表团介绍此次会议的情况，欧洲各界对此很感兴趣。《欧盟对华新战略要素》指出，"中国正处于一个关键时刻"，"中国的内部变化会产生外部影响"，因此"中国在政治、经济和社会发展方面作出的决定对欧盟来说比以往任何时候都更加重要"。[1] 不过，自2017年年底以来，欧洲对华负面观感上升。一方面，欧方对党的十九大报告所透露出的"中国模式"感到十分不安；另一方面，欧洲也担心中国在经济上的所谓"不正当"竞争。欧盟2017年通过的贸易防御新规，以及在酝酿中的限制外资新规，其实都是针对中国的。

---

[1] Joint Communication to the European Parliament and the Council: Elements for a New EU Strategy on China, European Commission, June 22, 2016.

第二，中欧都重新评估对方的国际角色。特朗普在2017年年初上台后，中国和欧洲，特别是欧洲，都在寻找可靠的全球合作伙伴。欧洲内部有一种声音希望欧洲成为新国际秩序的领头羊，但欧洲发现自己力有不逮，所以支持全球化，有心开展新时期大国外交的中国成为欧洲可以倚赖的合作对象。在全球治理问题上，中欧似乎结成了天然的同盟，价值观从未如此接近。但与此同时，欧洲对中国在外交和宣传上"渗透欧洲"感到不安。欧洲媒体开始炒作中国的"锐实力"。① 欧洲智库欧洲对外关系委员会在2017年年底的报告中警告："中国已在欧洲之内"，"是时候采取现实主义了"。②

欧方对"一带一路"的疑虑在2017年明显浮出水面。欧盟委员会于2017年2月对中国"一带一路"倡议的标志性项目——匈塞铁路展开调查，以评估该项目是否违反了"大型交通项目必须进行公开招标"的欧盟法律。同年5月15日的"一带一路"国际合作高峰论坛圆桌峰会上，传出包括法国、德国、英国、葡萄牙、爱沙尼亚，甚至是早前向中国表达友好的希腊，都不愿意签署会议中与贸易相关的文件。③ 6月，由于希腊的反对，欧盟未能在位于日内瓦的联合国人权理事会发表声明批评中国人权纪录。非政府组织人权观察称，这是欧盟第一次没能在联合国

---

① "At the Sharp End: How China's 'Sharp Power' is Muting Criticism Abroad," *The Economist*, December 14, 2017, https://www.economist.com/briefing/2017/12/14/how-chinas-sharp-power-is-muting-criticism-abroad.

② François Godement and Abigaël Vasselier, "China at the Gates: A New Power Audit of EU-CHINA Relations," ECFR, December 2017, http://www.ecfr.eu/page/-/ECFR12_-_A_POWER_AUDIT_OF_EU-CHINA_RELATIONS.pdf.

③ "China Faces Silk Road Setback as Some European Countries Refuse to Sign Trade Text," AFP, May 15, 2017, http://www.livemint.com/Politics/GBZnqxPPiuFK3hWivPj06O/China-faces-Silk-Road-setback-as-some-European-countries-ref.html.

的最高人权机构发表声明。在这种背景下，欧盟内部对于中国所谓"分化欧洲"的担忧比以前加剧。2017年8月，时任德国外长加布里尔指出："如果我们不能成功地用一个战略对付中国，那么中国就会分化欧洲。"① 在2017年9月13日的"盟情咨文"中，欧盟委员会主席容克提议成员国在外交决策中放弃一致表决制，而接受多数表决制。② 德国驻华大使柯慕贤在接受采访时称"一带一路"是"中国式的全球化路径"。③ 在此情况下，2017年11月27日在匈牙利举行的"16+1"峰会成为一个很重要的观察点。在这次峰会上，中国—中东欧银行联合体正式成立，国家开发银行将提供20亿等值欧元开发性金融合作贷款；而中东欧国家对与中国合作的热情甚至比中国还高。

欧盟从2017年起就开始酝酿欧版"一带一路"计划，2018年开始陆续布局。其范围广大，既包括欧盟内部——2018年6月6日，欧盟委员会在2021—2027年预算中提出更新"欧洲设施联结"的倡议；也包括欧盟周边——5月17日，欧盟召开了15年以来的又一次西巴尔干索非亚峰会，提到了要加强与西巴尔干的互联互通；还包括欧亚大陆——2月，欧盟委员会发出了一份文件，咨询各方关于欧亚互联互通计划的意见，这份文件7月被欧盟委员会采纳，10月由欧洲理事会通过，并且在同月呈交给在布鲁塞尔

---

① "China 'Shocked' by German FM's Accusation of Dividing Europe," September 1, 2017, http://www.ecns.cn/2017/09-01/271640.shtml; Lucrezia Poggetti, "One China – One Europe? German Foreign Minister's Remarks Irk Beijing," The Diplomat, September 9, 2017, http://thediplomat.com/2017/09/one-china-one-europe-german-foreign-ministers-remarks-irk-beijing/.

② "Jean-Claude Juncker's State of the Union 2017 Address," September 13, 2017, http://www.euronews.com/2017/09/13/read-in-full-jean-claude-junckers-complete-state-of-the-union-2017-address.

③《柯慕贤："一带一路"是中国式全球化》，《金融时报》中文网，2017年6月29日，http://www.ftchinese.com/story/001073197?full=y&from=groupmessage&isappinstalled=0。

举行的第 12 届欧亚峰会。① 欧盟的欧亚战略除包括海陆空交通外，亦包括欧亚的能源连接，除涉及基建网络外，亦涉及保证"互用性"的体制及方针。时任欧盟驻华代表团团长史伟称，欧盟希望跟"一带一路"合作，同时也会考虑和日本及印度的合作。② 2019年 9 月 27 日，欧盟召开了被称为"欧版'一带一路'峰会"的"欧洲互联互通论坛"。日本首相安倍受邀参会，欧日还签署了协议《可持续的互联互通与有质量的基础设施伙伴关系》。③ 英国《金融时报》评论认为，尽管该协议未提及中国，但推介该项目的总体想法和措辞，显然是在精心回应北京方面"一带一路"基建倡议的情况下构思的。④

第三，美国又成为了中欧关系的重要变量。特朗普上台后，中美欧三角关系似乎被"激活"了。据美国历史学家尼尔·弗格森（Niall Ferguson）的解读，基辛格曾建议特朗普"组建中美俄威权主义联盟"。⑤ 欧洲人不会对这种说法无动于衷。在 2017 年 4 月国家主席习近平与特朗普在美国海湖庄园会面后，英国《金融时报》评论称："特朗普胜选的受益者并不多，中国国家主席习近平是其中之一"；"习近平主席面前的机会足够明显——美国总统同意用一个以

---

① Keegan Elmer, "Is the EU Trying to Derail China's European Ambitions with Its New Connectivity Plan for Asia?" May 8, 2018, http://www.scmp.com/news/china/diplomacy-defence/article/2145059/eu-trying-derail-chinas-european-ambitions-its-new.

② 林康琪：《欧盟大使：盼华遵国际标准合作相信"一带一路"经济挂帅》，《明报》2018 年 5 月 29 日。

③ 协议全文："The Partnership on Sustainable Connectivity and Quality Infrastructure between the European Union and Japan," September 27, 2019, https://eeas.europa.eu/headquarters/headquarters-Homepage/68018/partnership-sustainable-connectivity-and-quality-infrastructure-between-european-union-and_ en。

④ ［美］迈克尔·皮尔：《日本与欧盟签署协议抗衡"一带一路"》，《金融时报》中文网，2019 年 9 月 29 日，http://www.ftchinese.com/story/001084600? full = y。

⑤ Niall Ferguson, "Donald Trump's New World Order: What a Kissinger-inspired Strategy Might Look Like," *American Interest*, Vol. 12, No. 4, November 21, 2016.

强国双边交易为基础的体系替换基于规则的国际体系"。① 然而，欧洲认为美国再"反动"，其实力也在那里，不会下降到远逊于中国的地步，因此"与中国一起构建不包含美国的多边秩序是不可能的"。② 固然，由于特朗普上台，欧洲认为中国与美国、俄罗斯相比，仍是"最靠得住"的大国，且认为"中国威胁"在地理上和时间上并不紧迫。这也是为什么欧洲在中美之间一直"骑墙"。

到2018年，中美欧大三角关系就更明显了。2018年3月8日，美国总统特朗普征收钢铝关税从而引发了全球贸易冲突，震荡美国与各大国关系，中美欧三边关系面临调整。在特朗普向各大国不断施压的过程中，美国的超强实力一再得到证实。中欧关系作为中美欧三边关系中较薄弱的一边，持续受到美欧关系、美中关系调整的影响。在大国反复博弈过程中，中美欧三边的每一边都出现了"交易"的高潮时刻——依时间顺序分别为中欧领导人会晤、欧盟委员会主席容克访美、中美首脑会晤。和2003年中欧在美国出兵伊拉克后建立战略伙伴关系不同，此次中美、美欧、中欧皆反复议价、博弈，站队情况扑朔迷离。

2019年3月12日，在《欧盟对华新战略要素》发表三年不到的情况下，欧盟委员会发布《欧盟—中国：战略展望》。此份建议比2016年的欧盟对华政策文件更加强硬。报告对中国作出了四个定位：合作伙伴（cooperation partner）、谈判伙伴（negotiating partner）、经济竞争者（economic competitor）和制度性对手（systemic rival）。③ 这通常被中欧战略界称为"三重定位"——即伙伴、竞争者、制度性

---

① Niall Ferguson, "Donald Trump's New World Order: What a Kissinger-inspired Strategy Might Look Like," *American Interest*, Vol. 12, No. 4, November 21, 2016.
② François Godement, "Europe's Trump-China Dilemma," January 31, 2017, http://www.ecfr.eu/article/commentary_ europes_ trump_ china_ dilemma_ 7226.
③ *EU-China – A Strategic Outlook*, European Commission, March 12, 2019.

对手。其中,"制度性对手"这一定位引起了广泛关注。有欧洲智库专家后来在美国国会听证会上指出,自中国2001年加入世贸组织以来,欧盟对华政策一直是"接触与相互依赖",但欧盟委员会在2019年推出对华"三重定位"相当于对既有政策作出了重大调整。[1]

欧盟委员会2019年3月推出的对华多重定位很大程度上来自于德国。2019年1月,德国工业联合会(BDI)在一份原则性报告《中国——伙伴和制度性竞争者:我们应该如何应对中国的国家主导型经济》中指出:"在我们的自由、开放和社会福利市场经济体系和中国的国家主导经济体系之间,一场制度竞争正在展开。"[2] 媒体评论指出,在柏林和布鲁塞尔,这份报告通常被认为是个分水岭时刻,但这份报告在德国业界内是有争议的。小企业(通常面临更激烈的来自中国的竞争)表示欢迎,但大企业则认为这么强烈的措辞会适得其反。而在德国企业中占比最多的中型企业则担心,在不远的将来,中国将不再需要它们。中国此前需要它们是因为它们的机械制造水平更高。但中国现在正在迎头赶上。对德国业界整体而言,一个长期的问题就是:中国市场的魅力是不是足以抵消这种风险。[3]

在对华重新定位后,欧洲也把对华政策纳入了其"战略自主"

---

[1] "China-EU Roller-coaster Relations: Where Do We Stand and What to Do?: US Congress Hearing on 'Europe, the United States, and Relations with China: Convergence or Divergence?'," June 19, 2023, https://www.bruegel.org/news/china-eu-roller-coaster-relations-where-do-we-stand-and-what-do.

[2] "China-Partner and Systemic Competitor: How Do We Deal with China's State-Controlled Economy?" January 10, 2019, https://english.bdi.eu/publication/news/china-partner-and-systemic-competitor/.

[3] Matthew Karnitsching, "How Germany Opened the Door to China — and Threw away the Key," Politico, September 10, 2020, https://www.politico.eu/article/germany-china-economy-business-technology-industry-trade-security/;《德语媒体:绝境中反击中国》,德国之声中文网,2019年12月1日,https://www.dw.com/zh/德语媒体绝境中反击中国/a-47057223。

的考虑当中。自2018年欧盟委员会主席容克在欧洲议会发表盟情咨文"欧洲的主权时刻"以来,"战略自主""技术自主""产业自主"等讨论在布鲁塞尔此起彼伏。在大转型时刻,与其被大国"设计""争取""施压",不如"自主"——这终于成为了欧洲精英的主流观点。在欧洲所有"自主"的呼声中,除了军事上的自主主要针对美国外,其他多少都有对华政策考虑。比如,欧洲在2019年左右发起了"用不用华为"的大讨论,这表面是欧洲关于华为5G的讨论,实则是欧洲如何应对中美冲突的讨论。美国官员密集游说欧洲盟友,希望其不要在5G网络建设中采用华为设备,"否则不共享情报"。一些中东欧国家在重压下与美国合作,如捷克在2019年5月举办西方三十余国5G闭门会,而波兰同年9月与美签署5G合作协议。但欧盟及英、法、德、意等大国皆表示要根据自身需要自主制定5G政策——即使英德等国的政府高层几乎被5G问题"撕裂"。2019年10月,欧盟委员会发布《5G系统风险评估报告》,该报告并未点名中国或华为,只表示"在各种潜在行为体中,非欧盟国家或国家支持的行为体被认为风险最大"。[1] 再比如,"产业自主"又是欧洲的一个新着力点。2019年3月,马克龙总统发表"告欧洲同胞书",在提出产业方面的建议时说道,"就像我们的美国和中国竞争者所做的那样"。最后,欧盟还重视形式的"战略自主"。2019年3月,习近平主席访问巴黎期间,与法国总统马克龙、德国总理默克尔、欧盟委员会主席容克举行"四方会谈"。这种未有先例的形式由马克龙提议,欧媒称这是显示欧洲对华团结一致。

---

[1] 该报告参见 NIS Coordination Group, "EU Coordinated Risk Assessment of the Cybersecurity of 5G Networks Report," October 9, 2019, https://www.politico.eu/wp-content/uploads/2019/10/Report-EU-risk-assessment-final-October-9.pdf。

二　第二次乌克兰危机

在 2022 年 2 月乌克兰危机升级之前，中欧关系刚刚经历"过山车"般的一年。2021 年元旦前两天，中欧领导人宣布完成中欧投资协定谈判，意味着中欧关系取得重大突破。谈判历经 7 年 35 轮，冲刺如期完成，既挽救了计划中的"2020 中欧关系大年"，也将欧洲和中国都放在了 2021 年白宫易主后更有利的战略位置上。但是，2021 年的事态发展，颇具戏剧性。2021 年上半年，中欧双方发生涉疆"制裁战"，欧洲议会由此冻结了对中欧投资协定的审批程序。下半年，刚退出中国—中东欧合作机制的立陶宛，不顾中方强烈反对和多次劝阻，批准台湾当局设立所谓"驻立陶宛台湾代表处"，恶化中立关系。"制裁战"与中国和立陶宛关系恶化这两件事看似偶然，实则折射出中欧彼此定位分歧、东西意识形态之争、全球产业链重塑等深刻问题。

然而，2021 年的中欧关系险中得稳。一是因为中欧有全球治理合作的需要——新冠疫情暴发后举行的全球健康峰会、气候变化峰会、生物多样性峰会在 2020 年轮番登场。二是中美欧三角关系的微妙张力——虽然美国总统拜登 6 月访欧使跨大西洋关系达近年高潮，但随后美国径自撤军阿富汗、组建美英澳同盟（AUKUS），引欧方质疑；而中美关系亦以 11 月视频峰会为标志而逐渐稳定下来。三是中国与欧洲主要国家关系稳定——德国国内虽激辩对华政策，但 9 月底大选后组成的新政府对华仍总体务实，磨合短于预期。

尽管如此，中欧关系也已经处于一种可上可下的微妙状态。比如大部分欧洲国家虽然没有追随美国"外交抵制"2022 年 2 月的北京冬奥会，但也没有派官方代表出席。

俄罗斯对乌克兰的"特别军事行动"正是发生在北京冬奥会结束之后。2022年2月21日，即北京冬奥会结束次日，俄罗斯总统普京发表讲话，表示要承认乌克兰东部的两个俄语共和国顿涅茨克和卢甘斯克的主权。24日，俄罗斯展开"特别军事行动"。

俄乌冲突对中欧关系产生了重大影响。乌克兰危机升级后中欧之间的互动大体可以分为三个阶段，分别以4月1日中欧峰会、8月2日佩洛西窜台为两个分界点。在第一阶段，欧洲急于寻求中国支持，而中国姿态相对超脱，中欧间相互观察、试探。在第二阶段，乌克兰局势以及各大国立场更为明朗，中欧外交上都更为主动，中欧关系的既有惯性以及大国互动对中欧关系的影响都更为明显地体现出来。在第三阶段，乌克兰、印太与欧洲地缘经济、地缘政治的互动愈益明显，中欧双方都不得不从全球层面重新思考中欧关系。

自2022年年初以来，欧方一直高度关注中国在俄乌冲突中的角色。2月24日俄乌冲突爆发之后，欧盟各成员国驻华使团的大使次日向乌克兰驻华临时代办表示了对乌克兰的声援。[①] 但是，欧洲急于与中国进行沟通。中国外长王毅紧接着在25—26日"应约"相继与英国、欧盟、法国、德国通了电话。欧方的用意是表明"谴责俄入侵"态度并探知中方立场。这说明欧洲非常重视中国在乌克兰问题上的角色。王毅与欧方沟通时提出了比此前中方多次表态都更为明确的"五点立场"，即，中方主张尊重和保障各国的主权和领土完整，切实遵守联合国宪章宗旨和原则；中方倡导共同、综合、合作、可持续的安全观；中方一直关注乌克兰问题的演变，目前的局势是

---

① 《欧盟各国驻华使团在北京声援乌克兰》，法广中文网，2022年2月25日，https://www.rfi.fr/cn/%E5%9B%BD%E9%99%85/20220225-%E6%AC%A7%E7%9B%9F%E5%90%84%E5%9B%BD%E9%A9%BB%E5%8D%8E%E4%BD%BF%E5%9B%A2%E5%9C%A8%E5%8C%97%E4%BA%AC%E5%A3%B0%E6%8F%B4%E4%B9%8C%E5%85%8B%E5%85%B0。

我们不愿看到的；中方支持和鼓励一切有利于和平解决乌克兰危机的外交努力；中方认为联合国安理会应当为解决乌克兰问题发挥建设性作用。①

在2022年4月1日中欧峰会后，中国采取了一系列举措努力稳定和推动中欧关系。一是积极推动中欧投资协定回到正常的审批轨道。2022年4月20日，第十三届全国人民代表大会常务委员会第三十四次会议决定，批准1930年6月28日在日内瓦举行的第14届国际劳工大会上通过的《1930年强迫劳动公约》，批准1957年6月25日在日内瓦举行的第40届国际劳工大会上通过的《1957年废除强迫劳动公约》。中国批准国际劳工组织（ILO）关于强迫劳动的公约是欧盟为批准2020年年底签署的双边投资协议所设定的条件之一。二是在疫情之下中国政府欧洲事务特别代表吴红波访问欧洲。

但是欧方对中方上述举措并没有作出积极回应，反而积极与美国以及印太伙伴全面协调对华立场。美国与欧盟在2022年3月30日开启美欧关于俄罗斯高级别对话后，于4月22日又进行了一系列磋商，分别是关于乌克兰问题的磋商、第三次关于中国高级别对话以及二次印太高级别磋商。这表明美欧开始将俄罗斯、中国以及印太统筹考虑。5月15—16日，美欧举行第二次贸易与技术理事会（TTC）磋商。2022年6月底，美国总统拜登上任后开启第二次访欧，西方三场峰会——欧盟、七国集团和北约峰会在欧洲举行。三场峰会主要讨论与俄乌冲突有关的问题，准备为乌克兰提供长期支持，但是，会议有不少涉华内容。

---

① 2022年4月25日，中国外长王毅与英国外交大臣特拉斯、欧盟外交与安全政策高级代表博雷利以及法国总统顾问博纳通电话，26日与德国外长贝尔伯克通了电话，提出"五点立场"。参见《王毅阐述中方对当前乌克兰问题的五点立场》，中国外交部网站，2022年2月26日，https://www.fmprc.gov.cn/wjbzhd/202202/t20220226_ 10645790.shtml。

欧洲战略问题及中欧关系

  2022年4月28日，德国总理朔尔茨访问日本，一改过去出访亚洲先访问中国的惯例，德媒认为"这是对北京发出的政治信号"。① 然后，日本首相岸田文雄在5月初访问了意大利和英国，并于5月5日在访英期间与英国达成相互准入协定（RAA），允许双方共同部署军队。② 日本前首相安倍晋三认为该协定使日英关系变得"非常接近同盟关系"，并指出这个协议的背景"是考虑到亚洲地区的中国"。③ 一周后，即5月12日，欧盟委员会主席冯德莱恩、欧洲理事会主席米歇尔前往日本出席第28次欧盟—日本领导人峰会。欧日峰会联合声明指出，"俄罗斯对乌克兰的非法侵略动摇了以规则为基础的国际秩序"，并在提到印太时表示"强烈反对任何单方面以武力改变现状、从而严重危及整个国际秩序的企图，不管这发生在什么地方"。④

  与日本相比，印度挺乌立场并不坚定，但这似乎未对欧洲构成困扰。2022年4月21—22日，英国首相鲍里斯·约翰逊（Boris

---

① 《明镜在线》以《反华之行》为题指出，朔尔茨此次出访是对北京领导层发出的信号。参见"Der Anti-China-Trip," https://www.spiegel.de/politik/deutschland/olaf-scholz-in-japan-der-anti-china-trip-a-83635fae-153b-4d96-be09-4e108a61c996。《世界报》在题为"'明确的政治信号'——朔尔茨此行冷落中国"（"Klarespolitisches Signal" —Mitdieser Reisezeigt Scholz China die kalte Schulter）一文中指出，朔尔茨与岸田文雄的会晤有许多迹象表明，德国和日本的关系正提升到一个新水平。参见《德语媒体：德国总理的"反华之行"》，德国之声中文网，2022年4月29日，https://p.dw.com/p/4AdGc。

② "UK and Japan Set to Rapidly Accelerate Defence and Security Ties with Landmark Agreement," May 5, 2022, https://www.gov.uk/government/news/uk-and-japan-set-to-rapidly-accelerate-defence-and-security-ties-with-landmark-agreement.

③ 《日英〈相互准入协定〉是准同盟国协定吗？》，法广中文网，2022年5月11日，https://www.rfi.fr/cn/%E4%B8%93%E6%A0%8F%E6%A3%80%E7%B4%A2/%E4%B8%9C%E4%BA%AC%E4%B8%93%E6%A0%8F/20220511-%E6%97%A5%E8%8B%B1-%E7%9B%B8%E4%BA%92%E5%87%86%E5%85%A5%E5%8D%8F%E5%AE%9A-%E6%98%AF%E5%87%86%E5%90%8C%E7%9B%9F%E5%9B%BD%E5%8D%8F%E5%AE%9A%E5%90%97。

④ "Joint Statement EU-Japan Summit 2022," May 12, 2022, https://www.consilium.europa.eu/en/press/press-releases/2022/05/12/joint-statement-eu-japan-summit-2022/.

Johnson）访问印度；4月24—25日，欧盟委员会主席冯德莱恩访问印度，双方决定仿照美欧TTC（贸易与技术理事会）建立欧印TTC，并恢复自由贸易协定谈判。波兰、立陶宛、斯洛文尼亚、葡萄牙、荷兰、挪威和卢森堡的外长也同期访印出席"瑞辛纳对话"（Raisina Dialogue）。5月初，印度总理莫迪访问欧洲三国，在德国举行了第六次印德政府间磋商，在丹麦出席第二届印度—北欧峰会，此外还访问了法国。莫迪受到欧方热情接待，双方大谈国际秩序及印太合作。随后，在5月6日，意大利外长马里奥完成了对印度的三天访问，这是十年来意大利外长首次访问印度。

到6月，西方的战略界开始问"中国是否已失去欧洲"。[①] 但此后形势进一步复杂化。首先，以2022年8月2日美国众议院议长佩洛西窜访中国台湾地区引发台海危机为契机，乌克兰问题与台湾问题更紧密地交织起来。欧盟以及法德等大国纷纷加速向印太的战略布局，并认真思考台海危机应对方案。其次，乌克兰战场上的局势进一步复杂化，乌克兰在9月上旬取得乌东反攻大捷，紧接着俄罗斯通过独立公投而吞并乌东四地。中国在联合国安理会和联合国大会两次关于俄罗斯的投票中皆投了弃权票。西方认为这说明中国在外交上没有偏向俄罗斯。最后，由于乌克兰危机对欧洲及全球的负面经济影响进一步显现，从10月开始，美欧在经济问题上开始出现不和谐声音。这导致欧洲在经济议题上对中国不再那么强硬。2022年10月11日，德国总理朔尔茨和欧盟贸易委员瓦尔季斯·东布罗夫斯基斯（Valdis Dombrovskis）在柏林举行的德国机械设备制造业联合会（VDMA）会议上均警告，不要与中国脱钩。朔尔茨表示，与中国脱钩是一条错误的道路，需要的是充满智慧的政治、经济多

[①] Ian Johnson, "Has China Lost Europe?" *Foreign Affairs*, June 10, 2022, https://www.foreignaffairs.com/articles/china/2022-06-10/has-china-lost-europe.

样化。中国外交部发言人毛宁 12 日表示，积极评价德国总理朔尔茨和欧盟贸易委员"支持全球化、反对与中国脱钩"的表态。①

三 经贸关系"意识形态化"和"地缘政治化"

在冷战结束后的很长一段时间，中欧关系的两面性不再突出，经济合作不断取得发展，意识形态分歧虽然存在，但没有对经济合作产生很大消极影响。然而这一态势开始发生了变化。

2019 年欧盟对华"三重定位"是欧洲因应新形势希望兼顾各种对华诉求的结果。其一，欧盟内部各成员国、各行业、各界对华看法分歧太大，在"多重定位"提出之前，中国成为欧洲内部所谓一大"分裂"因素。欧盟既要统合对华政策，就需要提出一个各方都能接受的对华定位。其二，在中美战略竞争加剧背景之下，欧盟及欧洲国家试图通过对华持"多重定位"以便于在中美两个大国间游走。2016 年特朗普胜选美国总统后，结束了对华"接触"政策，推动经济上与中国"脱钩"，意识形态上与中国对抗。欧洲内部也开始反思"以商促变"政策。2021 年拜登就任美国总统，将美国对华政策修改为"该竞争时竞争、能合作时合作、不得不对抗时对抗"，某种程度上受到了欧洲对华"三重定位"的影响。其三，欧方试图以"三重定位"将经济与意识形态分开。2017 年以来，美国不断以国家安全为由向欧洲施压，让欧洲在 5G 网络中剔除中国企业华为的产品，让欧洲陷入很大的两难。欧洲希望与中国的"非经济"分歧不要影响到与中国的经济关系。

但是，中方并不认可这一定位。中国外长王毅在 2021 年年中会

---

① 《反对"与中国脱钩" 北京称赞德国总理朔尔茨》，德国之声中文网，2022 年 10 月 12 日，https://p.dw.com/p/4I4ys。

见马耳他外长时首次对欧盟的对华定位发表评价，称其"相互矛盾，相互抵销"；① 2021 年他在接受媒体采访时指出欧洲在对华政策上存在"认知分裂"。② 中国驻欧盟使团团长张明 2021 年 11 月在接受英国《金融时报》采访时表示："这是冷战后 30 多年中欧之间第一次发生这样的事情，所以我认为它本不该发生。究其缘由，恐怕要追溯到 2019 年 3 月欧方出台的对华政策文件。它给中欧关系作了一个新的定位，就是伙伴、竞争者和制度性对手。中方始终不认同这样的定位，因为把伙伴当成对手，就难免使双方的合作出现大的问题。"③

因此，2021 年可以说是欧盟对华"三重定位"从认知走向政策实践的一年。这一年，拜登上台、美欧在意识形态方面协调加强、中欧发生涉疆制裁对抗、中国因台湾问题而与立陶宛交恶。欧盟与中国在 2020 年年底在政治层面达成中欧投资协定，显示了要在经济上与中国合作的决心；随即欧盟又在新疆问题上作出强硬姿态以示平衡，但不料对华制裁受到中国加倍反制。立陶宛等一些欧洲国家

---

① Stuart Lau,"Chinese Foreign Minister：EU Diplomacy is 'Contradictory'，" Politico, July 24，2021，https：//www. politico. eu/article/europe-china-diplomacy-wang-yi-evarist-bartolo/；弗林：《王毅：欧盟对华三重定位相互矛盾，相互抵销》，法广中文网，2021 年 7 月 25 日，https：//www. rfi. fr/cn/%E6%94%BF%E6%B2%BB/20210724-%E7%8E%8B%E6%AF%85-%E6%AC%A7%A7%E7%9B%9F%E5%AF%B9%E5%8D%8E%E4%B8%89%E9%87%8D%E5%AE%9A%E4%BD%8D%E7%9B%B8%E4%BA%92%E7%9F%9B%E7%9B%BE%EF%BC%8C%E7%9B%B8%E4%BA%92%E6%8A%B5%E9%94%80。

② 《王毅：中欧在相互尊重基础上取长补短、形成合力，将是世界之福、人类之幸》，中国外交部网站，2021 年 12 月 30 日，https：//www. fmprc. gov. cn/wjbzhd/202112/t20211230_10477278. shtml。

③ 2021 年 11 月 10 日，中国驻欧盟使团团长张明大使接受英国《金融时报》布鲁塞尔分社长山姆·弗莱明（Sam Fleming）和记者安迪·邦兹（Andy Bounds）专访。中国驻欧盟使团刊出了采访实录，参见《中国驻欧盟使团团长张明大使接受英国〈金融时报〉专访》，2021 年 11 月 15 日，http：//www. chinamission. be/stxw/202111/t20211115_10448425. htm。《金融时报》采访文章参见https：//www. ft. com/content/9c9dbc9e-1d33-4e41-9c79-b0df51cd678e。

加强与中国台湾地区往来，但又幻想着这样不会影响与中国的经济关系。经过2021年一年的"实战"，欧洲想象中的将经济合作与意识形态分开被证明行不通。中国外交部发言人的态度表明了这一点，"欧方不能指望一方面讲合作，一方面搞制裁"。[1] 换言之，从2021年开始"如何平衡经济合作与政治竞争"已经对中欧关系产生了困扰。

2022年2月底俄乌冲突爆发后，欧盟集体迅速推出多轮对俄罗斯的制裁，甚至痛下决心不惜付出极大的代价要与俄罗斯能源"脱钩"。5月30日，欧盟峰会出人意料地对俄第六波制裁达成协议，立即禁止来自俄罗斯大约2/3的原油进口，并在年底前禁止90%的俄罗斯石油进入欧盟。在俄乌冲突的背景下，美国呼吁重新调整全球贸易做法，再次推动各国在半导体等关键部件上减少对中国的依赖，推动"友岸外包"。[2] 由于中欧经贸联系远比欧俄更为紧密，因此中欧一旦交恶到欧俄的程度，欧洲所承受的后果将更为严重。这在欧洲引发了广泛的讨论和思考。简言之，欧洲虽然没有将中国看作重大安全威胁，但受欧俄交恶影响，开始讨论降低对中国的经济依赖。

2023年以来，欧盟各国虽反对在经济上与中国脱钩，但不少成员国提出要"去风险"。虽然各成员国之间以及成员国与欧盟委员会等机构在如何把握"去风险"的度上有不同的理解，但是"去风险"作为一项原则已经被确立。2023年6月20日，欧盟委员会发布一项新经济安全战略提案，明确了欧盟"去风险"的具体措施，包括针对对外投资进行筛选和实施出口管制。该文件承认，加强经济

---

[1] 《2021年3月23日外交部发言人华春莹主持例行记者会》，中国外交部网站，2021年3月23日，https://www.fmprc.gov.cn/web/fyrbt_673021/jzhsl_673025/t1863436.shtml。

[2] Andrew Duehren，《美国财长耶伦力挺"友岸外包"，呼吁降低供应链对中国的依赖》，《华尔街日报》2022年7月20日。

安全与确保欧盟继续从开放经济中受益之间存在冲突，但强调欧洲需要在经济利益和安全利益之间保持平衡。2023 年 7 月德国在其首份题为《中国战略》的对华政策文件中写道，德国政府不寻求与中国进行任何脱钩，希望与中国保持密切的经济联系。然而，德国希望减少关键部门对中国的依赖，以减少它们带来的风险。

第四编 中国与欧洲国家关系

虽然欧洲一体化取得了长足的长进，但中国与欧盟的关系不能取代中国与欧洲各国的关系。中国与欧盟、中国与欧盟成员国、中国与离开欧盟的英国以及其他非欧盟欧洲国家、中国与欧洲次区域中东欧的关系各有侧重，各有异同，但又相互交织，相互影响。这构成了中欧关系的一大特色。要全面认识和把握中欧关系，还要深入观察和研究中国与一些重要的欧洲国家的双边关系。

第十二章　中英关系

英国在世界舞台上经常能够"超实力"发挥其水平。这当然与其经济、科技、教育发展水平，以及拥有联合国安理会常任理事国、核大国等地位有关，但同时，英国的国际影响力也得益于其独有的英语传播力，以及第二次世界大战结束以来建立起来的所谓"英美特殊关系"等软实力。除对美关系外，英国与欧盟和欧洲大陆的关系仍然是其最重要的对外关系之一。2020年1月31日，英国正式脱离欧盟。但英国脱欧不离欧，英欧联系会以一种新的方式展开。中国与英国的关系，不论在双边还是多边都仍然非常重要。

一　建交三部曲

从中英建交过程的三个关键节点（承认新中国、互派代办、建立大使级外交关系）就可以看出，英国是个不一般的国家。它在外交方面务实、灵活，有自己的独特考虑和做法。

1950年1月6日，新中国成立不久，当时的英国工党政府从英国自身利益考虑，没有受美国影响，宣布承认新中国，成为最早承认新中国的西方大国。但建交谈判在北京开始不久，朝鲜战争爆发，谈判随之中断。

1954年在日内瓦会议期间，周恩来总理与英国首相艾登广泛接触，双方同意分别在对方首都设立代办处。宦乡成为中国第一任驻英代办。此后在很长一段时间里，中英处于这种"半建交"状态。阻止两国关系正常化的主要障碍是英国在台湾问题上的"两面派"态度。英国一方面承认中华人民共和国，另一方面又在联合国支持国民党。1960年5月，周恩来总理在会见来访的英国第二次世界大战英雄蒙哥马利元帅时明确表示，只要英国放弃"两个中国"的立场，在联合国投票赞成恢复中国的合法地位，驱逐国民党的代表，两国关系就可以实现正常化。

进入20世纪70年代，以中美接近为契机，西方国家纷纷与中国建立和发展关系，最早承认新中国的英国自然不甘落后。而且当时在冷战中，中英两国都视苏联为主要威胁，在战略上有共同的利益。中英关系开始逐步好转。1972年3月13日，乔冠华和英国驻华代办艾惕思分别代表本国政府签署了中英关于互换大使的联合公报。英国承认台湾是中国的一个省，同意即日撤销其在台湾的官方代表机构，并承认中华人民共和国政府是中国唯一合法政府。中英关系从代办级升格为大使级，两国关系实现了正常化。

在欧洲国家当中，当时属于社会主义阵营的东欧国家与中国建交最早（1949年），其次是北欧国家和瑞士（1950年）。英国虽然不是第一个与中国建交的西方大国（法国1964年与中国建交），但它1954年就与中国互派代办。

二 经济关系是中英关系的最重要纽带

中国1978年开启改革开放进程，英国1973年加入欧共体。在此后四十多年间，参与经济全球化、发展自身经济实力，成为中英的共同追求。经济利益成为中英两国关系的核心内容和最重要基础。

对英国来说,中国庞大的国内市场具有巨大的吸引力。国际著名智库英国皇家国际事务研究所(RIIA,又称 Chatham House)1996年完成的一份分析报告指出,中国"具有无限增长潜力的庞大国内市场",就像一块巨大的磁铁,吸引着外国商人和企业家。时任英国外交大臣赫德也曾于1994年在伦敦英中文化中心发表讲话时迫不及待地告诉听众,"我们谈论了这么久的那个巨大的潜在市场已经出现在我们面前"。赫德强调,中国的发展对英国是一种机会,这种机会将会伴随着中国经济的持续增长而成倍增加。1996年赫塞尔廷副首相率领270名英国企业家访问了中国。这在当时是英国历史上向国外派遣的规模最大的代表团,反映了英国政府和工商界与中国发展经贸合作的极大兴趣。与此同时,中国进行现代化建设也需要包括英国在内的所有发达国家的资金、技术和管理经验。20世纪90年代以来的中英间的贸易一直呈上升趋势,英国资本也大量进入中国。

与其他西方国家相比,英国还有两个显而易见的优点。一是英国的金融优势,伦敦金融城与中国日益开放的金融市场建立了十分紧密的合作,中国企业也将伦敦作为进入欧洲的金融"桥头堡",金融合作日益成为中英经济合作的一项重要内容。二是英国的自由贸易特色。英国曾一直是欧盟中坚定主张自由贸易的国家。英国在欧盟内一直对承认中国市场经济地位、建立中欧自贸区持积极立场。英国公投脱离欧盟,许多中国学者的第一反应就是,以后中国在欧盟之内少了一个自由贸易的盟友。

三 中英政治关系的曲折发展

中国和英国以及所有西欧国家在20世纪七八十年代都曾有过共同

的战略利益，如反对苏联霸权主义。随着苏联的解体，中英政治合作的这种基础消失了。苏联解体后，一些英国人认为中国也会步苏联后尘发生剧变。后来的事实表明中国不但没有步苏联后尘，反而在邓小平1992年著名的南方谈话后迈出了更大的改革开放步伐，经济建设取得了更大和更快的发展，中国政局和社会也日益稳定。在此情况下，英国对中国的看法发生了变化。1995年4月27日，外交大臣赫德在英国下院就对华政策进行辩论时指出，一段时间以来有一种猜测很流行，即认为中国也会像苏联那样解体。但他表示，他不同意这种看法。他认为，由于中国存在着保持国家团结统一的强大力量，如强烈的文化和民族特性，决心保持中国完整的强有力的国家机构以及中国人具有的中华民族的自豪感，在可预见的时期内，中国不会像苏联那样解体，而且在今后许多年里它的经济实力和在世界上的影响力还会继续增大。因此，英国有必要同中国进行切合实际的对话，"为迎接21世纪的到来建立一种更加深厚和更加牢固有力的伙伴关系"。

20世纪90年代初，香港回归中国的过渡期内，香港末代总督彭定康抛出政改方案，中英政治关系经历了一个十分困难的时期。1994年11月19日，英国前驻华大使麦若彬在香港大学发表演说时，用地主和租客的关系来比喻中国在香港问题上对待英国政府的态度。他说，中国就好比一个等待收回土地的地主，时刻担心作为租客的英国政府会在租约期满前捞一把，因此对英国的一举一动非常敏感。在中英关系间，1997年香港回归中国是一件大事。邓小平曾指出，香港问题已经有一个半世纪的历史，这个问题不解决，在中英两国和两国人民之间，总是存在着阴影。江泽民主席说，香港回归后，中英关系翻开了新的一页。1997年，英国结束在香港的统治以及布莱尔工党政府的上台，为中英两国构筑新型"合作伙伴"关系提供了难得的契机。1998年10月6日，也就是

第四编　中国与欧洲国家关系

香港回归一年多之后，时任英国首相布莱尔抵达北京开始了其任后首次访华。两国领导人发表《联合声明》，就发展面向 21 世纪的全面的中英伙伴关系的框架达成了一致意见。《联合声明》同时指出，今后两国将在加强经贸关系的基础上，携手共同应对全球经济危机和打击国际犯罪。布莱尔承认，悲观者的论调被证明是错误的。他说："我们和中国一起为香港骄傲和自豪，因为她依旧是充满活力的世界主要商业金融中心之一"。布莱尔强调，香港的成功回归显示出英国与中国能够密切有效地合作。在保持香港长期稳定与繁荣方面，中英有广泛的共同利益。对于中国来说，保持香港长期繁荣与稳定将不仅有力地促进中国改革开放和现代化建设事业的发展，而且还将有利于中国与许多西方国家关系的进一步改善。"一国两制"在香港获得成功对于促进中国统一大业的最终完成尤为重要。正如时任中国国家主席江泽民所言，香港回归只是中国实现统一大业征途中的第一站，后面还有澳门问题、台湾问题。"一国两制"在香港的成功实施将成为中国政府和平解决台湾问题的强有力武器。对于英国来说，英国在香港的商业利益比在中国其他地方的商业利益大得多。

到了 21 世纪第一个 10 年即将结束的时候，英国又进入了新一轮对华政策调整。2008 年 10 月，当法国深深卷入因西藏暴力犯罪事件和奥运火炬传递风波之际，英国外交部发表声明，承认中国对西藏拥有主权。2009 年 1 月，英国外交部发布《英中合作框架》战略文件，对华政策之热情高调在西方国家中少见。在文件中，虽然英国政府按照惯例象征性地对中国的人权状况等问题提出一些批评，但更多的是提出如何与中国加强合作，并表示未来数年要把促进与中国的关系作为"重中之重"优先发展。如前所述，这是英国政府第一份有关推动与中国关系策略的公开文件，意义"非同寻常"。英国首相布朗亲自为这份框架文件撰写前言,强调中英两国经济联系的重要性以及中国在国际事务中扮演的越来越重要的角色。布朗写道:"中国成为一个全球性的经济和政治力量是我们这个时代最重大的进步之一,英国、欧盟以及世界其他国家都可以从中国的崛起中获益。"①

当然,这个过程中间是有曲折的。2010年英国保守党大选获胜,工党下台。新任首相卡梅伦2012年5月在伦敦会见了达赖喇嘛,但他为此付出了代价。会面后,中国高层官员取消了出访英国的计划,卡梅伦原计划的访华行程迟迟不能确定。与此同时,中国政府大力发展与法国、德国的关系,中欧关系整体向好。在此情况下,2013年,英国国内开展了对华关系的大辩论,最终是务实派占了上风。卡梅伦同年5月在接受议会质询中表示,保守党政府并未改变英国长期以来的对华及涉藏政策,即英国承认西藏是中国的一部分,不支持"西藏独立",尊重中国主权;英国希望与中国建立强劲、积极的双边关系,对未来两国紧密合作充满期待,相信这对双方都有利。6月,英国时任外交大臣黑格与中国外长王毅通电话,他表示英国对于人权有着坚定承诺,"但正如人们熟知的那样,我们也理解中国的敏感性以及对西藏的关切"。此后,中英关系逐渐回暖——双方当年10月举行的中英经济财经对话取得引人注目的成果,伦敦抢先众多欧洲竞争对手成为人民币离岸中心;而英国首相卡梅伦也于12月初到访中国,在访华过程中未提西藏和人权,而称要做"中国在西方最强支持者"。②英国《经济学人》感叹道:"中国似乎在西藏和人

---

① "The UK and China: A Framework for Engagement," Foreign and Commonwealth Office, Jaunuary 2009, https://www.lancaster.ac.uk/fass/projects/ndcc/download/uk-and-china.pdf.

② [英]詹姆斯·布利茨:《英中外交关系有望解冻》,《金融时报》2013年6月28日;《第五次中英经济财金对话政策成果公布》,中国新闻网,2013年10月17日,http://www.chinanews.com/gn/2013/10-17/5389736.shtml;《英国将做中国在西方最强支持者》,《东南早报》2013年12月3日;《英国首相卡梅伦表示"不支持西藏独立"》,新华网,2013年5月9日,http://www.chinanews.com/gj/2013/05-09/4803688.shtml。

权问题上赢得了与西方之间的争论。"①

最终，在英国脱欧以前，中英在 2015 年迎来了"黄金时代"。先是英国首相卡梅伦在中国农历春节贺词中首提"2015 中英合作黄金年"，然后 3 月威廉王子访华——这是英国王室成员 30 年来的首度访华。5 月，卡梅伦连任后即与中国总理李克强通电话，表明继续深化中英关系的坚决态度。随后两位中共中央政治局委员访问英国。中国国家主席习近平于 10 月 19—23 日访英，这是 10 年来中国最高领导人首次访问英国。21 日，习近平主席在伦敦唐宁街首相府同英国首相卡梅伦举行会谈，双方决定共同构建面向 21 世纪全球全面战略伙伴关系，开启持久、开放、共赢的中英关系"黄金时代"。② 英国《金融时报》认为，此次访问标志着英国"从根本上重新校准自己的大国关系"。③ 而英国《卫报》则指出，"英国从西方对华关系的落后者变成了先锋"④。

四 脱欧后的英国与大国竞争时代

2016 年 6 月 23 日，英国举行脱欧公投，此后英国便陷入了数年内政混乱和全球定位不明的时期。英国多次提前举行大选和更

---

① "Lip service: China Seems to be Winning Its Arguments with the West over Tibet and Human Rights," *The Economist*, December 7, 2013, https://www.economist.com/china/2013/12/07/lip-service.

② 《习近平同英国首相卡梅伦举行会谈 决定共同构建中英面向二十一世纪全球全面战略伙伴关系，开启中英关系"黄金时代"》，《人民日报》2015 年 10 月 22 日。

③ "UK is Right to Roll Out the Red Carpet to Xi Jinping," *The Financial Times*, October 18, 2015, http://www.ft.com/intl/cms/s/0/bb6ec4d8-73fb-11e5-bdb1-e6e4767162cc.html#axzz3uv7wyRUD.

④ Martin Jacques, "China is Rising as the US Declines. Britain Can't Ignore this Reality," *The Guardian*, October 19, 2015, http://www.theguardian.com/commentisfree/2015/oct/19/china-us-osborne-xi-jinping-visit-economic.

换首相,"六年五相",最短命首相在位仅49天。在这种情况下,一些重要政策混乱、搁置、反复,也就不足为奇。此外,在英国脱欧后的几年间,国际政治不断发生重大的变化——特朗普出任美国总统及中美战略博弈不断加剧、新冠疫情暴发、美国推出"印太战略"、俄乌冲突爆发,这导致英国的对外战略处于不断的调整当中,中英关系似乎也进入了漫长的调整期。

首先,英国内部对华看法混乱,中英"黄金时代"被迫中断。一方面,英国显然将中国视作"后脱欧时代"的重要机会。2016年以来,英国政府提出了"全球英国"的口号,以作为脱欧后外交政策的框架。[1] 英国脱欧公投仅一个月后,时任英国财政大臣菲利普·哈蒙德(Philip Hammond)在接受采访时表示,英国已经开始与中国进行相关讨论,探索与中国达成自由贸易协定。哈蒙德认为,中国若进一步开放银行和金融等服务性行业,将为其制造业产品争取到更大的市场。哈蒙德同时表示,欧盟外的国家在与不受欧盟规则制约的英国做生意时会有更多机会。[2] 另一方面,中英合作也受到了英国内部民粹主义的冲击,英国内部的对华政策日益"分裂"。中英很多合作项目受到了影响,其中最引人注目的是欣克利角核电项目。2016年7月,英国新政府突然宣布推迟欣克利角核电项目的签约,到9月才批准。2019年4月,英国国家安全委员会开会讨论5G问题。会后,国防大臣因向媒体透露会议消息而遭解职,为战后70余年所罕见。其泄密动机,盖因不满华为参与英国5G建设。此事无意中暴露了英内阁对华"站队"情

---

[1] Oliver Turner, "Global Britain and the Narrative of Empire," *The Political Quarterly*, Vol. 90, No. 4, October-December 2019, pp. 727 – 734.
[2] 《英国财相哈蒙德:英国正探索与中国达成自贸协定》,新浪财经网,2016年7月25日,http://finance.sina.com.cn/stock/usstock/c/2016-07-25/doc-ifxuhukv7389760.shtml。

第四编　中国与欧洲国家关系

形。首相特雷莎·梅等力挺华为，而防务大臣、内政大臣、外交大臣、发展大臣和贸易大臣皆反对使用华为。[①] 在英国脱欧后，中英自贸谈判迟迟未能开启，相反，英国推出《国家安全与投资法》等法律剑指中国。在2018年1月特雷莎·梅首相访问中国之后，多年中英间没有最高层的互访。

其次，英国大幅调整全球战略和对华定位，其对华关系受美国影响日深。现在大概可以看出，在后脱欧时代英国外交遵循一个中心、两个支点的模式。一个中心是指英国外交的重中之重是美国。两个支点分别是欧洲和印太。英国虽然已经脱离了欧盟，但是在地理位置上仍旧是欧洲的邻国，在经贸领域欧盟是英国不可或缺的重要伙伴。在北约的框架内，英国可以和其他欧盟成员国，如法国、德国维持双边关系，但是在反恐、犯罪、司法和边境问题上英国要和欧盟这个机构进行合作。乌克兰危机升级之后尤其如此。总而言之，欧盟对于英国非常重要。另外一个重要的支点是印太。英国没有像法国、德国、荷兰这些国家一样推出一个英国的"印太战略"，但2021年3月，英国政府出台《竞争时代的全球英国：安全、防务、发展与外交政策综合评估》（以下简称《综合评估》），宣告了英国脱欧后的外交与国防政策的重大转变，表示英国未来十年将优先与亚洲国家进行外交接触，把外交重心转至印太地区。[②] 2021年9月，美国、英国、澳大利亚出人意料地宣布将建立防务同盟"奥库斯"（AUKUS），以加强在印太地区合作。这成为英国在安全战略上追随美国锚定印太的

---

① Robert Stevens, "UK: Defence Minister's Sacking Escalates Tory Crisis amid Rising UK/US Tensions," World Socialist Website, May 4, 2019, https://www.wsws.org/en/articles/2019/05/04/will-m04.html.

② 文件参见 Global Britain in a Competitive Age: The Integrated Review of Security, Defence, Development and Foreign Policy, Gov. UK, March 2021。

最重要信号。英国没有出台新的对华战略,同样是把对华政策放入了《综合评估》里面。也就是说,英国的对华政策服务于全球战略,即服务于其一个中心、两个支点的战略。在考虑对中国该采取什么样的态度的时候,英国将会考虑到美国、欧洲、俄罗斯、印度;而且英国不单会考虑经济,也会考虑安全、防务、外交等。《综合评估》指出:"中国是一个制度竞争对手。中国日益增强的实力和国际自信很可能成为21世纪20年代最重要的地缘政治因素。中国经济的规模和影响力、人口的规模、科技的进步以及不断增长的在全球舞台上投射其影响力的雄心,例如通过'一带一路'倡议,将在世界范围内产生深远影响。像英国这样开放的贸易经济体需要与中国接触,对中国的贸易和投资保持开放,但它们也必须保护自己,不受对繁荣和安全产生不利影响的做法的影响。在应对跨国挑战,特别是气候变化和生物多样性丧失方面,与中国的合作也至关重要。"[1] 2022年2月乌克兰危机爆发后,英国在战略上受美国影响进一步加深。2023年3月,英国对《综合评估》进行了更新,其中指出,中国对英国及全球秩序构成"划时代挑战"(epoch-defining challenge)。新文件同样强调欧洲和印太为英国重点关注的两大区域,此外还强调了经济安全问题。文件提出了保护自身安全、与盟友协同行动、继续与中国接触三点办法,这与欧盟2019年提出的对华"三重定位"有异曲同工之处。[2]

---

[1] *Global Britain in a Competitive Age: The Integrated Review of Security, Defence, Development and Foreign Policy*, Gov. UK, March 2021.

[2] "Integrated Review Refresh 2023: Responding to a More Contested and Volatile World," March 13, 2023, https://www.gov.uk/government/publications/integrated-review-refresh-2023-responding-to-a-more-contested-and-volatile-world/integrated-review-refresh-2023-responding-to-a-more-contested-and-volatile-world.

最后，英国对华政策中的意识形态因素迅速增多。新冠疫情、香港国安法、乌克兰危机等事件，增大了中英之间的矛盾。对华强硬派成为英国政治新的潮流，英国政客的务实算计在这股浪潮中似难有立锥之地。在2020年年底，媒体报道称，除了时任首相约翰逊一人之外，"几乎英国保守党中的每一个人都希望对中国更为强硬"[①]。2024年上半年，时任英国首相苏纳克（Rishi Sunak）多次在演讲中称，"威权国家轴心"正合力破坏国际秩序、削弱英国的价值观。[②] 欧洲大国中仅有英国持此说法。

英国的一些外交特点是被反复验证的。首先，英国有着丰富的外交历史经验，也积累了很多的历史"教训"，在外交方面非常"老道"。其次，英国是一个具有战略视野的国家，它基于全球视野看待问题，而不是基于地理位置或者欧洲角度去看待问题。英国外交进入现代世界以来也是"摸爬滚打"地前进，并没有一以贯之的规划。但从事后看，英国外交有可圈可点之处，包括其明智的站队、有度的进退。当前又是一个历史转折时期，英国的对外战略却仍不太明朗。但英国"绑定美国"的趋势是所有欧洲大国中最突出的，其外交中的意识形态色彩也是所有欧洲大国中最突出的。然而，英国仍在平静地与中国继续经贸往来和国际合作。在某种算计之下，英国对华政策似乎处于一种刻意的"模糊"之中。

---

① David M. Herszenhorn and Charlie Cooper, "EU and UK Struggle to Overcome Brexit Bad Blood," Politico, February 3, 2017, http://www.politico.eu/article/brexit-bad-blood-eu-uk-vaccines/.

② "PM Announces 'Turning Point' in European Security as UK Set to Increase Defence Spending to 2.5% by 2030," Prime Minister's Office, April 23, 2024, https://www.gov.uk/government/news/pm-announces-turning-point-in-european-security-as-uk-set-to-increase-defence-spending-to-25-by-2030; "PM Speech on Security," Prime Minister's Office, May 13, 2024, https://www.gov.uk/government/speeches/pm-speech-on-security-13-may-2024.

第十三章　中法关系

　　法国在欧洲具有相当重要的地位。法国既是联合国安理会五大常任理事国之一，也是欧盟的核心国家，以及战后欧洲一体化的"总设计师"和"发动机"。可以说，没有法国就没有欧洲的联合自强和欧洲一体化，也没有今天欧洲在世界上享有的地位和影响力。对于欧洲未来向何处去，法国也提供了自身的思考。

　　1964年，法国总统戴高乐不顾美国反对，成为第一个与中国建交的西方大国。近年来，法国不仅自身努力坚持独立的对外政策，还大力推动欧盟实现战略自主。法国总统马克龙明确表示，欧洲不应成为其他大国的附庸，而应成为不依赖外部力量的独立的一极。而中法两国之间的相互合作，能进一步带动中欧合作，进而影响世界格局的走向和全球秩序的演变，为动荡不安的世界注入稳定性和正能量。

一　两个"独立自主"的大国

　　2017年，在英国脱欧和特朗普上台的背景下，马克龙于5月上台就任法国总统。他将欧洲一体化视为内政外交等一切政策的关键，力推系列改革宏图，以此内压民粹主义势力，外抬法国及欧洲国际地位。经由马克龙，"欧洲主权""战略自主"成为欧盟的主流话语。而在中美博弈的大背景下，中国近年在与欧洲，特别是与法国的交往中，经常提及"战略自主"。

中国首次向欧方提"战略自主"是在 2020 年 11 月 20 日，时任国务委员兼外长王毅同时任法国外长勒德里昂通电话。王毅表示，中方注意到近来马克龙总统呼吁欧盟坚持战略自主，这体现了法国独立自主的外交传统，符合欧洲的根本和长远利益。中方始终主张世界多极化，支持欧方作为世界一极自主自立。这不是中方一时的想法，而是一贯的战略思考。[1] 当时，美国刚于 11 月 3 日举行大选，民主党候选人拜登击败特朗普胜选，美欧关系出现缓和迹象。在与法国外长通话两天后，王毅再与欧盟外交与安全政策高级代表博雷利通电话，并谈到了类似的问题。王毅对博雷利表示，欧盟坚持战略自主符合欧洲的根本和长远利益，也符合国际社会对欧盟的共同期待；战略自主是独立一极的必要品质。[2] 有意思的是，次日中国国家主席习近平与时任德国总理默克尔通电话，并没有提"战略自主"，而是表示"中欧合作在复杂的国际形势中更具全球性和战略性"[3]。这段中欧初次就"战略自主"互动的过程，充分说明了中国对法国的看法，即将法国视为欧洲一体化的带头人，而且希望通过支持法国领导的欧洲一体化，从而使欧洲成为一支能够倚重的促进世界多极化的力量。

2024 年 1 月 25 日，中法建交 60 周年招待会在中国国家大剧院

---

[1] 《王毅同法国外长勒德里昂通电话》，中国外交部网站，2020 年 11 月 21 日，https://www.fmprc.gov.cn/web/wjbzhd/t1834313.shtml。
[2] 《王毅同欧盟外交与安全政策高级代表博雷利通电话》，中国外交部网站，2020 年 11 月 23 日，https://www.fmprc.gov.cn/web/wjbzhd/t1834737.shtml。
[3] 《习近平同德国总理默克尔通电话》，《人民日报》2020 年 11 月 25 日。

举行。中国国家主席习近平和法国总统马克龙发表了视频致辞。从双方的致辞看，中法都有意重新发扬"独立自主"传统，以此共同解决中法、中欧及大国关系中的一些难题，延续中法建交佳话。习近平主席在致辞中指出，中法关系的独特历史塑造了独立自主、相互理解、高瞻远瞩、互利共赢的"中法精神"。面对新时代的风云际会，中法应当秉持建交初心、积极面向未来、敢于有所作为。马克龙在视频讲话中表示，60年前，戴高乐将军超越阵营对抗逻辑，作出同中华人民共和国建立外交关系的历史性决定；今天我们有责任在1964年确立的宏伟目标基础上，再接再厉，共同建设既满足两国人民需要，也有利于世界和平稳定的伙伴关系。①

二 "法国的欧洲"与中国

马克龙很注重在与中国打交道时拉欧盟壮大声势。2019年3月26日，中国国家主席习近平在巴黎同法国总统马克龙一道出席中法全球治理论坛闭幕式，德国总理默克尔、欧盟委员会主席容克应邀出席，媒体称"四方会谈"。这种未有先例的形式是马克龙提议发起的，被欧洲媒体解读为欧盟希望面对中国显示团结一致。2023年4月访华时，马克龙也邀欧盟委员会主席冯德莱恩一同前往。不过，从马克龙的角度看，一体化是为其国家利益服务的，对华政策更是为其国家利益服务的，他有自己的务实考虑。

首先，在安全防务方面，马克龙推动欧洲一体化，主要是为了抗衡美国。

---

① 《习近平向中法建交60周年招待会发表视频致辞》，《人民日报》2024年1月26日。

第四编　中国与欧洲国家关系

　　第二次世界大战结束后，欧洲生活在美国的安全保护伞下，欧洲虽然由此得以集中精力发展经济，但也付出了在战略上"唯美国马首是瞻"的代价。欧盟"战略自主"的首要意思，就是要在美国安全保护伞褪色，甚至移除的情况下能够担负起自身的防务任务。特朗普式美国领导人出现的可能性，使得马克龙在安全防务方面"战略自主"的想法在欧洲之内得到了越来越多的支持。欧洲军事力量"独当一面"，对于促进世界多极化无疑有益，因此为中方所乐见。

　　马克龙在安全防务方面的"自主"还蕴含了一个意思，即管好欧洲的事，不过分参与世界的事，这也为中国所乐见。马克龙这个层面的想法，主要体现在其"不要做美附庸卷入台海问题"的表态上。2023 年 4 月 9 日，刚刚结束访华的马克龙在返法专机上接受媒体采访，发表了可以说振聋发聩的观点。他表示，欧洲最大的危机就是被卷入不属于自己的危机，欧洲必须力抗压力，避免成为美国的附庸。[①] 马克龙后来在各方压力下不再提这个观点。但是，马克龙反对北约走向印太和全球，特别是阻止了北约在日本设立办事处。2023 年 7 月北约在立陶宛首都维尔纽斯召开峰会的前几个月，西方一直私下讨论在日本设立办事处，日本满怀希望，法国却对此持明确反对态度。[②] 在法国的强烈反对下，北约峰会公告最终删去了"北约将持续与日本商讨在东京设办事处"的相关段落。马克龙在峰会上指出："不管人们怎么说，地理位置

[①] Jamil Anderlini and Clea Caulcutt, "Europe Must Resist Pressure to Become 'America's Followers,' Says Macron," Politico, April 9, 2023, https://www.politico.eu/article/emmanuel-macron-china-america-pressure-interview/.

[②] Demetri Sevastopulo et al., "France Objects to Nato Plan for Office in Tokyo," The Financial Times, June 5, 2023, https://www.ft.com/content/204e595f-5e05-4c06-a05e-fffa61e09b27.

是难以改变的：印太地区不是北大西洋。"①

由上可见，法国堪称中国在西方阵营内少有的"志同道合"者。然而，同时值得指出的是，与冷战结束后头二十年不同，在俄乌冲突的大背景下，欧盟当前的"战略自主"并不必然意味着欧盟会对俄罗斯采取比美国相对和缓、合作的政策。2024年2月26日，在巴黎援乌国际会议结束之际，法国总统马克龙表示不排除向乌克兰出兵的可能，在西方引发轩然大波，最后大部分西方国家也并没有附和这种说法。马克龙在2022年2月俄乌冲突爆发前是力主与俄谈判的最主要人物，如今为了获得欧洲战略领导权又不惜站在反俄最前沿。这也就意味着，俄罗斯将成为中法之间日益关键的因素。

其次，再讲经济方面。马克龙推动欧洲经济"主权"，主要是为了让法国获得一层"保护壳"。

法国近年来成为对欧盟经济政策影响最大的国家。法国主张欧盟在经济政策中加强战略和安全考虑，主张增加政府规划色彩。② 马克龙总统念念不忘"工业主权""技术主权""农业主权"，在欧盟力推数字税、碳关税、产业政策、贸易保护政策、政府采购新规等，使欧盟政策越来越像法国。在欧盟委员会，来自丹麦的欧盟委员会负责竞争事务的委员玛格丽特·维斯塔格（Margrethe Vestager）强调维护开放性和多边规则，而来自法国的欧盟内部市场委员蒂埃里·布雷顿（Thierry Breton）则优先考虑内部投资和产业政策。马克龙还推动欧盟委员会增设了一位贸易执行官员，专门检查他国的环保、劳工标准有没有达到与欧盟贸易协定的标准，担任这个职务

---

① 《是否设立日本办事处？北约领袖释分歧信号》，德国之声中文网，2023年7月13日，https://p.dw.com/p/4TnWp。

② Salih I. Bora, "'A Sovereign Europe'? Strategic Use of Discourse at the Service of French Economic Interests in EU Politics（2017 – 2022）," *Journal of Common Market Studies*（*JCMS*），Vol. 61, No. 5, September 2023, pp. 1281 – 1297.

的是法国人丹尼斯·雷东内（Denis Redonnet）。

在世界政治经济形势发生剧烈变化的背景下，欧洲各国近年来都对其经济政策进行了反思和调整，以期在适应新环境的同时获得更有利的发展空间。其他成员国也努力去影响欧盟政策，希望去引导欧盟的经济治理更接近自身的经济模式。一般认为，欧洲国家大体可分为自由资本主义、管控的资本主义和国家资本主义三种类型，分别以英国、德国和法国三个国家为代表。[①] 英国虽然离开了欧盟，但荷兰、爱尔兰以及北欧等国都高度依赖自由贸易、信奉自由主义，担心法国借机扶持自己的"产业巨头"、搞"欧洲堡垒"。法国的政治经济一直被描述为"后统制"、"新统制"或"新重商主义"，指的是国家精英在确定优先事项和指导经济资源分配方面发挥突出的作用。德国经济模式介于二者之间，德国又是欧洲最大经济体。法国援引"欧洲主权"的表面目的是赋予欧盟地缘政治使命，但真正动机在于实现法国的经济利益。在许多情况下，援引"主权"使法国政府能够将"经济"问题转移到"安全"领域，并相应地使政府干预合法化。换言之，通过"欧洲主权""战略自主"等说辞，马克龙和法国政府正在寻求引导欧盟经济治理向管制主义靠拢。

因此，法国在欧盟层面推行保护主义，对中欧经贸关系而言是负面的。法国在限制太阳能产品进口、发起对华进口电动车补贴、把供应链"人权化"等各个方面都远比德国积极。法国支持限制进口中国的太阳能产品，因为法国自己有核电；而德国不希望限制中国的太阳能产品，因为德国停用核电，转向使用新能源产品的需求更为迫切。法国力挺对中国制造的电动汽车进行调查——上

[①] Vivien A. Schmidt, *The Future of European Capitalism*, Oxford: Oxford University Press, 2002.

述欧盟委员会内的两位法国官员布雷顿和雷东内，在推动欧盟对华电动车进行贸易战方面起了很大作用，德国对此十分不满，因为德国车企在中国市场上的占有率远远高于法国车企，德国担心中国报复其在华车企。① 在供应链立法方面，德国（特别是德国国内的自民党）出于商业利益阻挠在供应链上附加太多的人权因素，但法国则没有这方面的担忧。而且，法国的特点是，让欧盟"冲锋在前"，自己躲在后面，让欧盟承受对华关系的挫折而自己收获利益。这一点中方也有所认识。在2023年年底欧盟对中国电动车开启反补贴调查后，中国商务部在2024年1月初宣布对原产于欧盟的进口白兰地进行反倾销立案调查，其实针对法国，因为法国白兰地占欧盟出口总量的99.8%。

　　但另一方面，法国由于要在经济上"自主"，因此又不愿盲从美国的政策，不惧美国的施压，这样又有利于中法开展合作。比如，法国经济、财政及工业、数字主权部部长布鲁诺·勒梅尔（Bruno Le Maire）2023年4月指责美国在与中国的贸易问题上采用双重标准。他说，"有些人，例如在美国，说我们应该让西方经济，美国或欧洲，与中国经济完全脱钩。我看到的是，中国和美国之间的贸易量从未如此之高"，"我们不想成为村里的傻瓜，被人坑了，让其他大国与中国进行贸易，而我们将不再有权利这样做"②。法国对美国施压欧洲各国限制对华技术转让不以为意，勒梅尔2023年7月在访华期间拒绝就美国限制对华技术转让发表评论，并补充说法国"反

---

①　Jakob Hanke Vela, "Brussels Playbook: EU Eyes Chinese Cars — Vestager's Google Break-up Plan—Ukraine Security Vows," Politico, June 15, 2023, https://www.politico.eu/newsletter/brussels-playbook/eu-eyes-chinese-cars-vestagers-google-break-up-plan-ukraine-security-vows/.

②　Giobio Leali, "Je ne Regretterien: Macron Defends His Comments on Not Being US 'Vassal' Over Taiwan," Politico, April 12, 2023, https://www.politico.eu/article/je-ne-regretterien-macron-doubles-down-on-taiwan-comments-les-echos-us-backlash-from-white-house/.

对全球供应链脱钩，因为这将带来重大经济损失"。① 法国对美国在5G问题上的压力也不以为意。2023年7月，在北京与法国经济部长勒梅尔会面后，中国国务院副总理何立峰表示，法国已决定在一些法国城市延长华为5G牌照；2023年年底，媒体透露称中国华为将于2024年开始在法国斯特拉斯堡地区建设手机网络设备工厂。②

不仅仅对美国，再推广到欧洲对其他地区的政策，有时也是这种情况。比如，德国特别希望推动欧盟与南美洲五国组成的南方共同市场（Mercosur）达成自由贸易协议，因为这将有助于欧盟摆脱对中国矿产的过分依赖。但法国否决了这一协议，因为法国总统马克龙试图在欧洲大选前争取农民的选票。③

总之，"法国的欧洲"大体上为中国所乐见，也提高了法国在与中国打交道时的"身价"，但在具体事务上的影响却是复杂的。

三 中法合作的"重启"及其全球影响

在三年疫情中欧高层面对面交流几乎完全停止之后，2023年法国总统马克龙访华和2024年中国国家主席习近平访法，重启了中法关系，并在某种意义上带动了中欧关系的重启。在国际环境

---

① Alice Hancock, Laura Pitel and Leila Abboud, "EU Treads Cautious Line Over US Investment Bans on Chinese Tech," *The Financial Times*, August 10, 2023, https://www.ft.com/content/671ba0d0-4d96-41e8-b9e5-c7992a507602.

② 《华为将在法国开建第一家工厂》，法广中文网，2023年11月12日，https://www.rfi.fr/cn/%E6%B3%95%E5%9B%BD/20231211-%E5%8D%8E%E4%B8%BA%E5%B0%86%E5%9C%A8%E6%B3%95%E5%9B%BD%E5%BC%80%E5%BB%BA%E7%AC%AC%E4%B8%80%E5%AE%B6%E5%B7%A5%E5%8E%82。

③ Finbarr Bermingham, "EU's Plans for Tougher China Stance Risk Coming off the Rails as Splits Emerge on Multiple Issues," *South China Morning Post*, February 9, 2024, https://www.scmp.com/news/china/diplomacy/article/3251590/eus-plans-tougher-china-stance-risk-coming-rails-splits-emerge-multiple-issues.

快速变化的背景下，这两次访问都受到高度关注。

近年来，受内外因素的叠加影响，包括疫情、拜登上台后美国"联欧制华"政策、乌克兰危机升级，以及欧洲自身对华认知调整等，欧洲不少国家对华政策发生了消极变化。在与中国交往当中，欧洲国家以及欧盟机构强调经济和技术竞争，以及制度差异，中欧关系面临挑战增多的局面。2021年欧盟以所谓新疆人权为由对华实行制裁，中国随即进行了反制裁。双方经过七年谈判而达成的中欧全面投资协定，在欧洲议会的审批过程中遭到"冻结"。与此同时，随着中欧关系出现疏离，美国的对华"经济脱钩论"受到欧洲一些政客的追捧。而2022年俄乌冲突爆发后，中美关系跌至低谷，大国竞争愈益加剧，中欧关系也在很大程度上受到这场冲突的负面影响。

2023年4月5—7日，法国总统马克龙对中国进行国事访问，受到了中方的热情接待，双方举行了一系列精心安排的活动，访问取得了丰硕成果，在国际上引起了很大反响。除了访问的时机之外，此访令世界瞩目的最重要原因则是其取得的丰硕成果以及中法合作的战略影响。

马克龙此次访华取得的突出成果之一，就是推动中法和中欧经济取得更大的合作，以实际行动对"脱钩"说不。在马克龙的访华"豪华阵容"中有50人的商界代表。马克龙到达北京当晚在向法国在华企业界代表发表讲话时便直截了当指出，欧洲必须抵制减少与中国的贸易和外交关系的想法。中法和中欧关系长期以来以务实和经贸合作为根本特征。此次访问，中法领导人重申了双方将深化航空航天、民用核能等传统合作，同时强调把培育绿色发展、科技创新等作为未来新合作增长点，深化绿色、数字、创新等领域互利合作。习近平主席在与马克龙共同出席中法企业家委员会第五次会议闭幕式时指出，中国将加快开拓国内市场，同时大力推进高水平对外开放，稳步扩大规则、规制、管理、标准等制度型开放，愿同包括法国在内的世界各国分享中国式现代化带来的新机遇。中方支持法国企业有效利用中国国际进口博览会、中国国际服务贸易交易会、中国国际消费品博览会等重大对外开放平台，在中国市场展现更大作为。[①] 在马克龙总统访问期间，中法达成了一系列重大经济合作协定，突出表现在以下三大领域。在航空领域，双方宣布中国航空器材集团有限公司向空中客车采购160架空中客车民用飞机，总价值约200亿美元。空中客车公司还宣布将在空客天津建设第二条生产线，拓展A320系列飞机的总装能力。在农业食品领域，两国决定加强农业、农食产品、兽医和植物检疫领域的伙伴关系，中国愿同法方打造"从法国农场到中国餐桌"的全链条快速协同机制。在民用核能领域，中法一方面将继续推进在核能研发领域前沿课题上的合作，另一方面支持双方企业研究在核废料后处理等问题上加强工业和技术合作的可能性。

马克龙访华取得的另一引人注目的成果在于中法战略合作。作为欧洲大国和联合国安理会常任理事国，法国在欧盟以及国际多边机构中发挥着重要作用，中法关系不仅会对中欧关系产生重要影响，而且事关全球战略稳定和世界秩序的演变。在此次访华中，马克龙总统充分认识到了在俄乌冲突背景下中法和中欧战略合作的重要性。经过双方深入的交流和对话，中法在俄乌冲突问题上达成了重要共识，一是中法一致认为尽早结束俄乌冲突符合中欧的利益；二是乌克兰危机只能通过政治解决，当务之急是止

---

① 《习近平出席中法企业家委员会第五次会议闭幕式并致辞》，《人民日报》2023年4月7日。

战和谈；三是中法愿意就政治解决俄乌冲突展开合作。2023年4月7日发表的《中华人民共和国和法兰西共和国联合声明》写道，作为联合国安理会常任理事国，中法两国共同致力于为国际安全和稳定面临的挑战和威胁寻求基于国际法的建设性解决方案，认为应通过对话协商和平解决国家间分歧和争端，寻求在多极世界里强化以联合国为核心的多边国际体系。声明同时指出，恢复乌克兰和平的努力需要基于国际法和联合国宪章宗旨和原则。同时，中法领导人还重申致力于推动伊朗核问题的政治外交解决，重申致力于维护国际核不扩散体系及安理会决议的权威性和有效性。中法领导人重申"核战争打不赢也打不得"。两国呼吁不采取任何可能加剧紧张风险的行动。

从马克龙的访华当中，人们可以清楚地看到，一个战略自主的欧洲将能够在世界上发挥十分重要的作用。冷战结束后欧洲自主意识日益增强，俄乌冲突虽然令欧洲国家更加重视北约以及与美国的同盟关系，但随着乌克兰危机的持续发展，越来越多的欧洲国家开始意识到欧洲与美国的利益并不相同，欧洲有必要与美国的对外政策拉开距离。马克龙总统在访华回国途中不断强调法国和欧洲必须减少对美国的依赖，争取在国际上成为独立的一支力量，正是反映了这一意识。总之，在当前大国关系特别是中美关系日益紧张的背景下，中法关系的战略意义愈加突出。中法战略合作不仅将有利于中欧关系的持久稳定发展，而且对于防止世界脱钩断链和再阵营化将产生重大的积极影响。

具体来说，中法合作，将在以下三个方面对世界产生影响。

首先，中法两国通过共同支持世界多极化和经济全球化，拒绝世界滑向"新冷战"。第二次世界大战结束以来，世界曾经历了长达40余年的冷战。苏联解体后世界迎来后冷战时代。当前，全球又笼罩着"新冷战"的阴云,西方一些势力试图通过挑拨或阻止中欧合作,让世界重回集团对抗的状态。世界确实到了一个十字路口,走向合作还是走向对抗?中法两国在一系列重大国际问题上具有战略共识,持有相同或相似看法,共同反对阵营对抗和"脱钩断链"。中国和欧洲有责任给出回答,推动世界朝着和平、稳定和繁荣的方向发展。

其次,中法两国是应对和解决全球性挑战的关键力量。2024年4月底,法国总统马克龙在巴黎索邦大学发表演讲时强调,欧洲须直面全球性挑战,如果不采取行动,将面临消亡的危险。在数天后接受媒体采访时他再度强调:"在讨论关乎整个地球的问题,比如气候变化和保护生物多样性时,与中国的关系具有决定性意义。如果没有中国的同意,这些问题就无法推进。"面对动荡不安、变乱交织的世界,中法两国可以在应对包括气候变化、生物多样性、地区冲突等全球性挑战方面加强协调与合作。2024年5月习近平主席访问法国期间,双方发表了《中法关于中东局势的联合声明》,在巴以冲突、红海危机等中东紧迫议题上展现共同立场,表达了实现中东和平的共识。只要中欧合作,全球性挑战的解决就有希望。

最后,中法合作将能够对世界经济发展起到重要作用。经贸关系是连接中欧之间的最重要纽带,也可以说是中欧关系的压舱石。中欧产业链、供应链、价值链深度相嵌交融,彼此谁都离不开谁。2022年,中欧双边货物贸易总额达8473亿美元;2023年,欧盟统计局的数字是7379亿欧元。在双边经贸合作中,法国是中国在欧盟的第三大贸易伙伴,中国是法国在欧盟外的第一大贸易伙伴,2023年双边贸易额达789亿美元。

第十四章　中德关系

在欧洲国家中，论与中国的金融关系，首推英国；论与中国的战略关系，首推法国。但过去十几年，中德关系无论在经济上还是战略上都得到了长足的发展，在欧债危机后默克尔主政德国期间甚至一度有"一枝独秀"的意味。德国在欧洲和西方内部对对华政策的影响明显增大，而德国在欧洲乃至在世界中的地位，都是中国重新评估德国的内容。

一　中德经济"特殊"关系

在欧洲，德国是经济最强的国家，也是与中国经济关系最密切的国家，中德两国贸易额占中欧贸易额的约1/3。中国在2016年超越法国、美国成为德国最大贸易伙伴；当年中国也成为德国最大绿地投资来源国，比前一年增长了近十倍。[①] 据欧盟统计数据，在2023年，欧盟内的前三大对华出口货物最多的国家是德国、法

[①] 《德国工商大会：中国首度成为德国最大贸易伙伴》，新华网，http://www.xinhuanet.com/world/2017-01/28/c_129462382.htm；Thilo Hanemann and Mikko Huotari, "Record Flows and Growing Imbalances: Chinese Investment in Europe in 2016," Rohdium Group and Merics, January 2017, http://rhg.com/wp-content/uploads/2017/01/RHG_Merics_COFDI_EU_2016.pdf。

国、荷兰（德国占欧盟整体的13.6%）；而前三大从中国进口货物最多的国家是荷兰、德国、意大利（德国占欧盟整体的20.0%）。而且，德国是少有的几个对华有贸易盈余的国家（其他三个对华有贸易盈余的国家是芬兰、爱尔兰、卢森堡，但数额比德国少很多）。①

德国对华"以商促变"（Wandel durch Handel）政策多年来被认为是欧洲对华政策的总结，许多西方人批评德国对华不重视价值观。事实上，德国政府在这个问题上是有反复的。"铁娘子"默克尔2005—2021年执掌德国16年，在担任德国总理的前几年，她奉行的是价值观外交——2007年9月，她在总理府接待了达赖喇嘛，受到中方严正抗议，中德关系出现紧张和疏远局面。但在2008年国际金融危机之后，默克尔出于经济利益考虑开始改善对华关系，低调处理所谓"价值观问题"，媒体称之为"静默外交"。2008年，默克尔以国务繁忙为由避见达赖喇嘛；2009年达赖喇嘛访问德国时，德国重量级政治家均避而不见。与此形成对比的是，中德关系又迅速热络起来。2010年，中德将双边关系提升为全面战略伙伴关系，2011年中德开启双边政府磋商，为中国与西方国家之间中央部门参加最多的磋商机制。2014年发表《中德合作行动纲要：共塑创新》，2017年中德又增设了高级别人文交流对话机制。德国外交部2017年调整机构，新设亚太司并专设中国处（过去只有欧洲司一个地区司）。在默克尔2012年访华前夕，柏林官员在记者会上称中德关系是"特殊关系"，这个词通常用来形容英美那样的关系。默克尔访华随行的有7名部长、20多位德国大公

---

① "China-EU-International Trade in Goods Statistics, Eurostat," March 2025, https://ec.europa.eu/eurostat/statistics-explained/index.php?title=China-EU_-_international_trade_in_goods_statistics#EU_and_China_in_world_trade_in_goods.

司老板,媒体称德国通常只在出访美国等盟友时才有这样的高级代表团。①

中德的经济发展模式也有类似之处,都是制造业非常发达,出口多、顺差高。德国甚至被称为"欧洲的中国"。在 21 世纪的第二个 10 年,德国提出"工业 4.0"的概念,这个概念对中国也有较大影响。中国在 2015 年推出《中国制造 2025》,而德国则在 2019 年发布《德国工业战略 2030》。中德经贸关系长期较好,是因为两国经济互补性强,但是,随着中国爬升产业链,中德经贸关系中竞争的一面也开始凸显。2016 年,中国企业收购德国库卡、爱思强等高科技企业的消息在德国引起了广泛的讨论,德国政府带头敦促欧盟建立限制外资收购的机制。德国的深层次担忧是中国沿价值链的攀升。国际咨询企业家罗兰·贝格(Roland Berger) 2017 年在接受德国《商报》采访时表示,中国要达到德国企业的生产水平,应该可以在 20 年内实现。到那时,中国和德国企业之间就不再存在明显的差距。② 高盛公司(Goldman Sachs)一项研究预计,德国接下来将感受到中国更大竞争压力的领域包括:低端电力传输技术、高速铁路、风力发电,以及智能电网技术,而这些都是德国工业典型的优势领域。③

二 "德国的欧洲"与中国

中国自己是大国,在外交中也格外重视大国。如果一个欧洲国

---

① 《中德"特殊关系"引热议 丰厚合同令柏林兴奋》,《环球时报》2012 年 8 月 31 日。
② 《罗兰贝格:中国企业 20 年赶超德国》,德国之声中文网,2017 年 6 月 1 日,http://p.dw.com/p/2dylX。
③ [英]克里斯·布赖恩特:《中德"特殊关系"的机遇与压力》,爱思想网,2013 年 5 月 27 日,http://www.aisixiang.com/data/64315.html。

家自己是大国，又在欧盟当中发挥独特作用，那么中国将格外重视这个国家。法国是这样一个国家。在2009年欧债危机爆发后，德国也成为了这样一个国家。

2009年欧债危机爆发后，德国作为欧洲最大"金主"，在处理危机方面拥有很大话语权，德国总理默克尔事实上成为欧洲"大管家"。许多欧洲国家也期待甚至敦促德国在欧洲事务，乃至全球事务中扮演更大的角色。[①] 而中国在危机爆发后积极"救欧"，成为全球唯一在欧盟、欧元区处于危急时刻挺身而出的大国；中国不但在言辞上多次表态支持欧洲一体化，在实际行动上也加强与欧洲的经贸合作、购入欧元作外汇储备。在这样的背景下，中德关系跃升了一个高度，双方的合作由中德关系跃升到中欧关系层面，中德关系在中欧关系中的重要性也更为凸显。

中德在看待对方时增加"欧洲视角"，有时候有利于促进中德关系和中欧关系。比如，在2012—2013年的中欧光伏贸易战中，中方多次做德国工作，推动中欧妥善解决争端；在2020年下半年德国任欧盟轮值主席国期间，德国推动欧盟与中国完成中欧投资协定谈判。而有时候则使中德关系和中欧关系复杂化。比如，中国和中东欧国家开展合作，德国便觉得中国对欧洲"分而治之"，对此十分警惕。

2019年3月，欧盟委员会提出了对华"三重定位"，即同时称中国为合作伙伴（a cooperation partner）、谈判伙伴（a negotiating partner）、经济竞争对手（an economic competitor）和制度性对手

[①] "New Power, New Responsibility: Elements of a German Foreign and Security Policy for a Changing World," SWP and GMF, October 2013, https://www.swp-berlin.org/publications/products/projekt_papiere/GermanForeignSecurityPolicy_SWP_GMF_2013.pdf; Nicholas Walton and Jan Zielonka eds, "The New Political Geography of Europe," ECFR, January 17, 2013, https://ecfr.eu/wp-content/uploads/ECFR72_POLICY_REPORT_AW.pdf.

(a systemic rival)。① 而这个"三重定位",被认为源自德国。2019年1月,德国工业联合会(BDI)在一份原则性报告中指出:"在我们的自由、开放和社会福利市场经济体系和中国的国家主导经济体系之间,一场制度竞争正在展开"。② 长期以来,欧盟和欧盟成员国一直试图打造一个统一的对华政策,但因为分歧太大,都没有成功。直到2019年德国工业协会提出对华多重定位后,最大公约数显现,思想才趋向统一。③ 这一点我们在前面讨论过。

  2023年7月13日,德国出台有史以来首份中国战略。其中,德国强调要将其对华政策"与欧洲的对华政策保持一致",要"根据欧盟的目标追求我们(德国)的利益",并明确指出"在欧盟负责的问题上,德国不能成为中国的谈判伙伴"。报告还指出,由于中德紧密的经贸联系,德国在维护欧洲经济利益方面负有"特殊责任",其中包括声援受到中国压力的成员国。报告还敲打欧盟候选国,称其对华方针不应违背欧洲利益。④

三 "后默克尔时代"的摸索前进

  1990年两德统一后,德国政局非常稳定,迄今经历了四任总

---

① *EU-China—A Strategic Outlook*, European Commission, March 12, 2019.
② 德国工业联合会是36个工业行业协会组成的经济政策性总会,是德国工业界最为重要的院外游说组织,具有很重要的影响力。该报告参见 "China-Partner and Systemic Competitor: How Do We Deal with China's State-Controlled Economy?" January 10, 2019, https://english.bdi.eu/publication/news/china-partner-and-systemic-competitor/。
③ 《专访:柏林、北京向美国发信号"不想脱钩"》,德国之声中文网,2021年4月21日,https://p.dw.com/p/3sZUC。
④ *Strategy on China of the Government of the Federal Republic of Germany*, The Federal Goverment, July 13, 2023.

理，分别为科尔（Helmut Kohl，基民盟，在位时间1982—1998年）、施罗德（Gerhard Schröder，社民党，1998—2005年）、默克尔（Angela Merkel，基民盟，2005—2021年）、朔尔茨（Olaf Scholz，社民党，2021年至今）。其中，默克尔在位16年，在任上历经了4位美国总统、4位法国总统和5位英国首相；其所主政的年份，又恰逢中德关系日益紧密成熟的时期。在位期间，默克尔访华12次，是对中国情况最了解的西方国家领导人之一。默克尔在第一个任期末尾遇到国际金融危机、欧债危机，然后迅速成长为欧洲的"中流砥柱"；再到2017年特朗普当选美国总统，默克尔与特朗普针锋相对，被媒体嘉许为"自由世界的领导人"。在默克尔任内，德国对华政策稳健务实，对其他西方国家产生了一定的示范性影响。

在默克尔最后一任时，中德关系已经在德国国内引发越来越多的争论。2016年起，德国国内开始关注中国企业收购库卡、爱思强等高科技企业；所谓香港、新疆、5G等问题受到德国和欧洲舆论关注。因此，进入21世纪第二个10年，默克尔卸任之前，德国和欧洲媒体已经在讨论默克尔卸任后中德关系何去何从。不少人认为默克尔的对华政策难以持续。

2021年9月，德国举行大选。在竞选期间，中国角色更为突出，各政党都考虑到了对华政策，甚至在竞选材料中专门花整章、整段来阐述，这是个新的现象。几乎所有党派都以批判的眼光看待中国，但各方侧重不同。[①] 2021年11月24日，德国社民党、绿党和自民党经过近两个月的谈判公布联盟协议，组成新的联合政府。联盟协议长达177页，包括序言在内共有九个章节，

---

① "Germany's Future China Policy—a Look into the Election Campaign," *MERICS*, June 24, 2021, https://merics.org/en/short-analysis/germanys-future-china-policy-look-election-campaign.

协定中一共 12 次提到中国。在关于外交政策的第七章"德国对于欧洲及世界的责任"中，多处与中国有关。在对华政策中，该协议坚持了欧盟的对华多重定位，并提到了各个敏感问题，以及提到了与美协调。① 从 2021 年年底到 2022 年年初，朔尔茨总理领导的所谓红绿黄"交通灯"政府对华还是比较务实的，基本上延续默克尔的政策，这从其不参与美国带头的"外交抵制"2022 年的北京冬奥会便可看出。

然而，不久后，俄乌冲突爆发了。乌克兰危机对德国的影响与欧债危机有相似之处，即大幅推动德国迈向"正常国家"。2022 年 2 月 27 日，在俄乌冲突爆发三天后，朔尔茨总理在联邦议会发表了著名的演讲，他在演讲中提出了"时代转折"（Zeitenwende）这一说法，并表示要大幅增加军费。② 如果说，在欧债危机之后，德国看中国多了一个"欧洲维度"，那么在乌克兰危机之后，德国看中国便多了一个"全球维度"。2022 年 12 月，美国《外交》季刊网站刊登德国总理朔尔茨的文章《全球时代转折》，系统地阐述了朔尔茨对国际秩序、大国关系、德国外交的思考，其中也提到了对华政策。文章称，"在这个新的多极世界中，不同的国家和政府模式正在争夺权力和影响力。""'时代转折'超越了乌克兰战争和欧洲安全问题。核心问题是：作为欧洲人和欧盟，我们如何才能在日益多极化的世界中保持独立？"③

---

① 《德国"红黄绿"政府正式确立执政协定多处提及中国》，德国之声中文网，2021 年 11 月 24 日，https://p.dw.com/p/43QcO。

② "Regierungserklärung von Bundeskanzler Olaf Scholz am 27. Februar 2022," https://www.bundesregierung.de/breg-de/suche/regierungserklaerung-von-bundeskanzler-olaf-scholz-am-27-februar-2022-2008356.

③ Olaf Scholz, "The Global Zeitenwende: How to Avoid a New Cold War in a Multipolar Era," *Foreign Affairs*, January/February 2023, https://www.foreignaffairs.com/germany/olaf-scholz-global-zeitenwende-how-avoid-new-cold-war.

在乌克兰危机前,德国模式的成功有赖于三者——自身制造业的技术优势、俄罗斯的廉价油气、中国的广阔市场。乌克兰危机后,德国失去了俄罗斯的廉价油气,如果再失去中国市场,那么其发展模式将受到致命的冲击。然而,德国对于中国市场开始却犹豫了。第一,德国把对俄罗斯油气依赖的教训推而广之,认为不应过分依赖中国经济。2022年5月,德国总理朔尔茨在接受媒体访谈时脱稿批评德国企业"把鸡蛋都放在中国一个篮子里",敦促德企实现供应链和出口市场多样化。① 德国外长贝尔伯克则表示:"完全的经济依赖,特别是依赖于不认同我们价值观的国家,是一种安全风险。"② 第二,为了维护美国的安全保护,德国不得不在许多问题、包括对华政策上跟随西方的整体步伐。比如在5G问题上,此前德国基本没有顺从特朗普政府在这个问题上的压力,但在乌克兰危机后,德国又对其5G政策开始重新审核。③

然而,中德经贸关系仍然显示出很大的韧性,德国经济界并不愿与中国"脱钩"。据德国经济研究所(IW)的结论,2023年德国对华的直接投资增长了4.3%,达到119亿欧元,创下新高。相比之下,德国整体对外国直接投资额从2022年的1700亿欧元下降为2023年的1160亿欧元。德国对华投资占整体对外投资比例比上升至10.3%,是2014年以来的最高水平。④ 2023年12月,德国基

---

① Noah Barkin, "Watching China in Europe-June 2022," JMFUS, June 1, 2022, https://www.gmfus.org/news/watching-china-europe-june-2022.

② "'We Are Taking the Most Severe Scenarios Seriously': Foreign Minister Annalena Baerbock in an Interview with the Rheinische Post and Affiliated Newspapers," May 3, 2022, https://www.auswaertiges-amt.de/en/newsroom/news/-/2525214.

③ 《德国考虑禁用华为中兴网络设备,运营商:不切实际》,德国之声中文网,2023年9月21日,https://p.dw.com/p/4Wd85。

④ Sarah Marsh, "Exclusive: German Investment in China Rises to Record High," Reuters, February 14, 2024, https://www.reuters.com/markets/german-investment-china-rises-new-record-high-2024-02-14/.

尔世界经济研究所（ifW）领衔进行的模拟测算的结果则显示，"如果突然中断与中国的贸易往来，德国的经济产值将骤跌5个百分点；从中长期看，（脱钩的）经济损失将逐渐回落到每年约1.5个百分点"。①

在这种情况下，德国内部对华政策出现混乱。由社民党、绿党和自民党组成的执政联盟在2021年秋天的执政协议中就决定着手制定全面的安全战略和计划，也约定制定共同的对华战略。但一直到2023年上半年，各方就这两份战略仍争执不下。最后到了2023年6月和7月，才分别推出安全战略和中国战略。德国联合执政三党中，绿党对华强硬，强调价值观议题；自民党重视与中国的商业利益；社民党也相对务实。在绿党管辖的外交部和社民党占据的总理府的争权中，原定设立的国家安全委员会也未能建立起来。在2024年6月举行的欧洲议会选举中，德国执政三党皆遭重挫，在余下的一年任期中更难有太大作为了。

---

① 《德语媒体：习近平在越南想得到什么？》，德国之声中文网，2023年12月14日，https://p.dw.com/p/4aA8k; "Cost of Decoupling from China for German Economy Severe but Not Devastating," IFW, 2023年12月14日, https://www.ifw-kiel.de/publications/news/cost-of-decoupling-from-china-for-german-economy-severe-but-not-devastating/。

第十五章　中国与中东欧关系

东欧既是地理概念，也是政治概念，指冷战时期社会主义阵营中的欧洲国家。冷战结束后，许多东欧国家提出"回归欧洲"，纷纷加入欧盟和北约。欧洲人觉得"东欧"这个词具有政治色彩，改称其为"中东欧"，以突出其地理、历史和文化含义。但近年"中东欧"这个词似乎又增加了一些超越地理内涵的东西。

一 "中东欧"的存在感

欧洲除了中东欧，还有西欧、北欧、南欧、东南欧等，但欧洲的这些次区域都没有像中东欧这样如此引人注目。加入或等待加入欧盟的中东欧为何还一直有意或无意、主动或被动地"刷存在感"？

首先，可能与经济有重要关系。中东欧国家与欧盟其他国家的最大差别估计还是发展水平。当然，欧盟内部，南欧发展也不如北欧，但要整体而言，中东欧地区经济发展明显落后于其他欧洲地区。

其次，中东欧国家的"欧洲化"或者说"欧盟化"道路并不平坦。很多欧洲学者把欧洲一体化称为欧洲化，但更准确地说应该是欧盟化，中东欧国家不存在欧洲化问题，这些国家提出入盟申请以及加入欧盟后的一体化进程应该是"欧盟化"。中东欧国家的欧盟化进程道路仍然漫长。有可比性的估计就是20世纪70—80年代加入欧盟（当时还是欧共体）的西班牙、葡萄牙、希腊三国，这三个国家都是国内政治制度发生变化之后参与到欧洲一体化当中的。但联系到波兰、匈牙利等国近年来与欧盟的"斗法"，可以看出中东欧国家融合到欧盟大家庭的历程更复杂也更艰难。中东欧地区的历史地理也是一个关键因素。中东欧国家与俄罗斯直接相邻，相互之间具有异常复杂的历史渊源，导致双方的关系很难处理。显然中东欧国家与俄罗斯复杂且紧张的关系也强化了中东欧板块的存在感。近年来波罗的海国家、波兰等中东欧国家对俄罗斯、美国，以及中国的态度引起很大关注，一再告诉人们中东欧的特殊性。

最后，在中美战略博弈背景下，美国要打"中东欧牌"。美国从特朗普开始就一直对欧洲施加影响，中东欧国家首当其冲，可以说是美国做工作的重要对象。但特朗普收到的成效有限，拜登上台以后增大了对欧洲的影响，中东欧一些国家的外交政策作出了明显的反应。中东欧国家与中国的关系也引起了一些欧盟国家的关注或者忧虑。比如"中国—中东欧合作"机制被认为是中国对欧洲实行"分而治之"。中东欧国家对中国提出的共建"一带一路"倡议总体上持积极支持的态度。这也和西欧国家的态度形成明显差别。

二 "中国—中东欧合作"机制

在20世纪50年代，中国与同属于社会主义阵营的东欧国家建立了正式外交关系。然而，在中苏关系破裂后，中国与东欧国家短暂的蜜月期便结束了。随后的几十年里，尽管中国与中东欧国家有着历史联系，并通过正常的外交和机构进行接触，但双方并没有实质性的相互了解。在冷战结束后，该地区国家纷纷加入欧盟和北约，一心通过融入西方完成改革和发展。而中国与欧洲关系的重点在西欧地区和欧盟。

这种情况在21世纪的第二个10年发生了变化。一方面，中国经济在多年高速发展后，中国企业开始"走出去"寻求更多的投资机会，而中国政府也有更强烈地参与国际事务的意愿。另一方面，中东欧国家由于在政治和发展水平上始终与西欧国家存在差距，也萌生了"向东看"的冲动。2008年国际金融危机爆发后，匈牙利和罗马尼亚等多个欧洲国家接连发生经济危机。一些中东欧国家加入欧盟后，金融体系实际上被西欧银行所控制，金融危机爆发后，西欧的银行纷纷将在中东欧国家的资金撤回本国；此外，西欧是中东欧国家的主要投资方，金融危机、欧债危机爆发后，西欧国家自顾不暇，对中东欧的投资明显减少。在这种背景下，中东欧国家的经济发展受到影响，转而寻求更多的对外合作渠道和路径。这就催生了"中国—中东欧合作"机制。2011年6月，温家宝总理对匈牙利、英国和德国进行访问。在出访匈牙利的时候，为配合温家宝总理的访问，有关部门提出中国与匈牙利及周边国家召开一个经贸论坛，商讨经贸方面的合作问题。这个提议受到了热烈响应，十几个中东欧国家都派代表参加了经贸论坛。2011年希腊债务危机爆发揭开了欧债危机的"潘多拉盒子"，欧元区自顾不暇，中东欧国家对资金的需求更加迫切。于是在经贸论坛的基础上，第一次中国—中东欧国家领导人会晤2012年在波兰华沙召开，这就是"16＋1合作"的正式开端。[1] 根据2012年4月中国—中东欧国家领导人华沙会晤达成的共识，"中东欧16国"包括阿尔巴尼亚、波黑、保加利亚、

---

[1] 冯仲平等：《当美国"大象"闯入"16＋1合作"的"瓷器店"……》，《世界知识》2019年第6期。

克罗地亚、捷克、爱沙尼亚、匈牙利、拉脱维亚、立陶宛、马其顿、黑山、波兰、罗马尼亚、塞尔维亚、斯洛伐克、斯洛文尼亚。后来，希腊在 2019 年加入"中国—中东欧合作"机制，"16 + 1"变为"17 + 1"。波罗的海三国在 2021 年、2022 年退出该机制。

随着 2013 年中国推出"一带一路"倡议，"中国—中东欧合作"机制也成为了中国共建"一带一路"的重要组成部分。在基础设施领域，中国与中东欧国家的合作最为引人注目。2013 年 11 月，在布加勒斯特第三次中国—中东欧国家领导人会晤时，中国、塞尔维亚及匈牙利三方宣布合作建设匈塞铁路。2014 年 12 月第四次峰会上，中国与中东欧 16 国领导人发表《中国—中东欧合作贝尔格莱德纲要》，上述共识得到落实而且有了实质性进展和新的拓展，有关国家一致同意将这条铁路延伸至希腊比雷埃夫斯港，共同打造中欧陆海快线。在中国—中东欧合作的良好氛围下，中国与中东欧，尤其是与塞尔维亚、阿尔巴尼亚和马其顿等巴尔干半岛的中东欧国家的有关基础设施与能源的项目合作不断取得突破，塞尔维亚科斯托拉茨（Kostolac）煤电厂升级改造、摩拉瓦运河水电站及多瑙河米海洛·卜平大桥建设和波黑斯坦纳里火电站项目都进展顺利。此外，在双方的共同推动下，中国和中东欧国家的贸易、投资均取得大幅度增加。中国已成为中东欧国家在欧盟以外最重要的贸易伙伴和进口来源国之一。2021 年 2 月 9 日，中国国家主席习近平在中国—中东欧国家领导人视频峰会上指出，中国与中东欧国家形成了符合自身特点并为各方所接受的合作原则。他特别强调了一点，即有事大家商量着办，相互尊重，合作不附带政治条件，坚持大小国家一律平等，共商共建共享，照顾彼此关切。[①] 总之，务实合作成为过去十

[①] 《习近平主持中国—中东欧国家领导人峰会并发表主旨讲话：凝心聚力，继往开来，携手共谱合作新篇章》，《人民日报》2021 年 2 月 10 日。

年中国—中东欧关系的重要基础。

大概在2017年的时候，欧盟以及欧洲大国对中东欧国家参与"一带一路"的疑虑浮出水面。欧盟委员会于2017年2月对中国"一带一路"计划的标志性项目——匈塞铁路展开调查，以评估该项目是否违反了"大型交通项目必须进行公开招标"的欧盟法律。① 2018年2月21日，默克尔在与来访的马其顿总理扎埃夫举行的记者会上，警告中国通过经济合作"渗透巴尔干"；2月22日上午，默克尔在联邦议院上再度表示需要警惕中国对欧洲的经济挑战。② 2018年5月17日，欧盟召开了15年以来的又一次西巴尔干峰会，提到了要加强与西巴尔干的互联互通。

如何打消欧洲对中国与中东欧发展机制化合作的疑虑，对于中国来说是个挑战。毫无疑问，随着欧洲一体化的发展，欧盟日益成为一个独特的国际行为体。在治理层面上，欧盟既有诸如法国、德国这样的成员国，又有包括欧盟委员会、欧盟理事会、欧洲议会等在内的"超国家"机构；在地域上，中东欧是欧洲特别重要的次区域。中国与中东欧关系是中国与欧盟关系的重要组成部分。欧盟从2004年开始成为中国的第一大贸易伙伴并非偶然，因为这一年波兰、捷克、匈牙利等八个中东欧国家正式加入了欧盟大家庭。2012年中国开始和中东欧国家开展机制化合作，是中国根据欧盟的特殊性力图全面深入推动中欧关系发展的一个创新性举措。在中国看来，在欧盟层面，中国与欧盟建立了年度定期领导人会晤机制，在成员国层面，中国与很多欧洲国家都有双边机制化安排，比如与德国建立了中德定期政府磋商，在此情况下中国与中

---

① 《中国铁路首个欧洲项目匈塞铁路有望11月动工》，《中国日报》2017年8月15日。
② 《默克尔警惕中国"渗透巴尔干"？德学者：欧洲无法适应中国崛起》，《环球时报》2018年2月23日。

欧洲战略问题及中欧关系

东欧地区在双方共同意愿的基础上创建机制化合作,是再正常不过的事。中东欧国家与中国合作,并不是在中国和欧盟二者之间进行非此即彼的选择。中国和中东欧的关系可能会对德国或法国与中东欧国家之间的关系比如贸易、市场等方面形成一种竞争。但这是一种正常的竞争。

第五编 秩序转型与中欧关系的未来

21世纪进入第二个10年，世界开始动荡不安，变乱交织，世界真正到了一个十字路口。2008年国际金融危机之后中国加速崛起；不期而至的新冠疫情成为世界大变局的"加速器"；英国公投脱欧与特朗普胜选美国总统既代表了西方近年"反建制"思潮的巅峰，同时也开启了西方社会变革以及全球地缘政治变化的新时期；乌克兰危机的升级，似乎宣告了后冷战时代的终结。不确定性增大成为当今世界一大特征。中欧关系事关重大，双方保持对话与合作不仅将给不稳定难预测的世界注入稳定性，而且将推动塑造未来世界新格局和国际新秩序。中欧携手，新冷战就打不起来；中欧合作，脱钩断链就不会出现。

第十六章　中美欧三边关系

自从第二次世界大战结束以后，美国就是欧洲所有国家对外关系的重中之重。随着世界大变局特别是世界大国力量对比发生变化，欧洲密切关注中美关系的变化，思考美国究竟对中国采取什么样的政策？在这种情况下欧洲该怎么办？这是欧洲国家和欧盟外交的首要议题，当美国的对华政策发生大的变化时，尤其如此。而在中国这边，随着中美战略竞争不断加剧、日益激烈，中国也在思考应该如何看待美国的同盟体系？美国的同盟体系怎么演变？对中国有什么直接与间接的影响？在某种意义上，似乎可以说中国人关心中欧关系，很多时候是为了处理与美国的关系。

一　跨大西洋关系中的中国因素

在相当长一段时间内，中国因素在跨大西洋关系中并没有显现。

美欧之间的纽带本身就非常牢固，跨大西洋关系的自身动力颇为强大。在欧洲看来，美欧关系在世界上独一无二。欧洲学者常把跨大西洋联盟描述为"unique"，即其他双边关系无法攀比的独一无二的关系。美欧关系历史悠久，内容充实，美欧之间具有巨大的凝聚力。欧美跨大西洋同盟最坚强的一个纽带是军事同盟，这也是它的核心。在第二次世界大战结束不久后成立的北约有三大使命：留住美国、摁住德国、赶走俄国。它的首要使命是要把美国人留下来，不能像第一次世界大战那样，美国大兵打完仗就撤走了。这是欧洲人在两次世界大战之后维护和平的一种方式。第一次世界大战、第二次世界大战首先都是欧洲的内战，结果变成了世界大战。欧洲在第二次世界大战结束以后思考的就是欧洲大陆不能再有第三次世界大战了。为了达成这一目标，欧洲做了两件事，其一是推动区域一体化，让法国与德国通过欧洲一体化实现和解。其二是把外在的一支力量引到欧洲来，而且把它留下来，这支力量就是美国。通过北约这一军事制度框架，欧洲国家之间长期的冲突关系得到了遏制。不论是德国还是法国、意大利，加入北约以后，相互之间的关系就比以前要简单化了。这是欧美关系、跨大西洋同盟的核心。

欧美跨大西洋同盟还有另外一个很重要的因素就是所谓的西方价值观。欧美同盟既是军事同盟，也是政治同盟。所谓政治同盟，就是价值观的同盟。除了价值观，美欧之间还有历史文化纽带。美国很多领导人都能在欧洲寻到根。美国领导人访问欧洲时，基本上都会介绍一下他的祖辈都是来自欧洲某个国家的。比如，美国前总统奥巴马的父亲是非洲人，而母亲则是爱尔兰人。由于使用相同的语言，美国和英国两国领导人沟通更为容易。由于历史文化相同，美欧之间的贸易和投资也非常容易。美欧是世界上联系最紧密的两大经济体，彼此的经贸和投资都很大。

让欧美保持紧密合作的最大外部因素是苏联以及之后的俄罗斯。跨大西洋同盟由冷战而建。由于有共同的敌人，所以同盟很坚固。但是随着华约解散、苏联解体，北约怎么办？一种意见认为北约也应该终结。但是，当时不论是美国领导人还是欧洲的领导人，还是坚持要把北约保留下来。不仅保留了下来，北约还保持了扩大的态势，把前社会主义国家纳入了它的军事同盟之中，乃至于一步一步地扩到了俄罗斯的家门口。这样，虽然冷战结束了，北约仍是西方与俄罗斯关系中最大的一个挥之不去的问题。俄罗斯觉得美国与西方没有遵守诺言，对俄罗斯不信任。2022年俄乌冲突爆发后，俄罗斯与西方其实就在北约问题上短兵相接了。

中国因素开始在跨大西洋关系中凸显，始于2003年欧美关系冷战后首次出现严重裂痕。由于美国绕过联合国出兵伊拉克，欧洲出现了反美浪潮，反对美国的"单边主义"，呼吁"多边主义"。而中国自冷战结束以来一直反对美国的"单极世界"，倡导"多极化"。欧盟与中国一拍即合，于2003年建立战略伙伴关系。中国政府在2003年10月发表的首份对欧盟政策文件中，第一段是几句看似与中欧关系没有关系的文字："世纪之初，国际形势发生深刻变化。世界多极化和经济全球化趋势继续曲折发展，和平与发展仍是时代主题。世界还很不安宁，人类仍面临诸多严峻挑战，但维护世界和平，促进发展，加强合作，事关各国人民的福祉，是各国人民的共同愿望和追求，是不可阻挡的历史潮流。"[①] 在2003年10月中欧建立全面战略伙伴关系的联合声明中，中欧双方出于外交考虑，并未提及美国，也并未提及多极化，而只是委婉地表示："中国和欧盟将致力于促进世界和平、安全和可持续发展，主张加强联合国在这方面的作用"；"强调伊拉克尽早恢复主权和重

---

① 《中国对欧盟政策文件》，中国政府网，https://www.gov.cn/gongbao/content/2003/content_62478.htm。

建的必要性"。① 但不可否认，建立更公正合理的国际新秩序已成为中欧加深其合作的重要考虑。

中欧建立战略伙伴关系、欧盟讨论解除对华武器禁运等事，引起了美国的警惕。2005 年一份美欧学者的联合研究报告指出，此前美国对欧洲对华政策不太关心，因为中欧关系主要就是经贸关系，但"随着 2003 年欧盟外交与安全政策高级代表索拉纳在制定新的欧洲安全战略时将中国列为欧盟未来的战略伙伴之一，欧洲政治领导人（尤其是法国和德国的政治领导人）开始努力解除欧洲对中国的武器禁运，这种情况开始发生变化"②。2005 年，美国学者沈大伟（David Shambaugh）提出了中美欧"战略三角"这一概念。③ 此后中美欧三边关系就成为国际关系学者一个津津乐道的话题。不过，随着欧盟 2005 年在美国施压之下搁置取消对华武器禁运，中欧在战略上联合抗衡美国的"势头"也就慢慢消失了。2009 年萨科齐领导下的法国宣布重返北约军事一体化机构，成为欧美关系好转的标志性事件。

进入 21 世纪的第二个 10 年，中美欧三边关系似乎又回来了。而这次的主要诱因，是中国的崛起。

由于中国的崛起，中国在 2008 年国际金融危机和 2009 年欧债危机之后与欧洲务实合作，博得了欧洲的好感。欧洲各国纷纷提升中国在其对外关系中的重要性，甚至把中国视作与美国同等重要的"外交优先"，在捷克、挪威等国与中国关系转圜之后，欧洲已经没有与中

---

① 《第六次中欧领导人会晤联合新闻公报》，中国政府网，2003 年 10 月 30 日，http://www.fmprc.gov.cn/ce/cebe/chn/zozyzcwj/celdr/t541014.htm。

② Bates Gill and Gudrun Wacker, eds., "China's Rise: Diverging US-EU Perceptions and Approaches," SWP, August 2005, https://www.swp-berlin.org/fileadmin/contents/products/projekt_papiere/ChinaGMF_end_ks.pdf.

③ David Shambaugh, "The New Strategic Triangle: U.S. and European Reactions to China's Rise," *Washington Quarterly*, Vol. 28, No. 3, 2005, pp. 7–25.

国关系疏远的国家。中欧关系呈现多层次、多中心交互向前推进的新局面。中欧关系迅速发展的这种状况很快就引起了美国的紧张。在2012年中欧关系迅速升温之时，美国国会的"美中经济与安全评估委员会"于2012年4月19日专门就中欧关系对美国的影响举行了听证会，主题为"中欧关系及其对跨大西洋影响"。[1] 其中，美国智库"德国马歇尔基金会"长期跟进美欧关系、中美关系的研究员安德鲁·斯莫尔（Andrew Small）在听证发言中对中美欧做了如下言简意赅的总结："过去几年，跨大西洋对华看法渐趋一致，对与中国合作的兴趣与日俱增。尽管欧洲不像美国那样，能更敏锐地认识到亚洲的重要性，但在贸易方面，欧洲却比美国更具雄心，而且为未来的跨大西洋在这个领域的合作奠定了良好的基础……至少未来的一段时间内，美国在处理对华事务方面，与欧盟合作的空间显著增加。"[2] 为了联合对华，美欧2013年6月开启《跨大西洋贸易与投资伙伴协定》（TTIP）谈判，美国一度对在2014年年底前结束谈判充满信心。但随着谈判的深入，双方的分歧越来越大，从2014年10月初第七轮谈判后陷入停滞状态。国际战略界普遍认为，西方想在中国"制定规则"之前抢夺规则的制高点。

而另一方面，由于中国崛起，美国奥巴马政府（2009—2017年）提出"重返亚洲"和"亚太再平衡"战略。这引发了欧盟方面的担忧。因为美国战略东移后，欧洲在美国同盟体系中的地位势必下降。欧洲必须跟上美国在亚太的步伐，不能出现既被美国边缘化，也被亚洲边缘化的情况。2012年被认为是"欧盟介入东亚海洋事务

---

[1] 该听证会的网页参见https://www.uscc.gov/Hearings/hearing-china-europe-relationship-and-transatlantic-implications。

[2] Andrew Small, "China, the Euro Crisis and Transatlantic Cooperation: Testimony to the U.S.-China Economic and Security Review Commission," April 19, 2012, https://www.uscc.gov/sites/default/files/4.19.12Small.pdf.

元年",① 欧盟对东亚海洋事务单独或与他国联合密集表态，前所未有。2012年6月15日，欧盟出台了第二份《东亚外交与安全政策指南》。该"政策指南"其实是对美国"转向亚洲"立场的一个官方的回应，其中在2007年首份"政策指南"的基础上新增了有关南海的内容，首次系统阐述了欧盟对南海问题的态度和立场。时隔不到一个月，2012年7月12日，欧盟和美国在柬埔寨金边发表了《关于亚太地区的联合声明》。2012年9月25日，欧盟外交与安全政策高级代表阿什顿代表欧盟首次就东亚海洋事务发表单独声明。

即便如此，奥巴马政府在对华问题上仍给欧洲多次施加压力，这到了2015年时已比较明显。当年，美国劝阻欧洲国家加入中国牵头建立的亚洲基础设施投资银行，敦促欧盟在南海问题上更有力地支持美国，游说欧盟拒绝承认中国市场经济地位。2016年，美欧的民意也都出现了比较明显的变化。民调显示，美欧民众对中国的负面看法以及联手倾向上升。2014年，美国智库德国马歇尔基金会（Marshall Fund）向欧洲人询问了他们如何管理本国与中国的关系。当时，几乎没有跨大西洋合作的倾向：在接受调查的10个欧盟国家中，只有9%的公众希望与美国就对华政策进行紧密合作，4/10的人赞成与欧盟其他成员国紧密合作，44%的人表示希望在与北京打交道时独立于布鲁塞尔和华盛顿采取行动。但是两年后有了变化。美国皮尤研究中心2015年6月进行的一项调查显示，欧盟六个人口最多的国家/地区中，有50%的人对中国持负面看法。在美国，根据皮尤研究中心2015年9月的一项调查，2/3的美国人认为北京持有的大量美国债务对该国来说是一个非常严重的问题。6/10的美国人认为，中国导致美国的失业是一个非常严重的问题。52%的人认为

---

① 刘衡：《介入域外海洋事务：欧盟海洋战略转型》，《世界经济与政治》2015年第10期。

美国与中国的贸易逆差是一个非常严重的问题。[①]

到 2017 年特朗普就任美国总统，中美欧三边关系又出现了新变化。这次变化的最主要导火索是美国内政外交的变化。特朗普上台后，采取了大量敌视多边主义的政策，引起欧盟反感。美欧关系跌到战后以来最低谷。因此，2017 年时，中欧面临着第二次"战略走近"的机会。但当时中欧并没有抓住这个机会——2017 年 7 月的第 19 次中欧领导人会晤，由于中欧在贸易问题上的分歧，甚至未能签署共同声明，成为连续两年第二个没有发表共同声明的峰会。虽然中欧未能实现战略合作的突破，但双方都有合作意识，在全球治理等重大问题上愿意保持良好沟通。2018 年，特朗普频繁四面出手发起贸易战，特别是中美贸易冲突不断升级，西方媒体开始热议"新冷战"。欧洲被迫进一步思考自己如何面对新的国际形势，思考在国际秩序中扮演什么样的角色。特朗普政府也想拉着欧洲和中国对着干，但是因为几乎所有欧洲国家心里都对特朗普政府不满，所以有的欧洲国家公开表示反对，有的敷衍美国。美国和欧洲在特朗普时期的关系是一种不断疏离的关系、对抗冲突的关系，导致它们在对中国的问题上想协调、合作，但是没有真正地做到。2020 年年底，中欧领导人共同宣布如期完成中欧投资协定谈判。

2021 年拜登取代特朗普上台后，基本保留了特朗普对华政策的核心内容，但是大幅改变了美国对待盟友的做法。拜登认为美国即使是当今世界唯一的超级大国，也不可能单枪匹马干成事情。他上台后做的第一件事就是修复和盟友的关系，最重要的是修复和欧洲的同盟关系。拜登上台伊始就宣布重返巴黎气候协定，赢

[①] Bruce Stokes, "Will Europe and the United States Gang Up on China?" Foreign Policy, February 3, 2016, http://foreignpolicy.com/2016/02/03/will-europe-and-the-united-states-gang-up-on-china-trade-poll/.

得了欧洲的赞许。2021年6月,拜登在访问欧洲期间,重申了对欧洲安全的承诺。

然而,2021年9月美国给欧洲来了个"下马威"。9月15日,美国总统拜登、英国首相约翰逊及澳大利亚总理莫里森(Scott Morrison)举行视频对话,宣布达成历史性的防卫协议"奥库斯"(AUKUS),以加强在印太地区的合作。西方媒体指出,美国推动建立"奥库斯"旨在与英国及澳大利亚在人工智能、网络、水下系统及长距离打击能力等领域分享先进科技,对抗中国在军事及科技领域的崛起。德国《法兰克福汇报》评论称,"奥库斯安全协定"是"迄今为止西方针对中国崛起和扩张所发出的最为明确的信号"。[①]这个消息对欧洲构成了重大冲击,因为这是拜登2021年上台后在新冠疫苗豁免、阿富汗撤军之后,第三个没有和欧洲打招呼的重大决定。此为其一。其二,欧洲人意识到了美国的全球战略重心已经义无反顾地离开欧洲、转移印太了。此前美国总统奥巴马说重返亚洲,欧洲人就开始有点担心美国离开欧洲,但是他们没有太重视。现在连标榜自己重视盟友的拜登都在印太布局了,欧洲人就感觉这个事情比较严重了。这也让欧盟委员会在次日(9月16日)推出《欧盟在印太的合作战略》的意义大打折扣。有学者评论道:"欧盟看起来像是旁观者,并没有准备好应对这种新战略背景下固有的地缘政治竞争。"[②] 其三,"奥库斯"协议激怒了法国。澳大利亚本来在2016年与法国潜艇制造商签订价值500亿澳元的协议,不过堪培拉方面要求主要零件来自当地,令兴建进度出现严重延误。澳大利亚决定

---

① 《德语媒体:鹬蚌相争渔翁得利》,德国之声中文网,2021年9月20日,https://p.dw.com/p/40Z。

② Robin Niblett, "AUKUS Reveals Much about the New Global Strategic Context," Chatham House, September 18, 2021, https://www.chathamhouse.org/2021/09/aukus-reveals-much-about-new-global-strategic-context.

改用美英核潜艇后，法国与澳大利亚的潜艇合同也就终止了。法国的反应十分强烈，在17日宣布立即召回驻美和驻澳大使进行问询（这是在法、美历史上第一次召回大使）。法国推动欧盟搁置与澳大利亚的自贸谈判（部分得逞）；法国也推动欧盟推迟与美国的技术与贸易理事会会议（没有得逞）。但法国生气还是表面现象，其真正的问题是"奥库斯"协议导致美国的欧洲盟友重要性重新排列。英国皇家国际事务研究所（Chatham House）美国项目主任莱斯利·文贾穆里（Leslie Vinjamuri）评论道："奥库斯"协议"表明美国非常务实，可能会根据具体情况在其合作伙伴之间选择交易"，这"引发了欧洲对其在美国合作伙伴等级中排名的焦虑"，而对英国来说，"对德国和欧洲可能取代英国的任何担忧已暂时缓解"。①

2022年2月，乌克兰危机骤然升级。"奥库斯"协议给美欧关系带来的冲击迅速烟消云散。一是美国的注意力重回欧洲。二是欧洲诸国都成为了美国的重要盟友，美欧和澳大利亚等西方国家都空前团结起来。三是美欧对华政策协调迅速增强。乌克兰危机后，西方在军事上的协调平台是北约，而在经济上的主要协调平台是七国集团（欧洲理事会主席、欧盟委员会主席依惯例也代表欧盟参加七国集团峰会）。通过统筹对俄经济制裁，美国实际上建立起了有效的对华地缘经济政策协调机制。此外，乌克兰危机也给了西方"试水"重大地缘经济政策的机会，如将俄罗斯剔除出国际资金清算系统（SWIFT）。最后，由于乌克兰危机后军民两用技术管理、基础设施安全等议题凸显，西方对华经济政策"安全化"趋势加剧。与此同时，由于欧洲在安全问题上有求于美，欧洲不得不在"经济安全"

---

① Leslie Vinjamuri, "Biden's Realism Will Drive Competition among US Allies," Chatham House, September 23, 2021, https://www.chathamhouse.org/2021/09/bidens-realism-will-drive-competition-among-us-allies.

问题上也听从美国主张。瑞典首相乌尔夫·克里斯特松（Ulf Hjalmar Ed Kristersson）在瑞典加入北约后对媒体坦承，为了将美国留在欧洲，欧洲有必要与美国就其最关心的中国问题展开合作，而且"需要一个非常广泛的安全视角"。①

二 美欧协调对华政策呈现新趋势

一是技术竞争的地缘政治化。

2017年特朗普当选美国总统，次年发起对华贸易战。2019年，欧洲在美国压力下进行了"用不用华为"的大讨论。欧盟希望在中美间可以不选边站队。其2020年与中国宣布完成中欧投资协定谈判，便是一例。但这种微妙的三边关系受到了乌克兰危机的冲击。在乌克兰危机之后，美国以基础设施安全、防止军民两用技术泄漏等借口为由进一步打压中国5G、芯片等高新技术。由于在安全上仰仗美国，欧洲国家不得不随美起舞。

俄乌冲突爆发之后，北约将5G与基础设施安全、混合战、网络攻击相挂钩。2023年3月，欧盟和北约启动关键基础设施复原力特别工作组，该工作组3个月后出台的《关于加强我们对关键基础设施的复原力和保护的最终评估报告》确定了四个关键部门——能源、运输、数字基础设施和空间，并明确指出"对5G网络的依赖会带来风险"。② 2023年7月的维尔纽斯北约峰会公报中指出，"俄罗斯对

---

① Stuart Lau, "Sweden's PM: Europe Needs to Talk China, Defense Spending to Keep US Support on Ukraine," Politico, March 11, 2024, https://www.politico.eu/article/sweden-prime-minister-ulf-kristersson-nato-europe-china-defense-spending-support-ukraine/.

② "EU-NATO Task Force: Final Assessment Report on Strengthening Our Resilience and Protection of Critical Infrastructure," June 29, 2023, https://ec.europa.eu/commission/presscorner/detail/en/ip_23_3564.

乌克兰的侵略战争凸显了网络在现代冲突中的作用"。① 北约秘书长延斯·斯托尔滕贝格（Jens Stoltenberg）随后在 11 月首届北约网络防御年度会议上表示："我们已经看到依赖俄罗斯供应能源的结果。我们不应重蹈覆辙，依赖中国为我们的关键网络提供技术。"他还在会议上对私营企业喊话称"没有工业，就没有国防、威慑和安全"。② 七国集团也将 5G 与经济复原力及经济安全挂钩。③ 在这种情况下，欧洲也开始将 5G 问题安全化，甚至明确针对中国企业。欧盟委员会 2023 年 6 月宣布在其自身网络中将避免使用华为和中兴的技术。欧盟委员会同期发布的欧盟 5G 工具箱实施情况第二份进展报告中指出，欧盟 27 个成员国中的 24 国已经通过或正准备针对"高风险供应商"的限制措施。④ 德国在其 2023 年 7 月出台的首份中国战略中提及"希望就如何尽快有效地保护整个关键基础设施免受国外可疑生产商的影响和依赖展开对话"⑤。

除了 5G，美国还希望封堵中国的芯片发展。乌克兰危机给了美国将对华芯片管制"安全化"的借口，具体而言则是称担心中国将芯片应用于军民两用技术及物品。美国总统国家安全事务助理沙利

---

① "Vilnius Summit Communiqué: Issued by NATO Heads of State and Government Participating in the Meeting of the North Atlantic Council in Vilnius 11 July 2023," https://www.nato.int/cps/en/natohq/official_texts_217320.htm.

② "Speech by NATO Secretary General Jens Stoltenberg at the First Annual NATO Cyber Defence Conference," November 9, 2023, https://www.nato.int/cps/en/natohq/opinions_219806.htm.

③ "G7 Leaders' Statement on Economic Resilience and Economic Security," May 20, 2023, https://www.mofa.go.jp/files/100506815.pdf.

④ Laurens Cerulus, Antoaneta Roussi and Mathieu Pollet, "Europe Wants to Upgrade Its Huawei Plan," Politico, June 14, 2023, https://www.politico.eu/article/europe-plots-huawei-plan-upgrade/.

⑤ "Strategy on China of the Government of the Federal Republic of Germany," July 13, 2023, https://www.auswaertiges-amt.de/en/aussenpolitik/regionaleschwerpunkte/asien/strategy-on-china/2608618.

文表示,"我们对出口到中国的最先进半导体技术实施了精心定制的限制。这些限制措施的前提是直截了当的国家安全关切"①。2022年10月,美国出台一系列新规,禁止任何使用美国设备制造的先进芯片出口给中国,这被视为20世纪90年代以来美国对华技术出口政策的最大转变。2023年1月,美国、荷兰和日本达成不公开的协议,对先进半导体设备进行出口管制(荷兰和日本是制造先进半导体设备的主要生产国)。两个月后,荷兰和日本政府宣布打算对半导体技术实施新的出口管制。可能是忌惮中国报复,两国都没有明确中国是出口管制的目标,也没有表明其行动与美国有关。美国智库评论指出:"日本和荷兰决定与美国一道采取新的半导体出口管制措施,这表明全球半导体市场已进入一个新时代,地缘政治和国家安全问题开始与市场力量同等重要。"② 荷兰的做法又直接推动了欧盟层面的对华出口管制。为了减少中国报复的风险,荷兰希望将出口管制措施"欧洲化"。此外,美国也给欧盟施加压力。欧盟此前的出口管制政策基本上是与《瓦森纳协定》挂钩的。为了适应新形势,欧盟酝酿调整出口管控制度。欧盟委员会于2023年10月首次对技术安全进行风险评估,③ 同月又公布了第一份欧盟成员国国家出口管制清单汇编。④ 此外,为避免企业

---

① *Remarks by National Security Advisor Jake Sullivan on Renewing American Economic Leadership at the Brookings Institution*, The White House, April 27, 2023.

② Gregory C. Allen, Emily Benson and Margot Putnam, "Japan and the Netherlands Announce Plans for New Export Controls on Semiconductor Equipment," CSIS, April 10, 2023, https://www.csis.org/analysis/japan-and-netherlands-announce-plans-new-export-controls-semiconductor-equipment.

③ "Commission Recommends Carrying Out Risk Assessments on Four Critical Technology Areas: Advanced Semiconductors, Artificial Intelligence, Quantum, Biotechnologies," October 3, 2023, https://ec.europa.eu/commission/presscorner/detail/en/IP_23_4735.

④ "EU Enables Coordinated Export Controls by Compiling National lists," October 26, 2023, https://policy.trade.ec.europa.eu/news/eu-enables-coordinated-export-controls-compiling-national-lists-2023-10-26_en.

通过直接在华投资来绕开出口管制，美国在西方阵营中推行对华投资筛查。美国在2023年5月通过七国集团财长会以及美欧贸易与技术理事会磋商向欧洲施压，希望欧洲推出此类措施；自己则于8月9日出台行政令，禁止私募股权和风险投资公司等对半导体和微电子、量子信息技术以及某些人工智能系统三个领域的中国高科技企业进行投资。欧盟担心欧洲企业利益受损，向美方表达了担忧。① 不过，欧盟委员会仍在2024年1月公布包括《出口管制白皮书》和《境外投资白皮书》在内的一揽子经济安全措施，为进一步推出具体措施作铺垫。

二是协调对华政策进一步"制度化"。

拜登执政以后美欧最主要的对华经济政策协调平台是美国—欧盟贸易与技术理事会（以下简称"美欧贸易与技术理事会"）。2020年年底，拜登在美国大选中获胜后，欧盟首先提出美国—欧盟贸易与技术理事会的设想，希望重振跨大西洋联盟。美国是从战略高度看待美欧贸易与技术理事会的。美国总统国家安全事务助理沙利文在2023年4月的一次讲话中指出，"通过美欧贸易与技术理事会，以及通过与日本和韩国的三边协调，我们正在协调工业战略，以相互补充，避免大家为同一目标而竞争"。② 美欧贸易与技术理事会的首次磋商于乌克兰危机爆发前的2021年9月进行，实际成果有限，只是搭起了一个框架。法国甚至在会前因不满突然成立的美英澳同盟（AUKUS）而试图抵制。第二次磋商是在乌克兰危机两个多月后举行的，这次双方的动力要大得多。欧盟官员指出，"乌克兰赋予了美欧

---

① Alberto Nardelli and Jorge Valero, "EU Raised Concerns with US Over Biden's China Investment Order," *Bloomberg News*, October 24, 2023, https://news.bloomberglaw.com/artificial-intelligence/eu-raised-concerns-with-us-over-bidens-china-investment-order.

② *Remarks by National Security Advisor Jake Sullivan on Renewing American Economic Leadership at the Brookings Institution*, The White House, April 27, 2023.

贸易与技术理事会新的使命感"。①

　　另一个美欧协调对华政策的机制是"中国对话"。在特朗普时期，美欧在中国问题上的协调有限。2020年10月23日，欧盟外交与安全政策高级代表博雷利与美国特朗普政府的国务卿麦克·蓬佩奥（Mike Pompeo）通电话，决定建立美欧论坛（US-Europe Forum）讨论中国相关议题，并决定在美国11月3日大选结束后即启动。然而，特朗普并没有赢得选举。2021年3月24日，美国新任国务卿安东尼·布林肯（Antony Blinken）在其首次访欧、参加北约外长会后，与博雷利举行会谈，双方会后发表联合声明，同意重启美国与欧盟之间的中国对话。美欧都将此视为此次会谈的最大成果。会后联合声明指出："双方决定重新启动关于中国的双边对话，作为讨论所有相关挑战和机遇的论坛。他们都认为与中国的关系是多方面的，包括合作、竞争和制度对手要素。他们还决定在高级官员和专家一级的对话框架下继续举行会议讨论对等互惠问题包括经济问题、韧性、人权、安全、多边主义，以及与中国进行建设性接触的领域，例如气候变化。"②

　　三是试图建立新的世界秩序。

　　特朗普任内四年，美欧关于世界秩序看法的分歧达到了第二次

---

① Noah Barkin, "Watching China in Europe-May 2022," May 4, 2022, https://www.gmfus.org/news/watching-china-europe-may-2022.

② 欧方称为联合新闻发布稿，参见"United States: Joint Press Release on the Meeting Between High Representative/Vice-President Josep Borrell and the U. S. Secretary of State Antony Blinken," March 24, 2021, https://eeas.europa.eu/headquarters/headquarters-homepage/95609/united-states-joint-press-release-meeting-between-high-representativevice-president-josep_en；美方称为联合声明，参见"Joint Statement by the Secretary of State of the United States of America and the EU High Representative for Foreign Affairs and Security Policy/Vice President of the European Commission," March 24, 2021, https://www.state.gov/joint-statement-by-the-secretary-of-state-of-the-united-states-of-america-and-the-eu-high-representative-for-foreign-affairs-and-security-policy-vice-president-of-the-european-commission/.

第五编　秩序转型与中欧关系的未来

世界大战结束以来的顶点。欧洲认为自己成为了自由贸易和多边主义的孤独捍卫者。2021年，新任美国总统拜登便着手修复盟友关系，推行新的世界秩序。同年6月的七国集团峰会便涉及新世界秩序及发展模式问题。七国集团峰会公报提出"开放、有复原力、基于规则的世界秩序"，还指出了在"模式日益分化时""经济机会、安全、道德和人权之间的相互作用以及国家、企业和个人角色之间的平衡"问题。2022年俄乌冲突爆发后，美欧加紧关于世界秩序的讨论和协调，以强调援助乌克兰的正义性并争取"南方国家"的支持，其主要讨论平台是七国集团。二十国集团由于在俄罗斯问题上没有一致立场，逐渐失去其在2008年国际金融危机以来取得的全球治理地位。相反，七国集团经常邀请其他发达国家、新兴国家、南方国家与会（即所谓的"G7+"模式），并高调推动许多全球经济议题。七国集团在2022年时主要关注的还是危机所导致的全球影响如粮食安全、能源供应、通胀风险等。到了2023年，乌克兰战场陷入僵持，七国集团着眼布局全球秩序。2023年5月在日本举行的七国集团峰会专门论及"经济复原力以及经济安全"并大段谈及对华关系。

　　由于中国在全球产业分工中的重要地位，西方如果想降低对中国的"经济依赖"，就不得不拉拢许多发展中国家来顶替中国的角色。与此同时，西方也希望通过与南方国家合作从而降低中国对这些国家的影响力。这就导致了七国集团版"一带一路"的出台。2021年6月七国集团峰会公报中提出了投资基础设施建设的"原则"——价值驱动、密切合作、市场主导、严格标准、多边金融、战略伙伴，还计划斥资数百亿美元为发展中国家提供基建援助，被认为是系统性地针对中国的"一带一路"倡议。公报名为《重建更好世界行动的共同议程》，以呼应拜登在国内的"重建更好计划",可见七国集团议程已成为美国国内议程的外延。2022年6月底,在乌克兰危机四个月之后,七国集团峰会在德国召开,除讨论俄乌问题外,最引人注目的是宣布启动"全球基础设施和投资伙伴关系"(PGII)——这被认为是"重建更好世界"的升级版。2023年9月,在印度举行的二十国集团峰会上,"全球基础设施和投资伙伴关系"被隆重推出,"印度—中东—欧洲经济走廊"作为旗下的一个大项目面世。此前,欧盟虽然有抗衡"一带一路"的考虑,但其2018年在欧亚峰会上正式推出的"欧亚互联互通"战略并不排斥中国,甚至将中国作为首要合作伙伴,强调"欧中互联互通平台"的作用。① 相比之下,欧盟于2021年推出的"全球门户"计划则受到当年七国集团峰会很大影响,"全球门户"计划于2022年七国集团峰会期间被汇入"全球基础设施和投资伙伴关系",成为其组成部分。

三 对中美欧三边关系的总体看法

中欧关系在冷战时期,被认为是附属于美苏关系的;中欧关系的高低好坏,取决于美苏关系。冷战结束以后,世界发生了巨变,欧洲和美国的关系也发生了相应的变化,这个时候中欧关系出现了内生动力,欧洲自己的利益和中国自身的利益,使得中欧关系出现了自身发展的逻辑性。中国把欧洲作为极为重要的投资与技术的来源地,以及重要的出口市场,欧洲把中国作为一个日益重要的产品出口目的地,这就是内生动力。这种经济上的相互需求、

---

① *Joint Communication to the European Parliament, the Council, the European Economic and Social Committee, the Committee of the Regions and the European Investment Bank: Connecting Europe and Asia – Building blocks for an EU Strategy*, European Commission, September 19, 2018.

第五编　秩序转型与中欧关系的未来

经济上强大的互补性催生了中欧关系的独立性。2004—2019 年，欧盟一直是中国第一大贸易伙伴，中国则是欧盟第二大贸易伙伴（仅次于美国）。2020 年，随着英国脱欧，欧盟成为中国第二大贸易伙伴（仅次于东盟），中国则成为欧盟第一大贸易伙伴。

但是近年来，中欧关系经历了战后 70 年来或者冷战结束 30 年来一个比较大的变化。首先是欧洲人对中国的定位出现了变化。欧洲人认为中国是重要的合作伙伴，但同时也是重要的竞争者，是系统性的或者说制度性的对手——这也就是欧洲人常说的对华"三重定位"。换言之，中欧关系日益复杂，其中有合作、竞争、对抗。值得指出的是，欧美对中国的认知定位并非一致，美国把中国视作全面战略竞争对手，而欧洲认为中欧一方面在经济、制度上竞争性明显加剧，但在很多方面双方仍可以合作。由于中欧地理相距遥远，虽然美国炒作中国台湾问题、乌克兰危机让欧洲担忧中国对欧洲安全的影响，但欧洲并未把中国视为安全威胁。

不论是美国的特朗普政府还是拜登政府，都希望北大西洋公约组织能够把中国作为一个新的威胁来看待。北约从 1949 年成立到今天 70 多年了，头号目标一直是苏联、俄罗斯，最近几年才开始关心起中国来。2019 年北约在伦敦举行成立 70 周年的峰会。在峰会上，美国大力说服盟友视中国为安全威胁，但欧洲国家领导人认为中国不是苏联，不应该聚焦中国。峰会最后达成共同声明，称"我们认识到，中国日益增长的影响力和国际政策带给我们作为一个联盟需要共同应对的机遇和挑战"。[①] 2022 年乌克兰危机爆发后，北约成为西方应对乌克兰危机的主要军事协作平台，欧洲由于在安全上对美国的依赖重新被强化，在北约内部对华问题上

---

① *London Declaration: Issued by the Heads of State and Government Participating in the Meeting of the North Atlantic Council in London 3 – 4 December 2019*, NATO, December 4, 2019.

往往更多地受美国的影响。2022年6月29日，北约马德里峰会通过新的重要文件《北约2022战略概念》。该文件将俄罗斯视为欧洲安全的首要威胁，但也认为中国"对欧洲—大西洋安全构成系统性挑战"。①

在2017—2021年特朗普担任美国总统时，欧洲内部出现了如何在中美之间站队的讨论。2019年时全欧上下关于"用不用华为"的大讨论即是一个缩影。2020年欧盟外交与安全政策高级代表博雷利表示，欧盟要"走自己的路"。2020年5月底，博雷利就中欧关系接受媒体集体采访。他在采访中表示："中美之间的对抗日益加剧。这将构成现代世界框架。这两个大国之间的对抗将主导现代世界。"而对如何在中美之间作选择的难题，博雷利提出了"走自己的路"。他说，"我们必须像弗兰克·辛纳屈（Frank Sinatra）一样走自己的路，不是吗？我们不能和美国站在一起反对中国，因为在对华关系方面，我们的利益和美国是不一样的。"② 辛纳屈是美国著名的爵士歌手，在20世纪五六十年代曾红极一时。而一曲"走自己的路"（my way）正是其代表作之一。博雷利以辛纳屈"走自己的路"来比喻欧盟的战略抉择，引起了媒体的注意。英国《经济学人》将博雷利的这一思想冠名为"辛纳屈主义"。③ 博雷利对此照单全收，不久后发表《辛纳屈主义：欧盟应该如何应对中美竞争》来阐述欧盟在中美间的立场。该文指出："如果欧盟不

---

① "NATO 2022 Strategic Concept," June 29, 2022, http://www.nato.int/strategic-concept/.

② "EU's Undiplomatic Diplomat Seeks Third Way Between US and China," *The Irish Times*, Jun 1, 2020, https://www.irishtimes.com/news/world/europe/eu-s-undiplomatic-diplomat-seeks-third-way-between-us-and-china-1.4267911.

③ "Europe's 'Sinatra Doctrine' on China: The EU Wants to Go Its Own Way," *The Economist*, June 11, 2020, https://www.economist.com/europe/2020/06/11/europes-sinatra-doctrine-on-china.

第五编　秩序转型与中欧关系的未来

想被困在美中争端之中，就必须从自己的角度看世界并采取行动捍卫自己的价值观和利益，而此价值观和利益并不总与美国一致。简言之，正如我曾经说过的那样，欧盟必须以'自己的方式'做事。……该学说将基于两个支柱：继续与北京合作，以应对全球挑战，例如应对气候变化、冠状病毒、区域冲突和非洲的发展；同时通过保护技术部门来加强欧盟的战略主权，确保必要的自主和在国际上促进欧洲的价值观和利益。"不过，博雷利同时也指出，欧洲"走自己的路"并不意味着欧洲在中美之间保持中立。他说："与两个竞争者/对手的独立性并不意味着与他们之间的距离相等。我们与美国漫长的共同历史和共同价值观意味着我们离华盛顿比离北京更近。"那么，如何能做到在中美间自主呢？博雷利给出的答案是，对内"利用欧洲单一市场的潜力，保持成员国之间的团结以及维护我们的国际标准"，对外则是"与主张有效多边主义和国际法至上的国家密切合作"。[①]

欧洲内部关于对美、对华的看法并不完全一致。从2009年欧债危机爆发到2022年乌克兰危机爆发这段时间内，中国与南欧国家、中东欧国家关系比较好。中国通过购买债券、"一带一路"倡议、"中国—中东欧合作"机制等与这些国家深化了关系。然而，许多中东欧国家与俄罗斯的关系比较紧张。在2022年的乌克兰危机之后，一些中东欧国家逐渐疏远中国，比如立陶宛等波罗的海国家就是比较明显的例子。但也有一些国家认为可以在东西间左右逢源，匈牙利就是其典型。

欧洲国家依靠美国的根本原因是为了对付俄罗斯。所以说欧

[①] Jesop Borrell, "The Sinatra Doctrine. How the EU Should Deal with the US-China Competition," EEAS, August 27, 2020, https:// eeas. europa. eu/headquarters/headquarters-homepage/84484/sinatra-doctrine-how-eu-should-deal-us%E2%80%93china-competition_ en.

欧洲战略问题及中欧关系

美、欧俄关系的根本问题是欧洲安全。在冷战时期，欧洲尽管不甘心，但为了安全不得不屈从于美国。冷战后，北约的扩张刺激了俄罗斯。2014年克里米亚危机后，北约再次将集体防御，也就是将对抗俄罗斯作为重点。然而，特朗普上台以来，随着美国单边主义、孤立主义的发展，欧洲觉得美国越来越靠不住，并着手从两个方面来试图解决欧洲安全问题。一是建设自身防务，这是2018年的一个主题词。2019年欧盟开始积极推动，首次把防务预算纳入欧盟预算。二是与俄罗斯开展战略互信建设。2022年俄乌冲突爆发后，欧洲意识到要增加防务力量，但为了应对眼下危机，在防务问题上对美倚重增加。到了2024年，美国国会迟迟不通过对乌克兰的援助款、特朗普重返美国政坛的可能性加大，让欧盟的紧迫感再次上升。2024年3月5日，欧盟委员会公布欧盟首个《欧洲国防工业战略》。

与中国的关系也涉及欧洲独立自主的问题。中国对于欧洲重要性的上升（中国从2016年开始取代美国成为德国的最大贸易伙伴可谓一个标志性事件），欧美分歧的增大，以及欧洲战略自主意识的增强，这三个因素加起来，推动欧洲与美国、中国的三边关系发生一些微妙变化。拜登上台和乌克兰危机某种程度上使欧洲与美国更加靠近，但由于特朗普式领导人上台的可能性始终存在，而美国"转向亚洲"的趋势并没有停止，因此欧洲从根本上还是要考虑"战略自主"，因此也无法完全地将自己的对华政策交到美国手里。

第十七章 欧亚"互联互通"

欧洲和亚洲在地理上并没有隔断，欧洲与亚洲其实算是一块相连的大陆。历史上欧洲和亚洲的联系也十分紧密。在冷战结束后，欧洲一体化高歌猛进，亚洲的一体化（特别是在东亚、东南亚）也取得瞩目成就，欧洲与亚洲的经济结构就如同一个"哑铃"，两头大，中间长细。将亚洲和欧洲联合起来共同发展一直是中欧的共同愿望和合作重点。

一 欧亚会议

冷战结束特别是20世纪90年代中期以来，欧盟国家对亚洲的重视程度显著提高。这与冷战时期欧洲对亚洲的"忽略"态度形成巨大反差。1994年欧盟委员会通过了《走向亚洲新战略》文件，标志着欧盟新亚洲政策的形成。1996年首次亚欧会议（ASEM）召开，确立了欧盟与亚洲对话和合作的固定机制。

举行亚欧会议的建议是新加坡总理吴作栋于1994年访问法国时首先提出来的。当时，东盟国家及整个东亚地区经济蓬勃发展，在国际上的地位不断提高，"四小龙""四小虎"在国际上备受瞩目。而欧盟国家当时则由于刚刚经历了严重的经济衰退，普遍增长乏力，迫切希望能够通过扩大对亚洲的出口来带动自身经济发展。因此，这一倡议很快就得到了欧盟国家的积极响应。在双方的共同努力下，1996年3月在泰国首都曼谷举行了首届亚欧会议。然而。"天有不测风云"，当时无人能预料到，一年半后亚洲会发生一场来势凶猛、影响巨大的金融风暴。突如其来的金融危机不仅使亚洲国家深受其害，而且也对在曼谷刚刚确立起来的亚欧新型伙伴关系产生了冲击。由于欧洲国家在危机初期缺乏明确的表态，亚洲一些国家已经公开表示了对欧盟的不满。

1998年4月4日，为期两天的第二届亚欧会议在伦敦伊丽莎白二世会议中心落下帷幕。这是继1996年3月曼谷会议之后，亚欧25国（东盟7国、中国、日本、韩国及欧盟15国）及欧盟委员会领导人进行的第二次首脑会晤。面对亚洲金融危机是袖手旁观还是患难与共？欧盟必须在此次亚欧会议上作出明确回答。这届会议东道主、欧盟轮值主席国英国首相布莱尔在会议开幕式上呼吁，欧洲人决不应成为那种只能在顺境中结交的朋友，而应是亚洲国家患难与共的伙伴。英国的意见得到了其他欧盟国家的赞同。4月3日即会议第一天，与会者就亚洲金融危机专门进行了讨论，并于当天发表了关于亚洲金融和经济形势的声明。声明强调，欧洲国家对亚洲未来经济前景充满信心，认为只要亚洲有关国家坚决执行必要的经济和金融改革计划，同时增强国际金融机构的作用，亚洲地区的金融稳定就完全可以得到恢复。为了向遭受危机的亚洲国家提供有关银行和其他金融机构改革方面的技术援助，根据英国的提议，会议决定在世界银行设立一笔价值5000万美元的亚欧信托基金。布莱尔还呼吁欧洲国家不要对亚洲的出口商品设置保护性障碍。这一点也被写进了关于亚洲金融危机的声明之中。尽管欧盟没有向亚洲提出提供大规模援助的计划，但明确表示了愿与目前身陷困境的亚洲国家携手共渡难关的决心，这无疑拉近了欧洲与亚洲的关系。第二届亚欧会议的一个重要特征是，中国的地位和影响力在增大。这首先是因为，中国为化解亚洲金融危机所作的巨大贡献和牺牲得到与会亚欧各国的一致赞扬。因此，在这次亚欧会议上，中国同欧盟的关系发展到了一个新的水平。根据欧盟的建议，会议前一天中国总理朱镕基同欧盟领导人举行了首次首脑会晤。在会谈中，双方同意实现中欧领导人会晤机制化，并考虑每年举行一次高层次会晤。会后发表了《中国—欧盟领导人会晤联合声明》。为了进一步提升欧盟与中国关系的水平，欧盟委员会还于1998年通过了一份题为《与中国建立全面伙伴关系》的对华政策新文件。总之，由于中国在解决亚洲金融危机中所起的关键作用以及同欧盟关系的加强，人们明显地感觉到中国在亚欧会议中的作用显著增大。

随着亚欧会议进程的不断发展，欧盟开始将亚欧会议视为其加强与亚洲关系的主要途径。在"2001年文件"中，欧盟肯定了亚欧会议在扩大和加深两大洲关系方面所起的关键作用。从欧盟角度来看，亚欧会议之所以重要，首先因为这一合作机制为推动欧亚经济合作取得了实质性进展。第一届亚欧会议提出减少双方在贸易和投资方面的障碍之后，1998年伦敦会议正式通过了《投资促进行动计划》和《贸易便利行动计划》，要求各国改善投资环境，并在海关程序、工业和卫生标准、检疫程序以及知识产权保护等方面加强彼此间的协调与合作，提高外国商品的市场准入水平。2000年亚欧汉城会议进一步决定亚欧会议成员将于2015年前实现贸易自由化，并就加强亚欧中小企业之间的合作问题进行了深入讨论。总之，亚欧会议在经贸领域取得了明显的进展。对于欧盟来说，亚欧会议也是其与亚洲国家开展政治和安全对话的重要平台。欧盟愿与亚洲成员共享在危机管理及软机制建设方面的经验。在欧盟的推动下，第三届亚欧会议明显加强了安全方面的讨论，提出就事关欧亚大陆共同面临的一系列难题，以多边合作的形式在打击毒品走私、有组织的跨国犯罪、国际恐怖主义、核扩散以及非法移民等方面加强对话与合作。此外，亚欧会议为推动两大洲的文化交流也发挥了重要作用，有利于欧盟加深对亚洲的了解，因而也受到了欧盟及其成员国的支持。2001年"9·11"事件后，欧盟更加认识到了欧亚文化对话的重要性，法国、爱尔兰和德国率先对"亚欧基金会"再度捐款，作为未来推广各项计划的费用。

2008年10月，第七届亚欧会议在中国北京举行。当时中国刚举办完北京奥运会，而美国次贷危机引发了严重的国际金融危机。时任中国国家主席胡锦涛在会议上表示，中国将继续本着负责任的态度，同国际社会一道努力维护国际金融稳定和经济稳定。他进而指出，在经济全球化深入发展的大背景下，亚欧大陆的前途命运日益紧密地同整个世界的前途命运联系在一起，亚欧携手、合作共赢是我们最好的选择。①东道主中国务实、合作、负责任的态度得到欧亚国家的赞许。

二 中国的"一带一路"倡议

自习近平主席于2013年提出"一带一路"建设倡议后，"一带

---

① 胡锦涛：《亚欧携手合作共赢——在第七届亚欧首脑会议开幕式上的讲话》，2008年10月24日，http://ru.china-embassy.gov.cn/chn/zgxw/200810/t20081024_2988995.htm。

一路"日益成为激发中国外交创造力、拓展中外合作深度和广度的概念。此概念最早提出时针对的主要是中亚与东盟国家等中国的近邻和周边国家,但作为"一带一路"另一头的欧洲无疑是"一带一路"的重要参与方。

2015 年中国政府在《推动共建丝绸之路经济带和 21 世纪海上丝绸之路的愿景与行动》(以下简称《愿景与行动》)中将欧洲作为"一带一路"的"一头"看待,其明确指出:"'一带一路'贯穿亚欧非大陆,一头是活跃的东亚经济圈,一头是发达的欧洲经济圈,中间广大腹地国家经济发展潜力巨大。丝绸之路经济带重点畅通中国经中亚、俄罗斯至欧洲(波罗的海);中国经中亚、西亚至波斯湾、地中海;中国至东南亚、南亚、印度洋。21 世纪海上丝绸之路重点方向是从中国沿海港口过南海到印度洋,延伸至欧洲;从中国沿海港口过南海到南太平洋。"《愿景与行动》中指出,"一带一路"是要"以新的形式使亚欧非各国联系更加紧密,互利合作迈向新的历史高度"。[1]《愿景与行动》中提到涉欧具体项目及机制包括:新亚欧大陆桥、亚欧会议、中国—亚欧博览会、欧亚经济论坛、中欧通道铁路运输、"中欧班列"等。学界也认为,欧洲是"一带一路"的终点,甚至占据特殊重要的位置。有学者指出,如果没有欧洲经济圈的合作,"一带一路"就失去了平衡和内生动力,即使实现了互联互通,也会进一步加剧地缘经济失衡,只有欧洲经济圈向东,东亚经济圈向西,才有可能拉动欧亚共建"一带一路"国家共同发展。[2] 因此

---

[1] 《推动共建丝绸之路经济带和 21 世纪海上丝绸之路的愿景与行动》,中国商务部网站,2015 年 3 月 28 日,http://www.fmprc.gov.cn/mfa_chn/ziliao_611306/zt_611380/dnzt_611382/ydyl_667839/zyxw_667918/t1249574.shtml。

[2] 赵可金:《中欧战略伙伴关系为"一带一路"谋势》,中国网,2015 年 6 月 18 日,http://opinion.china.com.cn/opinion_90_131990.html。

可以说,"一带一路"和中欧关系的关联度很强,中国提出"一带一路"倡议的一个重要考虑,就是想跨越欧亚,发动欧亚地区所有国家来共建"一带一路",把生机勃勃的东亚经济圈和发达的欧洲经济圈联结在一起,通过加强互联互通,进一步扩大双方之间的贸易投资,促进共同发展。

"一带一路"倡议的背后,是全球经济空间的变化。随着制造业重心从发达国家向新兴市场国家转移,各大陆腹地陆续卷入世界经济增长大潮,过去处在资本主义"边缘"的国家面临新的发展机会。此外,3D 打印、纳米、机器人、"工业互联网"等新一轮工业革命推升产业转型升级,与此伴随全球产业布局的调整。在当代全球化进程中,打通国界边境、区域结盟、订立贸易协议可视作是对空间的一种整理。欧洲一体化的不断扩大与深化也是在全球化时代重新整合欧洲的经济空间的一种方式。"一带一路"也可作类似理解。但"一带一路"所整合的空间,远超中国之外,与"欧洲空间"及其外延已多有重合。"一带一路"在既有框架下对国际合作模式进行了大胆创新,中国学者对"一带一路"的各种形容——如"多元性与开放性"①、"共生"② 等,都是为了更好地解释这个新事物。首先,"一带一路"的走向和边界达到了惊人的开放度。"一带一路"倡议刚提出时,一般人认为欧洲中只有中东欧尤其是欧陆东南缘为"一带一路"所覆盖,但 2015 年 10 月习近平主席访问英国期间,英国将其北方工业振兴计划与"一带一路"对接,大大延展了"一带一路"的

---

① 李向阳:《论海上丝绸之路的多元化合作机制》,《世界经济与政治》2014 年第 11 期。
② 张艳璐:《欧亚联盟与新丝绸之路经济带的复合型共生关系分析》,《国际展望》2015 年第 2 期;衣保中、张洁妍:《东北亚地区"一带一路"合作共生系统研究》,《东北亚论坛》2015 年第 3 期。

第五编　秩序转型与中欧关系的未来

范围。

欧方对"一带一路"的回应虽有点迟缓，但经过一个预热阶段后双方合作呈现出良好发展势头。中欧"一带一路"合作既体现了时代背景，也体现了中欧关系自身的特点，是国际金融危机、欧债危机以来中欧务实互动的延续。

第一，中欧"一带一路"合作体现了较强的"中国规划"色彩。

国际金融危机特别是欧债危机以来，中国在中欧关系中日益主动，积极推动双边投资协定谈判、自贸区可行性研究，制定《中欧合作2020战略规划》，并于2014年出台第二份对欧政策文件——《深化互利共赢的中欧全面战略伙伴关系》。

中国政府在中欧"一带一路"合作上着力颇多，精心谋划，有序推动。2014年3月，即"一带一路"概念提出近半年之后，习近平主席首次作为国家主席访问了欧洲。习近平主席在访问欧盟总部期间强调其对中欧"两大力量、两大市场、两大文明"的新定位，并首次提出中欧要做和平、增长、改革、文明四大伙伴。同时，中欧领导人首次在双方共同发表的《关于深化互利共赢的中欧全面战略伙伴关系的联合声明》中提出，将考虑围绕"丝路经济带"开展合作。文件指出："中欧加强交通运输关系潜力巨大，双方决定共同挖掘中国丝绸之路经济带倡议与欧盟政策的契合点，探讨在丝绸之路经济带沿线开展合作的共同倡议。"①

之后，有一年多时间，很少能听到欧方对"一带一路"的反

---

① 《关于深化互利共赢的中欧全面战略伙伴关系的联合声明（全文）》，中国政府网，2024年3月31日，https://www.mfa.gov.cn/web/ziliao_674904/zt_674979/ywzt_675099/2014zt_675101/xjpzxcxdsjhaqfh_675119/zxxx_675121/201403/t20140331_9282722.shtml。

应。以至于有中国学者感慨:"与在中国的铺天盖地相比,'一带一路'在欧洲显然还没有引起足够的共鸣……欧洲的学术界对'一带一路'还没有开始真正的讨论和研究……"①但事实上,这一时间正是欧方在努力"做功课",了解和研究中国倡议、筹划如何与中方展开合作的时刻。欧洲商界以及与经济关系较密切的欧洲国家政府部门对推动中欧"一带一路"合作发挥了积极作用。英国加入亚投行这一不同寻常的战略举动主要由英国财政部以及伦敦金融城推动,即是一例。②在华欧洲外交官对"一带一路"亦表示了极大的热情,如,欧盟时任驻华大使史伟接受采访时表示:作为一个宏伟的工程,"一带一路"有利于亚欧非大陆及相近海洋的互联互通,将为中欧提供更广阔的合作空间。③

经过一年多铺垫和预热,中欧"一带一路"合作进入"战略对接"阶段。2015年6月28日至7月2日,李克强总理访欧,并于6月29日出席第十七次中欧领导人会晤。双方领导人决定,支持"一带一路"倡议与欧洲投资计划进行对接,指示同年9月举行的中欧经贸高层对话探讨互利合作的具体方式,包括建立中欧共同投资基金。在峰会联合声明中,有1/10的条文与"一带一路"有关。这标志着中欧"一带一路"合作正式开启。

第二,中欧在通过"互联互通"来重整欧亚经济空间方面取得切实进展。

"互联互通"是"一带一路"以及古代丝绸之路的核心精神所

---

① 《严少华:欧洲为何对"一带一路"慢热?》,大公网,2015年4月1日,http://finance.takungpao.com/dujia/2015-04/2961624.html。
② [英]乔纳森·古思里:《英国缘何钟情亚投行?》,《金融时报》中文网,2015年3月27日,http://www.ftchinese.com/story/001061272。
③ 《"一带一路"为中欧提供更广阔合作空间》,新快报,2015年5月27日,http://news.xkb.com.cn/guangzhou/2015/0527/385976.html。

在，也是中欧双方合作的一个切实抓手。自 2011 年 3 月首列重庆—杜伊斯堡货运列车开通以来，中欧之间陆续开通渝新欧（2011 年）、汉新欧（2012 年）、蓉欧（2013 年）、郑欧（2013 年）、苏满欧（2013 年）、义新欧（2014 年）、合新欧（2015 年）、哈欧（2015 年）、厦蓉欧（2015 年）等多列"中欧班列"，中国甚至计划到 2030 年开通两条通往欧洲的高铁。① 过去货物从中国通过海空运到鹿特丹、汉堡、法兰克福再分运到欧洲各地，耗时 45 天，而中欧班列则将时间压缩至十几天。② "中欧班列"的蓬勃发展无疑有力地促进了中欧贸易。

2014 年 12 月第三次中国—中东欧"16 + 1"峰会重点提到"互联互通合作"，并表示要构建互联互通新走廊，依托匈塞铁路、希腊比雷埃夫斯港等打造亚欧海陆联运新通道。一年后的第四次"16 + 1"峰会进一步夯实了这些项目。虽然希腊政局动荡，但比雷埃夫斯港的私有化进程仍有序推进，中远集团已赢得竞标。2015 年 6 月举行的中欧领导人会晤取得的最重要成果也体现在互联互通上，双方同意在"互联互通合作平台"、"泛欧交通运输网"、亚投行等方面进行合作。同年 9 月底，中欧经贸高层对话在北京举办期间，中欧签署了关于欧盟—中国互联互通平台的谅解备忘录。

第三，欧洲对"一带一路"可能导致的"新秩序"持开放态度，昭示了中欧新一轮战略合作的可能性。

"一带一路"相关倡议中，最具深意的是亚洲基础设施投资银

---

① 李志全：《中国工程院院士：2030 年中国高铁或直通欧洲》，新浪网，2010 年 3 月 12 日，https://finance.sina.cn/sa/2010-03-12/detail-ikftpnny0434718.d.html? from = wap。

② 李燕宇：《"一带一路"带给中欧地缘关系的机遇与挑战》，《长江丛刊·理论研究》2015 年第 4 期。

行。2014年10月24日,中国借举办APEC北京峰会之机,邀集东盟、南亚、中亚、中东等21国签订了《筹建亚投行备忘录》,共同决定成立一个大型多边贷款机构。美国认为亚投行挑战了国际金融秩序,反对其盟国加入。但2015年3月12日,英国突然打破沉默宣布加入亚投行,此后形势骤变,法国、德国、意大利等十余个欧洲国家及澳大利亚、韩国、埃及纷纷申请加入,最后美国也不得不软化态度。欧盟委员会前主席,曾两度出任意大利总理的普罗迪惊叹道,他此生首次看到,英国拿出一套与美国完全不同的战略。[①] 2015年6月29日,亚投行的57个意向创始成员国代表在北京出席了《亚洲基础设施投资银行协定》签署仪式。该协定详细规定了亚投行的宗旨、成员资格、股本及投票权、业务运营、治理结构、决策机制等核心要素。加入亚投行的举动虽然由欧盟成员国发起而没有在欧盟层面进行协调,但是欧盟最终也对各国加入亚投行的举动表示了认可,并有意今后与亚投行合作。2015年中欧峰会的共同声明中指出:"双方欢迎'亚洲基础设施投资银行(亚投行)协定'谈判结束,认可欧盟及其成员国的支持。双方强调,亚投行与现有多边开发银行相互补充,以可持续方式解决亚洲基础设施投资的大量需求,期待亚投行早日投入运行。欧盟期待未来与亚投行进行合作。"[②]

欧洲国家加入亚投行的决定颇具戏剧性。2015年3月12日,英国财政部官网突然发布一则消息,英国财政大臣乔治·奥斯本(George Osborne)写道:"我很高兴在此宣布,英国今天决定成

[①] [意]罗马诺·普罗迪:《意大利前总理普罗迪:中国与欧洲长期蜜月从未结婚但已有很多孩子》,观察者网,2015年11月11日,http://www.guancha.cn/RomanoProdi/2015_11_11_340832.shtml。

[②] 《第十七次中国欧盟领导人会晤联合声明(全文)》,中国政府网,2015年7月1日,http://www.gov.cn/xinwen/2015-07/01/content_2887420.htm。

第五编　秩序转型与中欧关系的未来

为加入亚投行创始成员国行列的首个主要西方国家。"据媒体透露，卢森堡2015年3月11日就悄悄递交了申请，准备两周后对外公布。英国得知"一个不知名的欧洲小国"会比英国更早加入亚投行后，感到焦虑，因此将本应在2015年3月17日公布的消息提前了5天公布。媒体这样评论欧洲国家加入亚投行，"这对亚投行筹备组而言，无疑是一次戏剧性转折。就在2014年10月24日，《筹建亚投行备忘录》在北京签署时，意向创始成员国只有21个。之后的138天里，它的合作版图仅扩大到了27个国家，除了新西兰之外，其他全是亚洲国家，被西方国家调侃为'亚洲国家的自娱自乐'。英国的决定打破了欧洲的沉默，18天内，17个欧洲国家宣布加入亚投行。亚投行筹备组在2015年4月15日公布，截至报名结束时，意向创始成员国猛增到57个。亚投行将成为真正意义上的新生国际多边机构。"①

欧洲国家加入亚投行并非没有政治风险。美国多次表态力阻，呼吁欧洲盟友三思。美国财政部长杰克·卢（Jacob Lew）在2015年3月17日回答美国议员提出的有关国家加入亚投行的问题时表示："我们的立场一直是任何想要加入的国家首先都需要问一问这些问题。我希望任何国家在申请加入这个组织前，各国能确保该组织拥有适当的治理能力。"他后来又辩解道，美国并未积极地鼓吹要各国勿加入亚投行，但质疑亚投行在治理能力、环境和社会保障上是否采取高标准。②

欧洲加入亚投行所释放出的重大信号是，在中国倡导的"一

---

① 刘昊等：《亚投行"推销员"金立群》，《中国中小企业》2015年第10期。
② 《欧4国加入亚投行，美吁三思；华府促国会速批IMF改革，力保金融"一哥"》，《香港经济日报》2015年3月19日。

带一路"问题上，欧洲和美国秉持的态度是有根本性差异的。欧洲国家对华政策的调整始于欧债危机。欧债危机爆发以来，欧洲危机不断。然而中国非但未跟风唱衰欧盟，反而给予其坚定支持。这为各大国中所仅见。在此背景下，欧洲对中国的重视程度持续上升。价值观因素在欧洲对华政策中的影响下降，务实主义占据上风。欧洲一些国家表现出承认中国发展模式的现实性意愿。同时，与美国对华政策的差别也凸显出来，欧洲国家没有把中国的崛起视为"战略竞争"，相反视为机遇，希望与中国共同发展、共同增长、共同塑造世界。欧洲众多国家踊跃参与亚投行清楚地反映了这一点。

第四，中欧"一带一路"合作是一个参差不齐的"多速""多维"进程。

"一带一路"以多元开放为特征，而欧盟自身也具有多层次、多中心的结构特点，加之中欧"一带一路"合作所涉及领域的繁杂丰富，这便决定了中欧"一带一路"合作不会是单线的，也不会是直线的，而是多点多面，点面结合，波浪式、螺旋形地前进。

由于中欧合作的对象是灵活、多元的，中欧"一带一路"合作也必然是中国同时与"点"（英、德、法、希腊、匈牙利等）和"面"（东欧、南欧、欧盟甚至中东北非地中海）的合作。中欧双方的多个行为体参与了"一带一路"合作：中国与欧盟"战略对接"；中国与"中东欧板块"共推"中欧陆海快线"；中国与匈牙利、波兰、塞尔维亚、捷克、保加利亚和斯洛伐克分别签订了共同推进"一带一路"建设的谅解备忘录；伦敦金融城与上海自贸区金融合作不断深入；中国国内不少省市的官员前往欧洲探情况、找项目，以及邀请国内外专家学者举办"一带一路"研讨会。

如前所述，自 2012 年开始，中国和中东欧地区国家建立了十分重要的合作机制，这些机制和"一带一路"倡议的理念相互契合，相辅相成。所以，过去十年，我们看到了中国和中东欧国家关系取得了很大进展，如，"一带一路"的旗舰项目匈塞铁路，将欧洲中部枢纽城市布达佩斯和巴尔干半岛中心城市贝尔格莱德连接起来，这就是在"一带一路"的合作框架下推进的一个联通项目。此外，在"一带一路"的合作框架下，中国中远集团投资希腊比雷埃夫斯港也是中欧共建"一带一路"最重要的成就之一。比港地理位置得天独厚，扼守亚非欧三大洲通道，目前该港已成为地中海地区海陆联运的桥头堡，这既是中希两国合作互利共赢的典范，也是"一带一路"国际合作的样板。

在西欧地区，"一带一路"倡议的落地更多的是融资等方面的合作，还有共同开发第三方市场。所谓第三方市场就是中国和法国，或者中国和德国，联手在中亚、中东、非洲，以及拉美国家开展合作。与中东欧国家相比，德国和法国等西欧大国以及欧盟机构对"一带一路"刚开始持观望态度，之后趋于积极，表现出有意愿利用这一倡议为欧洲带来经济好处。比如，当李克强总理 2015 年访欧期间提出共同开发"第三方市场"设想后，法、德均给予积极回应。中法共同建设英国核电站也是这一设想的产物。在南欧地区，西班牙、葡萄牙、意大利均与中国签署了"一带一路"合作备忘录。

需要指出的是，欧方还有一些担忧和疑虑。这些疑虑概括起来包括三方面：一是认为尽管中国提出倡议的动机主要是经济和社会发展，但倡议的实施不可避免地将会产生地缘政治后果。二是担心中国不遵守国际通行规则，创建一套中国式的制度。三是担心中国通过"一带一路"拉拢中东欧国家，达到影响欧盟对华决策的目的。

长远来看,"一带一路"的推进将不仅导致相关地区经济、政治、社会等领域的合作,还将促进欧亚大陆上多种文明的交流互鉴。"文明"比"文化"和"公共外交"承载了更多的时空跨度,更符合中欧"一带一路"合作的厚重与高远,也更能引发欧洲精英内心的触动。德国外长施泰因迈尔在李克强总理2014年10月访问德国期间的讲话中指出,在1697年的《中国新事萃编》一书中,莱布尼茨提出了中德在哲学、天文学、文献学和自然科学等方面合作的宏大计划,以帮助整个欧亚大陆实现发展,这正是今天新丝绸之路和金砖国家崛起将会带来的。①

三 欧亚"互联互通"

互联互通是"一带一路"的灵魂。互联互通包括"五通":政策沟通、设施联通、贸易畅通、资金融通、民心相通。其中设施联通,既有硬实施,比如公路、铁路、港口、机场、管道,还有通信网络。理念相同、政策相同同样重要。中欧在共建"一带一路"方面,理念上是有共同之处的。互联互通也是欧洲的一个重要发展理念。

欧盟和欧洲国家一直很重视连通性(Connectivity),这是中欧在"一带一路"合作上一拍即合的一个重要的原因。比中国"一带一路"提出稍晚一点的时间,欧盟也提出了一个基建投资的计划,不过覆盖范围主要在欧洲,这个计划被称为"容克计划"。它是当时的欧盟委员会主席容克在2014年11月提出的,在2015年6月正式得

---

① 远达:《外媒:中国扩大对欧洲投资令美欧关系发生改变》,中国日报网,2014年10月16日,https://world.chinadaily.com.cn/2014-10/16/content_18754123.htm。

到欧盟各机构和成员国批准,与"容克计划"相配套的210亿欧元欧洲战略投资基金随后启动。2015年年中,国家总理李克强访欧期间,欧洲的"容克计划"与中国的"一带一路"倡议进行了对接,双方还表示要建立中欧共同投资基金。也是在李克强总理此行的中欧峰会上,中欧双方提出要建立"互联互通合作平台"。这个平台的作用,是为了"加强信息交流、推动运输无缝连接和运输便利化,对接彼此相关倡议与项目;在中欧各自政策和融资渠道中明确合作机遇,包括'一带一路'倡议和'泛欧交通运输网'之间的合作;积极寻求对中欧双方均开放的投资机遇;为中国和欧盟之间的国家和地区可持续和相互衔接的跨境基础设施网络创造良好环境"[1]。3个月后,即2015年9月,第五次中欧经贸高层对话上,欧盟委员会和中国政府签署了一项关于欧盟—中国互联互通平台的谅解备忘录,以期加强中国的"一带一路"倡议与欧盟倡导的互联互通之间的协同合作。该平台将依托与欧洲投资银行的合作而进行。又3个月后,即2015年12月,欧洲复兴开发银行发表声明接受中国成为其股东,中国正式成为欧洲复兴开发银行成员。中国加入欧洲复兴开发银行有利于推动中国"一带一路"倡议与"容克计划"对接,为中方与该行在中东欧、地中海东部和南部及中亚等地区进行多种形式的项目投资与合作提供广阔空间。

"容克计划"在地理范围上主要集中在欧盟及邻近周边,也许是受"一带一路"的启发,欧盟从2016年起开始考虑将其"互联互通"项目推广到欧亚地区,并在2018年正式推出自己的欧亚互联互通计划。值得指出的是,欧盟的欧亚互联互通计划虽然有一定抗衡"一带一路"的考虑,但主要目的还是为了与"一带一路"进行对

---

[1] 《第十七次中国欧盟领导人会晤联合声明(全文)》,中国政府网,2015年7月1日,https://www.gov.cn/xinwen/2015-07/01/content_2887420.htm。

接合作。欧方的主要考虑是要在对接合作中推广"欧洲标准"。

2016年6月22日，欧盟委员会出台《欧盟对华新战略要素》。这是欧盟委员会酝酿了多年的对华政策文件，距离欧盟的上一份对华政策文件已经过去了十年。这份文件中提到了"一带一路"与"互联互通"。文件表示："改善欧盟与中国之间的基础设施联系将促进所有相关方的经济前景。中欧互联互通平台应在欧盟的政策和项目与中国的'一带一路'倡议之间，以及各自的资金来源之间，在交通和其他类型的基础设施领域产生协同效应。"[①] 几天之后，欧盟又推出了另一份重磅文件，即全球战略文件。这份文件提出："欧洲的繁荣与亚洲的安全之间有着直接的联系。鉴于亚洲对欧盟的经济重要性——反之亦然——亚洲的和平与稳定是我们繁荣的先决条件。我们将深化经济外交，加强在亚洲的安全作用。欧盟将在尊重国内和国际法治的基础上与中国接触。我们将采取连贯的方式，通过最大限度地发挥中欧互联互通平台、亚欧会议和欧盟—东盟框架的潜力，来应对中国向西推进互联互通的倡议。"[②] 2017年10月，欧盟委员会发布《欧盟委员会工作计划2018：一个更团结、更强大和更民主的欧洲的议程》，提出发布《连接欧洲和亚洲的欧盟战略要素》的意向。同时，欧盟对外行动署和欧盟委员会共同合作，于2017年11月发表《欧亚关联度测试——主要发现》。

亚欧会议适时地成为了欧洲推动互联互通的平台。2016年7月15日，第十一届亚欧会议在蒙古国首都乌兰巴托开幕，会议主题为"亚欧伙伴二十载 互联互通创未来"。蒙古国总统额勒贝格

[①] *Elements for a New EU Strategy on China*, European Commission, June 22, 2016.

[②] *Shared Vision, Common Action: A Stronger Europe: A Global Strategy for the European Union's Foreign and Security Policy*, European Commission, June 2016.

道尔吉在开幕式致辞中表示，亚洲和欧洲在当前面临着很多共同的问题和挑战，需要各方在本次会议上一起认真讨论具体应对措施；本次会议以互联互通为主题，将充分讨论加强两大洲在各领域的沟通和合作。① 2017 年 11 月，在缅甸首都内比都举行的会议上，亚欧外长商定了连通性的定义。它涉及将国家、人民和社会召集在一起；加强欧亚在经济、政治、安全，社会和文化问题上的联系；在运输、数字链接、能源、教育、研究，旅游和机构方面建立连通性；并为联合国 2030 年可持续发展议程作出贡献。该定义是由 ASEM 连通性探路者小组（ASEM Pathfinder Group on Connectivity，APGC）提出的。2018 年 10 月，ASEM 连通性探路者小组启动了亚欧会议可持续连接门户网站。② 2018 年 7 月，第 20 次中欧领导人会晤在北京举行，中欧双方发表了联合声明（过去两年峰会都没有发表声明），其中提出，"国际形势最新发展凸显亚欧会议的重要性。在第十二届亚欧首脑会议'全球伙伴应对全球挑战'主题的指引下，中欧将继续携手推动亚欧会议三大支柱（政治、经济、社会/文化）合作，支持基于规则的多边主义，并以 2017 年亚欧外长会对定义和工作范畴的共识为基础推动互联互通合作。中国和欧盟欢迎亚欧会议互联互通工作组开启工作，并期待其达成协议，促进亚欧互联互通"③。

2018 年 9 月，欧盟委员会及欧盟外交与安全高级代表公布了一份名为《联合政策文件：欧亚互联互通——欧盟战略的重要要

---

① 李铭、金学耕、郑闯：《第十一届亚欧首脑会议在乌兰巴托开幕》，新华网，2016 年 7 月 15 日，http://www.xinhuanet.com/world/2016-07/15/c_1119225273.htm。

② Enrico D'Ambrogio, "Prospects for EU-Asia Connectivity: The 'European Way to Connectivity'," EPRS, April 6, 2021, https://www.europarl.europa.eu/RegData/etudes/BRIE/2021/690534/EPRS_BRI(2021)690534_EN.pdf.

③ 《第二十次中国欧盟领导人会晤联合声明（全文）》，中国政府网，https://www.gov.cn/xinwen/2018-07/16/content_5306805.htm?_zbs_baidu_bk。

素》的文件，这是欧盟迄今就欧亚互联互通提出的最为全面系统的政策主张。中国外交部发言人对此作了积极的回应，称"我们期待欧盟在促进亚欧互联互通方面发挥建设性作用，对外传递促进亚欧各国经济合作、建设开放型世界经济的积极信号"。① 经过欧盟各国领导人在当天的欧盟峰会上讨论之后，这项欧盟版的互联互通战略在 10 月 18—19 日在布鲁塞尔举行的第十二届亚欧首脑会议上正式公开。2019 年 4 月，第二十一次中国—欧盟领导人会晤再次讨论了欧亚互联互通。中方吸纳了欧方关于"市场规则、透明、开放采购、公平竞争等原则"的说法。双方在联合声明中指出："双方将合作提高欧亚互联互通的经济、社会、财政、金融、环境的可持续性和兼容性。该合作应基于市场规则、透明、开放采购、公平竞争等原则，并遵循现有国际准则、标准和项目受益国的法律，同时要考虑受益国的政策和国别情况。双方将继续推动中国'一带一路'倡议和欧盟欧亚互联互通战略、泛欧交通运输网络对接，并欢迎在中欧互联互通平台签署中欧基于铁路的可持续通道联合研究框架协议。双方将在中欧互联互通平台框架下加强交流。"②

四 全球"互联互通"？

2021 年 9 月，欧盟发布《欧盟印太合作战略》，公布了欧盟在该地区的七个优先行动领域：可持续和包容性增长、绿色转型、海

---

① 《2018 年 9 月 20 日外交部发言人耿爽主持例行记者会》，中国外交部网站，2018 年 9 月 20 日，https://www.fmprc.gov.cn/wjdt_674879/zcjd/201809/t20180920_9711926.shtml。

② 《第二十一次中国—欧盟领导人会晤联合声明（全文）》，中国政府网，2019 年 4 月 9 日，https://www.gov.cn/xinwen/2019-04/09/content_5381013.htm。

洋治理、数字治理合作、地区互联互通、安全和防务以及人类安全。欧盟的这版"印太战略"是2018年"欧亚互联互通战略"、2019年《欧盟—日本可持续互联互通伙伴关系协议》和2021年"欧盟—印度互联互通伙伴计划"中所提及的"全面、可持续和基于规则的互联互通"的延伸。在2021年11月举行的第十三届亚欧会议（ASEM）上，欧盟扩大其在印太地区影响力的意图十分明显。

除了在印太地区，欧盟还希望在全球发起类似的项目。2021年1月，欧洲议会发布关于"连通性与欧盟—亚洲关系"的报告，呼吁制定一项欧盟全球连通性战略，作为当前欧亚互联互通战略的延伸。[①] 2021年4月21日，德国外交部机密文件显示，柏林方面对于中国不断扩大在欧洲的影响力感到担忧，也对欧洲企业无法从"一带一路"项目中获益感到焦虑；德国政府呼吁欧盟行动起来，尽快制定应对中国的统一战略。[②] 2021年7月12日，欧洲理事会通过决议《全球联通的欧洲》（Globally Connected Europe）。该决议继续强调了2018年欧盟的欧亚互联互通战略中提出的三个原则：可持续、全面、基于规则。但与2018年战略相比有几个发展。一是规模更大，为全球层面。二是与欧盟内部绿色、技术双转型结合起来。三是更强调地缘战略、价值观与国际秩序，具体而言便是强调监管/规制以及强调要与"志同道合的伙伴"合作，点名日本、印度、东盟、美国，唯独不提中国（但提到了要与G7、G20合作）。决议第一条便指出："理事会认为，确保对互联互通采取地缘战略方法对推进欧盟的经济、外交和发展政策和安全利益以及在全球范围内促进欧盟

[①] Enrico D'Ambrogio, "Prospects for EU-Asia Connectivity: The 'European Way to Connectivity'," EPRS, April 6, 2021, https://www.europarl.europa.eu/RegData/etudes/BRIE/2021/690534/EPRS_BRI (2021) 690534_EN.pdf.

[②] 《德语媒体：欧洲，请擦亮眼睛！》，德国之声中文网，2021年5月3日，https://p.dw.com/p/3suCA。

价值观具有长期影响。它重申了人权和基于规则的国际秩序的核心地位，这是实施欧盟互联互通议程的基础。"后面又强调"可预测的国际规范和标准以及健全的监管框架对于公平的竞争和激励私人投资的有利环境至关重要。理事会注意到其他主要经济体已经制定了自己的互联互通方法和工具，并强调所有此类举措和行动都需要采用高国际标准。"欧洲理事会要求欧盟委员会最晚于2022年春季出台《欧盟全球互联互通战略》沟通文件，此外还提了许多具体要求，包括融资办法、统一叙事、统一标志、定期的欧洲互联互通论坛等。①《全球联通的欧洲》中没有提到中国，但同日在欧盟外长会后的记者招待会上，欧盟外交与安全政策高级代表博雷利在被问及欧洲全球联通计划时，主动提到了中国。他表示，这不是一项关于具体项目的计划，而是列出了优先领域；欧盟高度重视互联互通问题，欧盟对外行动署（EEAS）里已经专门成立了一个部门去推进互联互通及数字政策，但"并不将其视为对中国'一带一路'倡议的替代"。他说："这不是我们的'一带一路'，它有一个更大的目标，即将互联互通置于我们对外政策的中心。我们两年前和日本签署一个相关协议时其实就开始这么做了，但我认为今天用异于中国'一带一路'的方式和目标去考虑大中东地区、中亚、中国的互联互通问题显得更为重要了。"②

2021年，拜登出任美国总统，提出了被认为是针对"一带一路"倡议的全球基建投资计划。2021年6月七国集团峰会公报中提出了投资基础设施建设的"原则"——价值驱动、密切合作、市场

---

① "A Globally Connected Europe: Council Approves Conclusions," July 12, 2021, https://data.consilium.europa.eu/doc/document/ST-10629-2021-INIT/en/pdf.

② "Foreign Affairs Council: Press Remarks by High Representative Josep Borrell," EEAS, December 7, 2021, https://eeas.europa.eu/headquarters/headquarters-homepage/101659/foreign-affairs-council-press-remarks-high-representative-josep-borrell_en.

主导、严格的标准、多边金融、战略伙伴，还计划斥资数百亿美元为发展中国家提供基建援助，被认为是系统性地针对中国的"一带一路"倡议。① 公报名为《重建更好世界行动的共同议程》，以呼应拜登在国内的"重建更好计划"。② 2022 年 6 月底，在乌克兰危机四个月之后，七国集团峰会在德国召开，除讨论俄乌问题外，最引人注目的是宣布启动"全球基础设施和投资伙伴关系"（PGII）——这被认为是"重建更好世界"的升级版。③ 2023 年 9 月，在印度举行的二十国集团峰会上，"全球基础设施和投资伙伴关系"被隆重推出，"印度—中东—欧洲经济走廊"作为旗下的一个大项目面世。④

此前，欧盟虽然有抗衡"一带一路"的考虑，但其 2018 年在欧盟理事会正式推出的"欧亚互联互通"战略并不排斥中国，甚

---

① 西方领导人自己都不讳言这一点。美国总统拜登表示，这项计划将比中国的"一带一路"更为公正，并且呼吁北京方面在开展对外援助时"在透明度、人权等领域承担起更大的责任，落实国际标准"。德国总理默克尔 6 月 12 日向媒体表示，"非洲有大量的基础建设要做，我们不能坐视中国包揽一切"，默克尔表示，"我们现在已经描绘出实施计划的路线图。这是 G7 一项全新的计划，七国共同以非常务实的方式商讨实施"。参见《七国集团峰会闭幕声明猛批中国》，德国之声中文网，2021 年 6 月 13 日，https://p.dw.com/p/3upck；《G7 寻求团结一致共同应对中国挑战及疫情大流行 默克尔："不能坐视中国包揽一切"》，法广中文网，2021 年 6 月 12 日，https://www.rfi.fr/cn/%E4%B8%AD%E5%9B%BD/20210612-g7%E5%AF%BB%E6%B1%82%E5%9B%A2%E7%BB%93%E4%B8%80%E8%87%B4%E5%85%B1%E5%90%8C%E5%BA%94%E5%AF%B9%E4%B8%AD%E5%9B%BD%E6%8C%91%E6%88%98%E5%8F%8A%E7%96%AB%E6%83%85%E5%A4%A7%E6%B5%81%E8%A1%8C-%E9%BB%98%E5%85%8B%E5%B0%94%E5%B0%94-%E4%B8%8D%E8%83%BD%E5%9D%90%E8%A7%86%E4%B8%AD%E5%9B%BD%E5%8C%85%E6%8F%BD%E4%B8%80%E5%88%87.html。

② "Carbis Bay G7 Summit Communiqué," June 13, 2021, https://www.whitehouse.gov/briefing-room/statements-releases/2021/06/13/carbis-bay-g7-summit-communique/.

③ "G7 Leaders' Communiqué," June 28, 2022, https://www.consilium.europa.eu/media/57555/2022-06-28-leaders-communique-data.pdf.

④ "Fact Sheet: President Biden and Prime Minister Modi Host Leaders on the Partnership for Global Infrastructure and Investment," September 9, 2023, https://www.whitehouse.gov/briefing-room/statements-releases/2023/09/09/fact-sheet-president-biden-and-prime-minister-modi-host-leaders-on-the-partnership-for-global-infrastructure-and-investment/.

至将中国作为首要合作伙伴，突出强调"欧中互联互通平台"的作用。① 相比之下，欧盟于 2021 年推出的"全球门户"则受到当年七国集团峰会很大影响，称要"与志同道合的伙伴协调努力"②，并于 2022 年七国集团峰会期间汇入了"全球基础设施和投资伙伴关系"。③ 美国也以"全球基础设施和投资伙伴关系"为由动员意大利退出中国的"一带一路"倡议。在决定不再续签"一带一路"合作备忘录后，意大利总理梅洛尼于 2024 年 3 月访美期间，与美国总统拜登商谈"继续共同努力支持全球基础设施和投资伙伴关系"。④

---

① 参见 "Connecting Europe and Asia-Building Blocks for an EU Strategy," October 15, 2018, https://www.consilium.europa.eu/en/press/press-releases/2018/10/15/connecting-europe-and-asia-council-adopts-conclusions/。

② "Joint Communication to the European Parliament, the Concil, the European Economic and Social Committee, the Committee of the Regions and the European Investment Bank: The Global Gateway," December 1, 2021, https://ec.europa.eu/info/sites/default/files/joint_ communication_ global_ gateway. pdf。

③ 参见欧洲理事会主席米歇尔、欧盟委员会主席冯德莱恩在 2022 年 6 月 G7 峰会边会上发表关于全球基础设施和投资伙伴关系的声明："Statement by President Michel at the G7 Summit Side Event on Partnership for Global Infrastructure and Investment," June 26, 2022, https://www.consilium.europa.eu/en/press/press-releases/2022/06/26/remarks-by-president-g7-summit-side-event-on-partnership-for-global-infrastructure-and-investment/; "Statement by President von der Leyen on the Occasion of the Launch of the Partnership for Global Infrastructure and Investment at the G7 Leaders' Summit," June 26, 2022, https://ec.europa.eu/commission/presscorner/detail/en/statement_ 22_ 4122。

④ "Readout of President Joe Biden's Meeting with Prime Minister Giorgia Meloni of Italy," March 1, 2024, https://www.whitehouse.gov/briefing-room/statements-releases/2024/03/01/readout-of-president-joe-bidens-meeting-with-prime-minister-giorgia-meloni-of-italy/。

第十八章　中国的大国外交

1949年，中国以独立自主的新面貌开启了与外部世界关系的新时代。改革开放后，中国以新面貌主动参与世界，中外关系进入一个新时期。党的十八大以来，中国特色社会主义进入新时代，中国外交也步入了中国特色大国外交的时代。如果说新中国成立后与外部世界建立和发展关系的关键词是独立自主、平等相待，而改革开放之后是与世界接轨、融入世界的话，今天的关键词则是塑造和引领世界、为世界作出更大贡献，提供更多的国际公共产品。

一　新中国外交历程：从"一边倒"到中国特色的大国外交

新中国成立70多年来，中国发生了翻天覆地的变化，中国与外部世界的关系也发生了很大的变化。苏联在新中国成立第二天就宣布承认新中国，根据当时国际冷战局势，新中国决定采取"一边倒"的外交战略，与苏联结盟。到20世纪70年代，中国外交开始发生重大调整和变化，这里面有两件很重要的事情，一方面，20世纪70年代初，基辛格、尼克松访华，美国对华战略发生了一个大的变化，中美关系改善，1979年中美正式建交。中美关系的改善，可以说带动了中国和整个西方国家关系的改善。另一个情况则是,中国国内发生了很大变化。1978年,党的十一届三中全会的召开具有划时代的意义,中国国内的工作重点由以阶级斗争为纲转向以经济建设为中心。在这个大的背景下,中国进入了一个崭新的改革开放时期。中国外交由此翻开了新的绚丽的篇章。

改革开放深刻改变了中国,也推动中国外交发生了革命性的变化,中国外交确定了新的目标,即营造有利于中国国内经济建设的国际环境。外交要服务于中国国内的建设,经济合作成为新时期中国外交工作的重点。在改革开放的思想指导下,中国外交出现了一个崭新的全方位的格局。全方位外交可以概括为:大国是关键、周边是首要、发展中国家是基础、多边是重要舞台。改革开放以来,中国外交有力地支持了国内的经济建设,这体现在吸引外国投资、引进国外先进技术和管理经验,以及商品的进出口等各个方面。这一时期,中国发生政治风波以后,以邓小平同志为核心的党的第二代中央领导集体以极大的战略定力冷静观察、沉着应对,坚持国内的改革开放不动摇、经济建设中心不动摇,坚持办好自己的事情。在外交上,邓小平提出了韬光养晦、有所作为的思想,扭转了困难的局面,维持了稳定的国际环境,改革开放不断取得新进展。

党的十八大以来,以习近平同志为核心的党中央深刻分析和研究了中国国内国际新形势、新变化,根据新形势、新任务,统筹国内国际两个大局,统筹发展与安全两件大事,积极开展中国特色大国外交。2014年11月28—29日,中央外事工作会议在北京举行,习近平总书记在会议上强调,"中国必须有自己特色的大国外交"[1]。2016年3月5日,在第十二届全国人民代表第

---

[1] 《习近平著作选读》第一卷,人民出版社2023年版,第319页。

四次会议上，中国特色大国外交这一新的理念首次被写入了《政府工作报告》。报告指出，"我们将继续高举和平、发展、合作、共赢的旗帜，践行中国特色大国外交理念，维护国家主权、安全、发展利益"。中国特色大国外交，指的不是针对大国的外交，而是指中国作为一个大国，外交要体现出大国的样子。中国虽然是最大的发展中国家，但随着经济快速持续增长，中国的综合国力得到了大幅提升。2008年，北京成功举办奥运会，2010年，成为世界第二大经济体，中国已经成为一个具有全球影响力的国家。在这样的情况下，中国的外交就必须要有大国的意识。

党的十九大报告进一步明确了中国特色大国外交的两大任务。

2017年10月18日，习近平总书记在党的十九大报告中旗帜鲜明地提出，中国特色大国外交的总目标是，推动构建新型国际关系，构建人类命运共同体。[①] 这两个构建对于中国外交至关重要。2017年12月19日，时任国务委员兼外交部部长王毅在《人民日报》撰文指出，推动构建新型国际关系、推动构建人类命运共同体，是党的十九大报告外交部分最核心、最突出、最重要的理念。它作为一个整体，科学回答了建设什么样的世界、中国需要什么样的外交，以及如何开展国与国交往、如何探索人类发展未来等重大问题，为进入新时代的中国外交亮明了新旗帜，催生了新作为，开辟了新境界。王毅进一步指出，构建新型国际关系的实质是要走出一条国与国交往的新路，并将为构建人类命运共同体开辟道路，创造条件。[②] 显然，两个推

[①] 习近平：《决胜全面建成小康社会 夺取新时代中国特色社会主义伟大胜利——在中国共产党第十九次全国代表大会上的报告》，人民出版社2017年版，第19页。

[②] 王毅：《以习近平新时代中国特色社会主义思想引领中国外交开辟新境界》，《人民日报》2017年12月19日。

动构建可以说既是为中国特色外交提出的总目标和总任务，也是未来中国特色大国外交工作努力的总方向。中国倡导和推动的新型国际关系有三重含义，就是相互尊重、公平正义、合作共赢。党的十九大报告指出，中国将高举和平、发展、合作、共赢的旗帜，恪守维护世界和平、促进共同发展的外交政策宗旨，坚定不移在和平共处五项原则基础上发展同各国的友好合作，推动建设相互尊重、公平正义、合作共赢的新型国际关系。关于构建人类命运共同体，习近平总书记在党的十九大报告中指出，要"建设持久和平、普遍安全、共同繁荣、开放包容、清洁美丽的世界"①。这就是构建人类命运共同体的努力目标，或者说这就是中国希望建立的世界。如何建立持久和平、普遍安全、共同繁荣、开放包容、清洁美丽的世界？党的十九大报告提出五个"要"："要相互尊重、平等协商，坚决摒弃冷战思维和强权政治，走对话而不对抗、结伴而不结盟的国与国交往新路。要坚持以对话解决争端、以协商化解分歧，统筹应对传统和非传统安全威胁，反对一切形式的恐怖主义。要同舟共济，促进贸易和投资自由化便利化，推动经济全球化朝着更加开放、包容、普惠、平衡、共赢的方向发展。要尊重世界文明多样性，以文明交流超越文明隔阂、文明互鉴超越文明冲突、文明共存超越文明优越。要坚持环境友好，合作应对气候变化，保护好人类赖以生存的地球家园。"构建人类命运共同体理念，得到国际社会的广泛认同。2017年3月，"构建人类命运共同体"被写入联合国安理会第2344号决议。

---

① 习近平：《决胜全面建成小康社会 夺取新时代中国特色社会主义伟大胜利——在中国共产党第十九次全国代表大会上的报告》，人民出版社2017年版，第58—59页。

第五编　秩序转型与中欧关系的未来

二　中国对美、对俄外交以及对周边外交

对于中国外交来说，中美关系无疑是最重要的。美国和中国分别为世界第一大和第二大经济体。一个是最大的发展中国家，一个是最大的发达国家，今天的中美关系实际上也是世界上最重要的双边关系之一。目前中美关系面临的最大难题是如何在新时期找到两国正确相处之道。这也是从奥巴马到特朗普再到拜登，中国对美外交一直面临的最大挑战之一。中国提出愿意和美国一道发展一种新型大国关系。2013年6月，习近平主席和奥巴马总统在加利福尼亚安纳伯格庄园会晤时，提出了中国主张与美国建立新型大国关系。[①] 2017年4月6日，习近平主席在美国佛罗里达州海湖庄园同美国总统特朗普举行了特朗普上台后首次中美元首会晤。习近平主席指出，中美关系正常化45年来，两国关系虽然历经风风雨雨，但得到了历史性进展，给两国人民带来巨大实际利益。合作是中美两国唯一正确的选择，我们两国完全能够成为很好的合作伙伴。[②] 2021年11月，由于疫情的原因，习近平主席与拜登当选总统后的首次会晤是通过视频举行的。习近平主席指出："过去50年，国际关系中一个最重要的事件就是中美关系恢复和发展，造福了两国和世界。未来50年，国际关系中最重要的事情是中美必须找到正确的相处之道。"习近平主席强调，总结中美关系发展经验和教训，新时期中美相处应该坚持三点原则：一是相互尊重。尊重彼此社会制度和发展道路，尊重对方核心利益和重大关切，尊重各自发展权利，平等相待，管控分歧，求同存异。二

[①] 《习近平同奥巴马总统举行中美元首会晤》，《人民日报》2013年6月9日。
[②] 《习近平谈治国理政》第二卷，外文出版社2017年版，第488页。

是和平共处。不冲突不对抗是双方必须坚守的底线，美方提出中美可"共存"，还可加上两个字，即和平共处。三是合作共赢。中美利益深度交融，合则两利、斗则俱伤。地球足够大，容得下中美各自和共同发展。要坚持互利互惠，不玩零和博弈，不搞你输我赢。①

2022年、2023年中美元首举行了两次会晤，一次是在印尼巴厘岛，一次是在美国旧金山。在2022年11月14日举行的巴厘岛会晤中拜登表示，他愿意重申，一个稳定和发展的中国符合美国和世界的利益。美国尊重中国的体制，不寻求改变中国体制，不寻求"新冷战"，不寻求通过强化盟友关系反对中国，不支持"台湾独立"，也不支持"两个中国""一中一台"，无意同中国发生冲突。美方也无意寻求同中国"脱钩"，无意阻挠中国经济发展，无意围堵中国。当前形势下，中美两国共同利益不是减少了，而是更多了。中美不冲突、不对抗、和平共处，这是两国最基本的共同利益。中美两国经济深度融合，面临新的发展任务，需要从对方发展中获益，这也是共同利益。全球经济疫后复苏、应对气候变化、解决地区热点问题也离不开中美协调合作，这还是共同利益。双方应该相互尊重，互惠互利，着眼大局，为双方合作提供好的氛围和稳定的关系。

在中美元首2023年11月15日举行的旧金山会晤中，习近平主席指出，相互尊重、和平共处、合作共赢，这既是从50年中美关系历程中提炼出的经验，也是历史上大国冲突带来的启示，应该是中美共同努力的方向。②

对中国来说，俄罗斯也是一个很重要的国家。作为中国最大的

---

① 《习近平同美国总统拜登举行视频会晤》，《人民日报》2021年11月17日。
② 《习近平同美国总统拜登举行中美元首会晤》，《人民日报》2023年11月17日。

第五编　秩序转型与中欧关系的未来

邻国，对俄关系一直是中国外交的又一重点。2013 年，习近平主席以国家主席身份出访的第一个国家就是俄罗斯，反映了俄罗斯在中国对外全局中的重要地位。2019 年是新中国成立 70 周年，中国和俄罗斯也在庆祝建交 70 周年，习近平主席与俄罗斯总统普京在莫斯科大剧院共同出席了中俄建交 70 周年纪念大会。苏联解体以后，中俄关系的发展比较顺利，合作水平越来越高。目前的中俄关系是中国倡导的新型国际关系的一个典范。冷战结束以后，中俄关系进行了六次定位，每一次定位都是新的提升。第一次是 1992 年 12 月，中俄签署了关于中俄相互关系基础的联合声明。该声明宣布中俄互相视为友好国家。第二次是 1994 年 9 月，中俄宣布结成面向 21 世纪的建设性伙伴关系。第三次是 1996 年，中俄建立了战略性协作伙伴关系，这在中国外交中是独一无二的。第四次是 2011 年，中俄两国一致同意在"伙伴关系"前面加上"全面"两个字。第五次是 2014 年，中俄签署了《关于全面战略协作伙伴关系新阶段的联合声明》，这里面又加了"新阶段"。第六次定位是 2019 年 6 月 5 日，习近平主席同普京总统共同签署了《中华人民共和国和俄罗斯联邦关于加强当代全球战略稳定的联合声明》和《中华人民共和国和俄罗斯联邦关于发展新时代全面战略协作伙伴关系的联合声明》两份声明，并宣布发展中俄"新时代全面战略协作伙伴关系"。由此可以看出，中俄两国关系定位越来越高，合作的含金量也越来越大。中俄两国不仅战略合作在提升，经贸合作也在扩大和深化。自 2010 年开始，中国一直是俄罗斯最大贸易伙伴。能源合作在两国务实合作中尤为突出，分量最重、成果最多、范围最广，被称为两国经贸合作的"压舱石"。

中国近年来对周边外交的重视程度是空前的。2013 年 10 月 24—25 日在北京召开了 1949 年新中国成立以来第一次周边外交工作座谈会。这次会议被人们称为是对中国周边外交进行顶层设计的一次会议。在这次会议上，习近平总书记强调"无论从地理方位、自然环境还是相互关系看，周边对我国都具有极为重要的战略意义"。[1] 怎么搞周边外交呢？中国提出了一套比较清晰的理念，而且主动积极实践这些理念。其基本方针是，坚持与邻为善、以邻为伴，坚持睦邻、安邻、富邻。党的十八大后中国针对周边外交新提出了四个字，即亲、诚、惠、容。惠，指的是经济利益，经济好处。但是在利益之前加了"亲""诚"，之后再加上意指包容、容纳的"容"。这说明什么问题呢？说明中国在开展周边外交时，经济上的好处仅是一部分。正如习近平主席所指出的，"要坚持睦邻友好，守望相助；讲平等、重感情；常见面，多走动；多做得人心、暖人心的事，使周边国家对我们更友善、更亲近、更认同、更支持，增强亲和力、感召力、影响力""让命运共同体意识在周边国家落地生根"[2]。

共建"一带一路"始于周边，重点亦在周边。众所周知，"一带一路"是习近平主席在周边国家访问时提出来的。2013年9月习近平主席访问哈萨克斯坦时，在纳扎尔巴耶夫大学首先提出"共同建设'丝绸之路经济带'"，"以点带面，从线到片，逐步形成区域大合作"[3]。一个月以后，习近平主席在印度尼西亚国会发表演讲的时候提出我们要发展好海洋合作伙伴关系，共同建设21世纪"海上丝绸之路"[4]。"一带一路"就这样提出来了。

在周边外交中，中国还提出了实践新的安全观。中国高度重视

---

[1] 《习近平谈治国理政》第一卷，外文出版社2018年版，第296—297页。
[2] 《习近平谈治国理政》第一卷，外文出版社2018年版，第297—299页。
[3] 《习近平在哈萨克斯坦纳扎尔巴耶夫大学的演讲》，中国政府网，https://www.gov.cn/ldhd/2013-09/08/content_ 2483565. htm。
[4] 《习近平谈治国理政》第一卷，外文出版社2018年版，第292页。

与周边国家增加政治互信。2014年5月21日,亚洲相互协作与信任措施会议(简称"亚信"会议)第四次峰会在上海举行。在这次峰会上,习近平主席首次提出应该积极倡导"共同、综合、合作、可持续的亚洲安全观"①。所谓共同,指的是要尊重和保障每一个国家的安全;综合,指的是统筹维护传统领域、非传统安全领域的安全;合作,就是安全要通过合作来实现;可持续,就是要发展和安全并重,以实现持久的安全。2016年4月,习近平主席在亚信第五次外长会议开幕式上发表讲话,提出了落实亚洲安全观的四点主张:第一,把握方向,构建亚洲命运共同体;第二,夯实基础,推动不同文明交流互鉴;第三,互谅互让,坚持对话协商和平解决争议;第四,循序渐进,探讨建立符合地区特点的安全架构。②

三 新时代的中国外交思想

党的十八大以来,以习近平同志为核心的党中央深刻把握新时代中国和世界发展大势,在对外工作上进行一系列重大理论和实践创新,形成了习近平外交思想。上文提到的中国特色大国外交就是习近平外交思想的重要组成部分。2018年6月22—23日,中央外事工作会议确立习近平外交思想的指导地位,并用"十个坚持"阐释习近平外交思想的丰富内涵。即(1)坚持以维护党中央权威为统领,加强党对对外工作的集中统一领导;(2)坚持以实现中华民族伟大复兴为使命推进中国特色大国外交;(3)坚持以维护世界和平、促进共同发展为宗旨推动构建人类命运共同体;

---

① 《习近平谈治国理政》第一卷,外文出版社2018年版,第354页。
② 《习近平在亚信第五次外长会议开幕式上的讲话》,《人民日报》2016年4月29日。

（4）坚持以中国特色社会主义为根本增强战略自信；（5）坚持以共商共建共享为原则推动"一带一路"建设；（6）坚持以相互尊重、合作共赢为基础走和平发展道路；（7）坚持以深化外交布局为依托打造全球伙伴关系；（8）坚持以公平正义为理念引领全球治理体系改革；（9）坚持以国家核心利益为底线维护国家主权、安全、发展利益；（10）坚持以对外工作优良传统和时代特征相结合为方向塑造中国外交独特风范。这"十个坚持"构成了习近平外交思想的总体框架和核心要义。2023年12月27—28日，中央外事工作会议系统总结新时代中国特色大国外交的历史性成就和宝贵经验。历史性成就涵盖十个方面，排在第一的是"创立和发展了习近平外交思想"。会议将新时代外交工作的宝贵经验总结为"六个必须"，即：（1）必须做到坚持原则；（2）必须体现大国担当；（3）必须树立系统观念；（4）必须坚持守正创新；（5）必须发扬斗争精神；（6）必须发挥制度优势。

除了"习近平外交思想"，党的十八大以来不断发展成熟的"总体国家安全观"特别是全球安全观与中国外交也具有重要关系。2022年4月21日，习近平主席在博鳌亚洲论坛2022年年会开幕式上发表题为《携手迎接挑战，合作开创未来》的主旨演讲，首次提出全球安全倡议。① 2023年2月21日，中国正式推出《全球安全倡议概念文件》。之后，随着《关于政治解决乌克兰危机的中国立场》《关于阿富汗问题的中国立场》《中国关于解决巴以冲突的立场文件》等系列文件的陆续出台，中国的全球安全观日益成为广受世界瞩目的国际公共产品。

全球安全观是中国在世界百年未有之大变局下针对国际安全形

---

① 《习近平在博鳌亚洲论坛2022年年会开幕式上发表主旨演讲》，《人民日报》2022年4月22日。

势日趋严峻、全球安全挑战复杂交织而作出的积极回应。任何安全观的提出都有赖于对国际战略形势的研判，中国的全球安全观同样立足于对形势变化的深思熟虑。当下世界之变、时代之变、历史之变正以前所未有的方式展开，世界正经历罕见的多重风险挑战，处于新的动荡变革期。这些重大判断在党的二十大报告和《全球安全倡议概念文件》等文件中均得到深刻阐述。比如，党的二十大报告指出，在世界百年未有之大变局下，一方面，和平、发展、合作、共赢的历史潮流不可阻挡；另一方面，恃强凌弱、巧取豪夺、零和博弈等霸权霸道霸凌行径危害深重，和平赤字、发展赤字、安全赤字、治理赤字加重，人类社会面临前所未有的挑战。《全球安全倡议概念文件》写道：国际社会正经历罕见的多重风险挑战，地区安全热点问题此起彼伏，局部冲突和动荡频发，单边主义、保护主义明显上升，各种传统和非传统安全威胁交织叠加，世界又一次站在历史的十字路口。面对严峻深重的国际安全局势，如何应变并摆脱困境是对各国政府的重大考验。中国倡导的应变之道是：安全问题关乎各国人民的福祉，各国都肩负着维护世界和平安宁的责任。具体而言，中国主张各国坚持共同、综合、合作、可持续的安全观；坚持尊重各国主权、领土完整；坚持遵守《联合国宪章》宗旨和原则；坚持尊重各国合理安全关切；坚持通过对话协商以和平方式解决国家间的分歧与争端；坚持统筹维护传统领域和非传统领域安全。这"六个坚持"彼此联系、相互呼应，是辩证统一的有机整体，构成了中国全球安全观的核心要义。

中国的全球安全观对世界的积极意义体现在四个方面。

第一，世界有期待，中国有担当。随着中国综合实力的不断提升特别是国际影响力与日俱增，世界对中国的期望值也在增大。

很多国家尤其是广大的"全球南方"国家都希望中国在世界舞台上发挥更大的作用。近年来，中国大力倡导新安全观、积极为解决世界难题尽力尽责，彰显了新时代中国特色大国外交的使命担当，表明中国与外部世界的关系进入了一个新时期。事实证明，中国的安全理念及其实践已经得到世界上 100 多个国家和包括联合国在内的许多国际组织的认同与支持。

第二，与西方一些国家抱持的冷战思维和零和思维相比，中国的共同安全与合作共赢理念有利于防止世界陷入分裂和对抗。当今世界，各国相互依存、休戚与共、一荣俱荣、一损俱损。然而，美国等西方国家热衷于在国际上拉帮结派，推行集团政治、阵营对抗，不仅加剧了世界地缘政治的紧张局势，而且增大了世界分裂的风险。在美国的主导下，北约抱守冷战思维，不断在欧洲谋求扩张，极力推进东进亚太，对欧洲安全以及世界的和平稳定构成严重挑战。与此同时，西方一些政客以所谓"去风险""降依赖"为名，不断鼓噪和推动与中国"脱钩断链"，严重威胁全球产业链供应链的稳定安全，经济全球化面临"碎片化"风险。基于构建人类命运共同体的理念，为推动世界实现持久和平和普遍安全，中国主张各国的安全利益都是彼此平等的，也是相互依赖的。任何国家在谋求自身安全时都应兼顾其他国家的合理安全关切。一国安全不应以损害他国安全为代价。任何国家正当合理的安全关切都不应被长期忽视和系统性侵犯，而应得到重视和妥善解决。

第三，中国坚持各国主权独立平等，坚定不移地维护联合国权威及其在全球安全治理中的主要平台地位，为动荡不安的世界注入了强大的确定性力量。中国坚定不移地走和平发展道路，旗帜鲜明地反对霸权国家干涉别国内政，抵制霸权主义、强权政治、单边主义，主张国家主权和尊严必须得到尊重，各国自主选择发展道路和社会制度的权利必须得到维护。中国坚定维护以联合国为核心的国际体系、以国际法为基础的国际秩序、以《联合国宪章》宗旨和原则为基础的国际关系基本准则，主张通过发展化解矛盾，通过对话协商以和平方式解决国家间分歧和争端。

第四，需要强调指出的是，当今世界各国命运相连、安危与共，任何国家都不能置身事外、独善其身。中国全球安全观的实现需要其他国家的大力参与和合作。应对国际安全挑战、破解世界难题需要各国弘扬团结精神，建立共赢思维，同舟共济、同心协力。否则，如2024年2月慕尼黑安全会议发布的主题报告所指出的，世界将面临"多输"（lose-lose）局面。

结论　如何与欧洲打交道

一　全面认识复杂的欧洲

与欧洲打交道绝非容易和简单。因为首先欧洲很复杂。因此正确认识欧洲是第一位的。自第二次世界大战以来，欧洲大国均沦为二流中等国家。在国际上有一个关于欧洲国家的笑话，意思是，所有欧洲国家无一例外都是中小国家，它们之间唯一的区别是有的欧洲国家知道这一点，有的不知道。然而，自欧洲开始一体化建设以来，人们对于欧洲力量的观察就不应该限于某个国家或某几个国家，而要看这些国家一体化的程度。这是其一。其二，随着以金砖国家为代表的新兴经济体以及全球南方国家的快速发展，欧盟力量相对衰落是不容置疑的。考虑到债务危机以来欧盟陷入了一系列的危机和挑战，内忧外患，应接不暇，其国际影响力削弱也是难以避免的。但要看到，一系列危机并未撼动欧盟作为世界主要经济体、最大统一市场、第二大货币区的地位。而这些正是支撑欧盟在国际经济和货币体系中一极地位的三大支柱。其三，观察欧盟力量，还有一个视角，即大国关系特别是欧美关系、中欧关系，尤其是欧洲对于中美博弈的态度。

要增进对欧洲的了解，还可以从"三个欧洲"的角度来看。

结论　如何与欧洲打交道

一是"世界之欧洲"。作为当今多极化世界中的一支重要力量，欧盟在全球政治、经济、文化、安全、科技等各个领域中占有重要地位，要把欧洲放在世界政治、经济、安全格局中观察、思考和研究。同样，为了认识欧洲，亦要将欧洲与其他国际行为体进行比较分析。

二是"欧洲之欧洲"。这意味着要深入认识欧洲本身，包括欧洲的历史、现实和未来，以及欧洲的经济、政治、文化、安全、防务、科技等各个方面。今天"欧洲之欧洲"，或许最重要的是要认识战后欧洲一体化的发展。

三是"中国之欧洲"。即从中国角度观察和研判欧洲。其中，一方面要重点研究欧洲在中国对外关系中的地位作用，另一方面要跟踪观察、研究欧洲对华政策的演变和认知变化，其中既包括欧洲国家或欧盟成员国，也包括欧盟机构和欧盟整体的对华认知和政策。在"中国之欧洲"中，需要强调欧洲在中国外交中的多重意义。在中国外交中欧洲至少具有四重意义，即发达国家、西方、大国、地区集团。首先，发达国家意味着，欧洲是中国改革开放和现代化建设的最重要伙伴之一。改革开放之初，中国看重的主要是欧洲的投资、技术以及管理经验，近年来中欧贸易量日益增大，随着美国走向贸易保护主义，欧洲市场的重要性突出。其次，欧洲国家作为西方世界的一部分则意味着，尽管中国在对外关系中不再以意识形态划线，但由于在政治制度上的差异性，双方在人权、民主等方面存在明显分歧。最后，如何理解中国将欧盟作为"大国"呢？中国外交的重点包括周边、大国、发展中国家，以及多边机构等。这里所指的"大国"主要指的是美国、俄罗斯、欧洲。欧洲在中国决策者和学者心目中大概有两层含义：一方面，传统的大国如英、法、德等，这些国家或者是联合国安理会常任理事国，或者是七国集团等重要国际组织中的成员。另一方面，欧盟。欧盟作为一个联合的行为体，被视为"大国"，包括欧盟本身，也包括具体的欧元区、申根区、欧洲统一大市场，以及欧盟委员会等欧盟机构。总之，欧洲在中国外交中"一身多任"，因而其在中国外交中占据十分重要的地位。

"欧洲学"的倡导者陈乐民先生常说自己"看的是欧洲，想的是中国"。[①] 对许多中国学者来说，考察欧洲的经验是为了发展自己的国家。中国的经济学家、社会学家、政治学家在研究欧洲时想的也许是中国的国内建设和发展，而对于中国的战略界而言，研判欧洲则可能是想知道欧洲在全球战略格局中尤其是中国对外战略中能够发挥什么作用。

二 深入认识欧盟复杂的权力架构

欧盟的权力架构非常复杂，既有27个成员国政府，又有超国家机构，要和欧盟打交道就必须理解其各自的权能，还要清楚欧盟每一项重大决定都是成员国与成员国，以及成员国与欧盟超国家机构之间紧密互动和激烈博弈的结果。作为超国家机构之一的欧洲议会一直曝光度很高，经常通过一些对华涉华决议，我们该如何看？一方面我们知道其通过的很多决议不具法律效力，但另一方面欧盟又有不少法案只有得到欧洲议会的批准方能生效。前文提到的中欧全面投资协定便是一例。近年来引起中国企业广泛关注的欧盟诸多贸易防御措施，通常都是由欧盟委员会提出，但生效往往也需欧洲议会首肯。欧盟不仅权力结构复杂难懂，在当

---

① 陈乐民：《欧洲与中国》，生活·读书·新知三联书店2014年版，第9页。

今世界大变局下其对外关系也正步入快速调适期，让人有一种眼花缭乱的感觉。这就要求分析家们慎而思之，避免得出非此即彼的简单判断。

三 客观评估欧美关系

欧美关系对于双方来说非常重要，但这一关系也具有日益错综复杂的一面。欧洲很多国家和美国至今保持着冷战时期构筑的军事同盟关系。作为冷战产物的北约并没有因为苏联解体而解散，反而仍在招兵买马，扩大成员。目前北约32个成员国中除美国、加拿大、土耳其，其余29个都是欧洲国家。"9·11"事件后集体出兵阿富汗、一年一度的北约领导人峰会、名目繁多的军事演习，无时不在告诉人们美欧同盟的真实性。正因为如此，人们经常会说美欧是一家人。但另一方面，由于美国全球战略重点东移以及美国政府不断推行的"美国优先"，欧美联盟内部矛盾层出不穷。

与此同时，对于中美关系日益紧张的态势，欧洲的态度十分复杂。多数欧洲国家不愿意看到世界被中美对抗所主导，以致欧洲的利益被边缘化。从欧洲自身利益来讲，它希望和中美两边都保持合作。在传统安全上欧洲国家还依赖美国，在经济上欧美互为最大贸易投资伙伴。但同时中国对于欧洲的重要性也在与日俱增，不论在贸易上还是气候治理上，中国已成为不可或缺的合作伙伴。因此，尽管欧洲与美国有很多共同利益，但欧洲不愿意完全倒向美国一边。欧洲国家总体上不接受美国对华非黑即白的思维定式，坚决反对与中国"脱钩"。在美国日益将中国作为其战略竞争对手的背景下，欧洲一直避免"二选一"，并千方百计既保持与美国的同盟关系，也不放弃与中国的经济联系。未来数年，这一点很可能还不会发生根本变化。在与美国有共同利益的方面，欧洲将继续通过跨大西洋联盟将其利益与美国捆绑在一起，而在与中国有共同利益的地方，欧洲还将与中国保持合作。对于外界来说，这意味着欧洲发出的很多信息可能并不清晰，甚至自相矛盾。这就要求对美欧关系要综合把握，力避受一时一事左右。一方面我们看到欧洲搞战略自主的决心更加坚定，但另一方面欧美关系的联盟性质并没有改变。

另外，中欧关系的变化也与欧洲重新定义自身的国际角色有关。世界大变局正在推动欧洲对其国际角色再定位。欧盟不甘心仅扮演贸易和经济行为体，成为一支地缘政治力量的愿望与日俱增。欧盟所希望的地缘政治力量将既摆脱对其他大国的依赖，又如欧盟"外长"博雷利所言"能够在国际上像其他大国一样说话做事"。总之，对于中国来说，与欧洲打交道首先需要了解欧盟及其对外关系的复杂变化。

四 以平常心态看待中欧经贸摩擦

近年来困扰中欧关系的主要是欧洲对华认知和政策的调整和变化，中国在欧洲眼里复杂化了，既是合作伙伴，也是经济竞争者，还是制度性对手。其结果是以往性质较为单一，发展较为稳定的中欧关系进入了一个碰撞期。

但经济在中欧关系中的主导地位长期不会改变，中国的对欧外交工作要把重点一直放在经济合作上。一是继续利用好彼此经济互补这一有利条件，增加相互贸易和投资。二是大力发掘新合作领域，扩大双方共同利益。中欧经济互补主要讲的是中国市场、劳动力资源与欧洲技术的互补。这一点仍然在起作用，但未来需要重视开辟如城镇化等新领域的合作，更多把中国新的自身发展需求与中欧经济合作紧密联系起来，在实现中国式现代化进程中不断拓展新的合作领域，在中国进一步深化开放当中扩大中欧合作新机遇。三是积极应对双方经济摩擦和冲突。毋庸讳言，中国和欧盟作为世界最大的经济体之一，随着双方合作的不断深入，双方在本国及第三国市场的竞争将会增大。经济利益之争将会日益成为引起双方摩擦的主要原因。利益博弈乃至激烈争夺是再正常不过的事了。中国一定要以平常心态看待与欧洲国家的贸易纠纷；重要的是要避免冲突升级，反对贸易保护主义。当然，这一点对欧盟来说也同样重要。

五　充分认识与欧洲共同应对全球性挑战的重要意义

最近几年，欧洲已经真切感受到了世界格局正在发生的巨大变化。欧洲人思考最多的就是所谓"大国竞争"在国际政治中的回归，而且十分担心欧洲在这场竞争中被边缘化。现在欧洲政治家们的口头禅是，"如果欧洲不成为一个'玩家'（player），就会成为一个'角逐场'（playground）"。很多欧洲政治精英都表达了这种战略焦虑。随着中国影响力的增大以及全球性挑战的增多，欧盟特别是其主要成员国对与中国一道应对和解决诸如气候变化、欧洲安全、中东和平等全球性挑战抱有很大期待，中方对于在国际上发挥更大作用的愿望也显著增大。中欧合作关乎世界和平与稳定，关乎国际格局走向和世界新秩序的形成。中欧没有涉及核心利益的分歧，也不存在所谓守成大国和新兴大国之间的战略竞争，影响中欧战略和政治信任的主要因素，一方面是人权、民主等所谓的价值观分歧，另一方面是包括乌克兰危机这样的外部因素。中欧积极应对双方面临的地区和全球性难题有助于减少彼此误解，加强政治互信和战略互信。

参考文献

一 中文文献

（一）专著

1. 《习近平外交演讲集》第一卷，中央文献出版社2022年版。
2. 《习近平外交演讲集》第二卷，中央文献出版社2022年版。
3. 《习近平谈治国理政》第一卷，外文出版社2018年版。
4. 《习近平谈治国理政》第二卷，外文出版社2017年版。
5. 《习近平谈治国理政》第三卷，外文出版社2020年版。
6. 《习近平谈治国理政》第四卷，外文出版社2022年版。
7. 习近平：《决胜全面建成小康社会：夺取新时代中国特色社会主义伟大胜利——在中国共产党第十九次全国代表大会上的报告》，人民出版社2017年版。
8. 陈乐民：《欧洲与中国》，生活·读书·新知三联书店2014年版。
9. 陈志敏等：《中国、美国与欧洲：新三边关系中的合作与竞争》，上海人民出版社2011年版。
10. 《当代中国外交》，中国社会科学出版社1990年版。
11. 丁纯、杨海峰主编：《嬗变中的欧罗巴：观察欧洲四十篇》，上海人民出版社2024年版。

12. 丁一凡：《跌宕起伏的中欧关系：从文明对话到战略伙伴》，中国社会科学出版社 2020 年版。

13. 冯存万：《欧洲联盟发展新论：基于中国视角的分析》，中国社会科学出版社 2023 年版。

14. 冯仲平等：《中欧关系：适应与塑造》，中国社会科学出版社 2023 年版。

15. 梁昊光等：《"一带一路"互联互通研究》，人民出版社 2023 年版。

16. 刘晓明：《大使讲中英关系：我们需要什么样的中英关系？》，中信出版集团 2024 年版。

17. 刘作奎主编：《俄乌冲突对欧洲影响研究》，中国社会科学出版社 2023 年版。

18. 李强、段德敏主编：《十字路口的欧罗巴：右翼政治与欧洲的未来》，商务印书馆 2020 年版。

19. 沈洪波：《欧洲一体化进程：在理论与实证之间》，中国社会科学出版社 2015 年版。

20. 孙海霞、徐佳：《欧债危机的终结》，北京大学出版社 2023 年版。

21. 宋新宁、张小劲主编：《走向二十一世纪的中国与欧洲》，香港社会科学出版社 1997 年版。

22. 田野：《全球化与民粹主义》，中国社会科学出版社 2024 年版。

23. 王明进：《危机影响下的欧盟对外政策》，中国社会科学出版社 2018 年版。

24. 吴白乙等主编：《中国—中东欧国家合作进展与评估报告（2012—2020）》，中国社会科学出版社 2020 年版。

25. 吴志成、李贵英主编：《英国脱欧与欧洲转型》，中国社会科学出版社 2020 年版。

26. 石坚、[德] 海杜克主编：《机遇与挑战：多变世界里中国与欧盟关系的可持续发展》，中国社会科学出版社 2019 年版。

27. 徐明棋主编：《多重挑战下的欧盟及其对外关系》，时事出版社 2019 年版。

28. 张骥：《百年未有之大变局下的中法关系》，世界知识出版社 2020 年版。

29. 赵柯：《危机与转型：百年变局下的欧盟发展战略》，西苑出版社 2022 年版。

30. 赵晨等：《跨大西洋变局：欧美关系的裂变与重塑》，中国社会科学出版社 2021 年版。

31. 赵怀普：《欧盟政治与外交》，世界知识出版社 2021 年版。

32. 郑春荣主编：《动荡欧洲背景下的德国及中德关系》，社会科学文献出版社 2022 年版。

33. 周弘主编：《中欧关系研究报告（2014）：盘点战略伙伴关系十年》，社会科学文献出版社 2013 年版。

34. 周弘、苏宏达主编：《欧盟对外关系》，中国社会科学出版社 2018 年版。

35. [比利时] 斯蒂芬·柯克莱勒、汤姆·德尔鲁：《欧盟外交政策（第二版）》，刘宏松等译，上海人民出版社 2017 年版。

36. [比利时] 斯万·毕斯普：《让欧洲再次伟大：旧力量、新未来》，徐莹等译，中国社会科学出版社 2021 年版。

37. [德] 贝娅特·科勒—科赫等：《欧洲一体化与欧盟治理》，顾俊礼等译，中国社会科学出版社 2004 年版。

38. [德] 扬—维尔纳·米勒：《什么是民粹主义?》，钱静远译，译林出版社 2020 年版。

39. [德] 尤尔根·哈贝马斯:《欧盟的危机:关于欧洲宪法的思考》,伍慧萍、朱苗苗译,上海人民出版社 2019 年版。

40. [法] 法布里斯·拉哈:《欧洲一体化史(1945—2004)》,彭姝祎、陈志瑞译,中国社会科学出版社 2005 年版。

41. [英] 菲利普·沃尔夫:《欧洲的觉醒》,郑宇建、顾犇译,商务印书馆 1990 年版。

42. [美] 安德鲁·莫劳夫奇克:《欧洲的抉择——社会目标和政府权力:从墨西拿到马斯特里赫特》,赵晨、陈志瑞译,社会科学文献出版社 2008 年版。

43. 《欧洲联盟基础条约:经〈里斯本条约〉修订》,程卫东、李靖堃译,社会科学文献出版社 2010 年版。

(二) 论文

1. 丁纯、张铭鑫:《欧盟对外经济依赖与"开放性战略自主"》,《复旦学报(社会科学版)》2024 年第 1 期。

2. 冯仲平:《欧盟与美俄中关系的演变与发展》,《现代国际关系》2002 年第 1 期。

3. 冯仲平:《欧洲一体化、战略自主及中欧关系》,《国际经济评论》2023 年第 5 期。

4. 冯仲平:《战略自主关乎欧洲命运》,《欧洲研究》2023 年第 1 期。

5. 冯仲平:《50 年的中欧关系及其特点》,《现代国际关系》1999 年第 10 期。

6. 冯仲平等:《当美国"大象"闯入"16+1 合作"的"瓷器店"……》,《世界知识》2019 年第 6 期。

7. 冯仲平:《当前欧盟对华政策的四大特性》,《现代国际关系》1998 年第 5 期。

8. 冯仲平：《英国退欧对欧盟及中欧关系的影响》，《欧洲研究》2016 年第 4 期。

9. 冯仲平：《英国脱欧及其对中国的影响》，《现代国际关系》2016 年第 7 期。

10. 冯仲平、黄静：《中欧"一带一路"合作的动力、现状与前景》，《现代国际关系》2016 年第 2 期。

11. 贾文华：《"失败的前进"：欧盟域外制裁的理论诠释与实证考察》，《欧洲研究》2023 年第 1 期。

12. 贺之杲：《欧洲一体化研究：西方叙事与中国视角》，《欧洲研究》2023 年第 5 期。

13. 李靖堃：《英国欧洲政策的特殊性：传统、理念与现实利益》，《欧洲研究》2012 年第 5 期。

14. 李向阳：《论海上丝绸之路的多元化合作机制》，《世界经济与政治》2014 年第 11 期。

15. 刘衡：《介入域外海洋事务：欧盟海洋战略转型》，《世界经济与政治》2015 年第 10 期。

16. 宋晓敏：《从派生性关系到独立性关系？——解析中欧关系的基本特征与发展逻辑》，《国际政治研究》2022 年第 2 期。

17. 宋新宁、涂东：《欧洲民粹主义的"疑欧"特色》，《人民论坛》2016 年第 S2 期。

18. 佟德志：《解读民粹主义》，《国际政治研究》2017 年第 2 期。

19. 吴志成、吴宇：《人类命运共同体思想论析》，《世界经济与政治》2018 年第 3 期。

20. 徐明棋：《欧债危机的理论评述与观点辨析》，《国际金融研究》2013 年第 6 期。

21. 熊性美、沈瑶：《中国—欧盟贸易关系回顾与前瞻》，《世界经济》1995年第8期。

22. 衣保中、张洁妍:《东北亚地区"一带一路"合作共生系统研究》,《东北亚论坛》2015年第3期。

23. 周弘:《中国式现代化、欧洲模式与中欧关系》,《欧洲研究》2023年第1期。

24. 赵怀普:《欧盟共同防务视阈下的"永久结构性合作"机制探究》,《欧洲研究》2020年第4期。

25. 郑春荣、范一杨:《重塑欧美安全关系？——对欧盟"永久结构性合作"机制的解析》,《欧洲研究》2018年第6期。

26. 张骥、陈志敏:《"一带一路"倡议的中欧对接：双层欧盟的视角》,《世界经济与政治》2015年第11期。

27. 张骥:《法国外交的独立性及其在中美战略竞争中的限度》,《欧洲研究》2020年第6期。

28. 张艳璐:《欧亚联盟与新丝绸之路经济带的复合型共生关系分析》,《国际展望》2015年第2期。

（三）媒体报道

1. 《习近平同英国首相卡梅伦举行会谈：决定共同构建中英面向二十一世纪全球全面战略伙伴关系，开启中英关系"黄金时代"》,《人民日报》2015年10月22日。

2. 《习近平同美国总统拜登举行视频会晤》,《人民日报》2021年11月17日。

3. 《习近平主持中国—中东欧国家领导人峰会并发表主旨讲话：凝心聚力，继往开来，携手共谱合作新篇章》,《人民日报》2021年2月10日。

4. 王毅:《以习近平新时代中国特色社会主义思想引领中国外交开辟新境界》,《人民日报》2017年12月19日。

5.《欧盟峰会：除了六个月"重塑欧洲"的愿景，还有什么?》，《华尔街日报》2016年9月17日。

6.《默克尔警惕中国"渗透巴尔干"？德学者：欧洲无法适应中国崛起》，《环球时报》2018年2月23日。

7.《中德"特殊关系"引热议》，《环球时报》2012年8月31日。

8.《中国铁路首个欧洲项目匈塞铁路有望11月动工》，《中国日报》2017年8月17日。

9.《中欧关系已经变得更加现实》，《国际先驱导报》2010年11月26日。

10.［美］安德鲁·杜尔伦：《美国财长耶伦力挺"友岸外包"，呼吁降低供应链对中国的依赖》，《华尔街日报》2022年7月20日。

11. 刘昊等：《亚投行"推销员"金立群》，《南方周末》2015年7月16日。

12.［荷］吕克·范米德拉尔：《欧洲是政治欧洲》，《世界报》（法）2014年5月25日。

二　英文文献

（一）专著

1. Alistair J. K. Shepherd, *The EU Security Continuum, Blurring Internal and External Security*, Taylor & Francis, 2021.

2. Andreas Fulda, *Germany and China, How Entanglement Undermines Freedom, Prosperity and Security*, Bloomsbury Academic, 2024.

3. Anna Michalski et al., *The European Union and the Return of the Nation State, Interdisciplinary European Studies*, Springer International Publishing, 2020.

4. Anu Bradford, *The Brussels Effect, How the European Union Rules the World*, Oxford University Press, 2020.

5. Antje Wiener, Tanja A. Börzel, Thomas Risse, *European Integration Theory*, Oxford University Press, 2019.

6. Branislav Đorđević and Liu Zuokui, *The Connectivity Cooperation Between China and Europe, A Multi-Dimensional Analysis*, Taylor & Francis, 2022.

7. Christian Schweiger and José Magone, *The Effects of the Eurozone Sovereign Debt Crisis*, Routledge, 2015.

8. Cristóbal Rovira Kaltwasser et al., *The Oxford Handbook of Populism*, Oxford University Press, 2017.

9. Donald E. Abelson and Stephen Brooks, *Transatlantic Relations, Challenge and Resilience*, Routledge, 2022.

10. Duncan McDonnell and Annika Werner, *International Populism, The Radical Right in the European Parliament*, Oxford University Press, 2019.

11. Elisabeth Johansson-Nogués et al., *European Union Contested, Foreign Policy in a New Global Context*, Springer International Publishing, 2019.

12. Erik Jones, *European Studies, Past, Present and Future*, Agenda Publishing, 2020.

13. Federiga Bindi, *Europe and America, The End of the Transatlantic Relationship?* Brookings Institution Press, 2019.

14. Gabriela Pleschová, *China in Central Europe, Seeking Allies, Creating Tensions*, Edward Elgar Publishing, 2022.

15. Giedrius Česnakas and Justinas Juozaitis, *European Strategic Autonomy*

and Small States' Security, In the Shadow of Power, Routledge, 2023.

16. Harold D. Clarke, Matthew J. Goodwin, Paul Whiteley, Brexit, Why Britain Voted to Leave the European Union, Cambridge University Press, 2017.

17. Helena Carrapico, Antonia Niehuss, Chloé Berthélémy, Brexit and Internal Security, Political and Legal Concerns on the Future UK-EU Relationship, Springer International Publishing, 2019.

18. Ivan T. Berend, The Economics and Politics of European Integration, Populism, Nationalism and the History of the EU, Taylor & Francis, 2020.

19. Kerry Brown, The Future of UK-China Relations, The Search for a New Model, Agenda Publishing, 2019.

20. Kumiko Haba and Martin Holland, Brexit and After, Perspectives on European Crises and Reconstruction from Asia and Europe, Springer Nature Singapore, 2020.

21. Li Xing, China-EU Relations in a New Era of Global Transformation, Routledge, 2021.

22. Manuela Caiani and Paolo Graziano, Varieties of Populism in Europe in Times of Crises, Taylor & Francis, 2021.

23. Mark Gilbert, European Integration, A Political History, Rowman & Littlefield, 2020.

24. Mark Leonard, Why Europe Will Run the 21st Century? Public Affairs, 2005.

25. Michele Testoni, NATO and Transatlantic Relations in the 21st Century, Foreign and Security Policy Perspectives, Taylor & Francis, 2021.

26. Paul D'Anieri, Ukraine and Russia, From Civilized Divorce to Uncivil

War, Cambridge University Press, 2023.

27. Stephan Keukeleire and Tom Delreux, *The Foreign Policy of the European Union*, Bloomsbury Publishing, 2022.

28. Tanja A. Börzel, *Why Noncompliance, The Politics of Law in the European Union*, Cornell University Press, 2021.

29. Tanja A. Börzel, Lukas Goltermann, Kai Striebinger, *Roads to Regionalism, Genesis, Design, and Effects of Regional Organizations*, Taylor & Francis, 2016.

30. Thomas Risse, *Cooperation Among Democracies, The European Influence on U. S. Foreign Policy*, Princeton University Press, 2020.

31. Reinhard Wolf and Sebastian Biba, *Europe in an Era of Growing Sino-American Competition, Coping with an Unstable Triangle*, Taylor & Francis, 2021.

32. Roberta Haar et al., *The Making of European Security Policy, Between Institutional Dynamics and Global Challenges*, Taylor & Francis, 2021.

33. Vivien A. Schmidt, *The Future of European Capitalism*, Oxford University Press, 2002.

34. Winston S. Churchill, *His Complete Speeches Vlll*, Chelsea House Publishers/R. R. Bowker Company, 1974.

35. Zhou Hong, *China-EU Relations, Reassessing the China-EU Comprehensive Strategic Partnership*, Springer Nature Singapore, 2016.

（二）论文

1. Adrià Rivera Escartin, "Populist Challenges to EU Foreign Policy in the Southern Neighbourhood: an Informal and Illiberal Europeanisation?" *Journal of European Public Policy*, Vol. 27, No. 8, 2020.

参 考 文 献

2. António Raimundo, Stelios Stavridis and Charalambos Tsardanidis, "The Eurozone Crisis' Impact: A De-Europeanization of Greek and Portuguese Foreign Policies?" *Journal of European Integration*, Vol. 43, No. 5, 2021.

3. BenjaminLeruth and Christopher Lord, "Differentiated Integration in the European Union: A Concept, A Process, A System or A Theory?" *Journal of European Public Policy*, Vol. 22, No. 6, 2015.

4. David Shambaugh, "The New Strategic Triangle: U. S. and European Reactions to China's Rise," *Washington Quarterly*, Vol 28, No. 3, 2005.

5. Javier Solana, "The Transatlantic Rift U. S. Leadership After September11," *Harvard International Review*, XXIV, Issue 4, Winter 2003.

6. Jean-Yves Haine, "A New Gaullist Moment? European Bandwagoning and International Polarity," *International Affairs*, Vol. 91, No. 5, September 2015.

7. Joanna Dyduch and Patrick Müller, "Populism Meets EU Foreign Policy: The de-Europeanization of Poland's Foreign Policy toward the Israeli-Palestinian Conflict," *Journal of European Integration*, Vol. 43, No. 5, 2021.

8. Jolyon Howorth, "Strategic Autonomy and EU-NATO Cooperation: Threat or Opportunity for Transatlantic Defence Relations?" *Journal of European Integration*, Vol. 40, Issue 5, 2018.

9. Jonathan Holslag, "The Elusive Axis: Evaluating the EU-China Strategic Partnership," *BICCS Asian Paper*, Vol. 4, No. 8, 2009.

10. Mingjiang Li, "China-EU Relations: Strategic Partnership at a Crossroads," *China: An International Journal*, Vol. 7, No. 2, September

2009.

11. Oliver Turner, "Global Britain and the Narrative of Empire," *The Political Quarterly*, Vol. 90, Issue 4, October-December 2019.

12. Patrick Müller and David Gazsi, "Populist Capture of Foreign Policy Institutions: The Orbán Government and the De-Europeanization of Hungarian Foreign Policy," *Journal of Common Market Studies*, Vol. 61, No. 2, 2023.

13. Pradeep Taneja, "China-Europe Relations: The Limits of Strategic Partnership," *International Politics*, No. 47, 2010.

14. Salih I. Bora, "'A Sovereign Europe'? Strategic Use of Discourse at the Service of French Economic Interests in EU Politics (2017 – 2022)," *Journal of Common Market Studies*, Vol. 61, No. 5, September 2023.

15. Simon Serfaty, "September 11, One Year Later: A Fading Transatlantic Parmership?" *CSIS*, Vol. 8, No. 5, September 11, 2002.

16. Steven Everts and Daniel Keohane, "The European Convention and EU Foreign Policy: Learning from Failure," *Survival*, Vol. 45, No. 3, Autumn 2003.

（三）官方文件

1. *Connecting Europe and Asia-Building Blocks for an EU Strategy*, European Commission, September 19, 2018.

2. *Elements for a New EU Strategy on China*, European Commission, June 22, 2016.

3. *EU-China A Strategic Outlook*, European Commission, March 12, 2019.

4. *European Security Strategy: A Secure Europe in a Better World*, Euro-

pean Council, Council of the European Union, December 12, 2003.

5. *Global Britain in a Competitive Age: The Integrated Review of Security, Defence, Development and Foreign Policy*, Gov. uk, March 2021.

6. *London Declaration: Issued by the Heads of State and Government Participating in the Meeting of the North Atlantic Council in London 3 – 4 December* 2019, NATO, December 4, 2019.

7. *Remarks by National Security Advisor Jake Sullivan on Renewing American Economic Leadership at the Brookings Institution*, The White House, April 27, 2023.

8. *Shared Vision, Common Action: A Stronger Europe, A Global Strategy for the European Union's Foreign and Security Policy*, European Commission, June 2016.

9. *Strategy on China of the Government of the Federal Republic of Germany*, The Federal Government, July 13, 2023.

10. *White Paper on the Future of Europe: Reflections and Scenarios for the EU27 by* 2025, European Commission, March 1, 2017.

（四）媒体报道

1. "Gang Members Were Minority in English Riots," *International Herald Tribune*, October 25, 2011.

后　　记

　　过去几十年我虽然专注于对欧洲的研究，却一直未能将自己的思考较为系统地表达出来。最近这一愿望变得十分强烈。但很快犯难了，聚焦什么？几年前有一阵子特别想以欧洲一体化为主线，把我给博士生授课的内容扩展成一本书。2024 年夏天，我最终决定还是围绕欧洲战略问题及中欧关系来进行构思。

　　近年来欧盟委员会主席冯德莱恩多次表示，欧洲要"make China right"，意即欧洲要正确认识中国。对中国的智库和学界而言，我们的任务就是要"make Europe right"。为了全面正确认识欧洲，我认为有必要研究"三个欧洲"，即世界之欧洲、欧洲之欧洲、中国之欧洲。这在书里最后一章作了说明。近来，我想还有一个视角来深化对欧洲的认识，即"谁代表欧洲"，或"谁是欧洲"。基辛格曾提出过一个有名的问题，"如果我想给欧洲打电话，哪个是欧洲的电话号码？"基辛格的问题和"谁代表欧洲"有一定相似性，但不完全相同。基辛格想知道的是欧洲大国重要还是欧盟机构（比如欧盟委员会）重要？而"谁代表欧洲"涵盖的问题更为广泛。随着近年来欧洲政治生态的演变，过去长期主导欧洲政坛的中间政党的支持率和影响力均有所下降，而一些曾被边缘化的所谓反建制政党正在崛起。从政治力量来看，能代表欧洲的

后 记

不再只是中间政党。从欧洲内部次区域的影响来看,西欧一直是欧洲的代表,其他次区域过去的影响力均不大。然而近年来随着欧洲安全问题的日益突出,中东欧以及北欧在欧盟外交、防务与安全领域的话语权有所增大。随着立陶宛前总理安德留斯·库比柳斯于 2024 年 12 月 1 日成为欧盟委员会首位主管防务事务的委员(也被外界视为欧盟首位"防长"),以及爱沙尼亚前总理卡娅·卡拉斯接替何塞普·博雷利出任欧盟外交与安全政策高级代表(亦即欧盟"外长"),未来几年欧盟的外交、安全和防务政策无疑将会打上中东欧地区的烙印。此外,过去人们一直认为,在外交和安全方面成员国尤其大国具有很大影响力,可以代表欧洲,但随着法国和德国等一些主要国家由于政治碎片化而呈现"内向"倾向,欧盟委员会的地位得到强化。以上这些新的发展态势值得我们在分析和理解欧洲时加以重视。

在构思和写作本书的过程中,我得到了中国现代国际关系研究院黄静研究员的宝贵支持。在此表示衷心感谢。感谢中国社会科学出版社范娟荣博士对本书的仔细编校。感谢中国社会科学出版社赵剑英社长、吕薇洲总编辑、中国社会科学院科研局陈俊乾副局长、中国社会科学出版社智库成果出版中心喻苗副主任(主持工作)在本书出版过程中所给予的大力支持。